名臣

大清帝国的君臣博弈

侯杨方 / 著

天地出版社
TIANDI PRESS

序言

还原高度分裂的清朝

中国几千年历史，几十个朝代，清朝可以说是争议最大、众人对其感情最复杂的一个朝代，原因显而易见：清朝是由少数民族建立的，又是中国最后一个帝制朝代。一方面，清朝在入主中原争夺天下过程中，有"扬州十日"、"嘉定三屠"、"留发不留头"、文字狱等斑斑劣迹；在西北欧迈进工业化的时代，对西方列强入侵的应对十分拙劣，割地赔款，丧权辱国……而另一方面，拜影视作品、通俗小说之赐，"阿哥""格格""皇阿玛"满天飞，清朝的帝王将相有了一大批粉丝，他们竟然成了流行娱乐明星。这两种极化的视角当然不可能提供相对靠谱的历史图像。

从建政开始，清朝与明朝进行了长达近半个世纪的战争，战场由白山黑水的萨尔浒，一直蔓延到中缅边境。这一时期是清朝的开国阶段，对于明亡清兴，有一个无法回避的问题需要回答：为什么一个小小的、落后的部落，崛起于长白山区后，竟然能灭掉统治上亿人口、占据东亚最好地区、已经持续近三百年的明朝？这一问题尖锐到难堪，但又不能不回答，这就是这套书要着力的第一个大问题。

一些流行观点无法接受清灭明的事实，认为明朝灭于李自成，清朝只是运气好，占了一个大便宜。这一说法最早来源于率领清军入关的摄政王多尔衮。在当时，这一说法为投降清朝的某些明朝臣子清除了心理障碍，也让那些无法接受这一残酷事实的人有了心理逃避的借口——"我大明是亡于流寇，而不是异族"，却完全无视之后明朝士民继续抵抗清军近二十年的事实。

成功与失败都有原因，必须正视，必须剖析。

这套书花了较大的篇幅分析明亡清兴的原因。在长达近半个世纪的战争中，明朝竟然没有一次可以翻盘逆转的机会，这绝非偶然，而是有其系统性、根本性的原因。幻想靠一两个强人，采用某些独有秘技就可以扭转趋势，那只是武侠小说的情节，不可能发生于历史和现实。当然，某些历史人物会加速、延缓进程。对这些人物，例如崇祯皇帝朱由检、清太宗皇太极、摄政王多尔衮等，这套书也做了重点剖析。

仅有几十万人的小部落在战场上不断获胜，消灭了一个个对手，当然不能归因于运气，而在战争结束后如何统治上亿的汉人，这是一个非常头痛的问题，其难度不亚于明清嬗代的战争。鉴于几百年前女真人第一次入关几乎被灭族的惨痛教训，皇太极对入主中原显得三心二意。入关后的清朝统治者恩威并施，一面靠分派土地拉拢底层民众，一面严厉打击有较强民族意识与故国情思的中上层与知识阶层，随后又彻底消灭了夺取天下时的同盟者辽东汉人军阀集团——"三藩"。其统治能力远超曾经入主中原的蒙古人。

蒙古人是清朝夺取天下的同盟军，但又是清朝统治者严防的对象。清军摧毁了成吉思汗后裔们建立的蒙古政权，用盟旗制控制漠南蒙古，又用藏传佛教、上层联姻怀柔拉拢蒙古。崛起的漠西蒙古准噶尔部成为清朝入关后最危险的敌人，准噶尔击败了漠北蒙古，攻占了西北不少地方，由此揭开了长达七十年的战争。与同时期的奥斯曼帝国相比，清朝并不是一个扩张型的帝国，入关后仅仅巩固了明朝统治后期的领土，对嘉峪关以西的广大区域统治非常薄弱。但平定准噶尔叛乱战争的长期性、残酷性让清朝统治者认识到，必须有效控制漠北蒙古、青藏高原、西域新疆才能彻底根绝危险，于是从康熙至乾隆，清朝开始了向西的行动，奠定了一个包括东亚主要农业区、东北渔猎区、蒙古高原游牧区、青藏高原与西域新疆在内，版图空前广大，控制力空前强大的大帝国。这是这套书要着力的第二个大问题。

历史的主角毕竟是人，而不是物，不是环境。不能以为只掌握身高、体重、血型等生理参数，甚至其骨架的每个部件，拥有了一张X光照片，就算了解了一个活生生的人。了解历史亦然。清朝的开国、巩固、统治等所有的举动都是人来实施的。

因此这套书描绘、评点了全部的清朝皇帝，以及挑选了几十位有代表性的历史人物，着重揭示了他们鲜为人知的特殊面，凸显他们在整个历史洪流中的作用，力求给读者一幅全景式、有血有肉的画面。书中的这些人物都非"高大全"，也非白脸小丑——那样的人物只存在于评书、戏曲和武侠小说中，而书中的人物则"活"在当下，就在你我的身边，甚至就是你我自己。人性是相通的，你能发现现实生活中的崇祯皇帝有着大多数普通人的共性，而乾隆皇帝也绝非影视剧中的"皇阿玛"，皇太极、多尔衮兄弟又确实是非常突出的创业者。

清朝是唯一留存有数以千万计、系统完整的官方档案的朝代，而且还有欧洲传教士，各国使团，朝鲜、日本等国的记录，更不用提海量的私家著述。研究其他朝代唯恐史料太少，而研究清朝却恐史料太多，太多甚至比太少更难驾驭，取舍直接决定结果。罗列一切史料也并不能描绘复原真实的历史画面，甚至穿越回去也未必能了解历史真实，毕竟语境、情境早就时过境迁。因此，没有任何一本书包括所谓的"原始"史料能完全客观、中立、全面地还原历史，它们都包含着记录者本人有意或无意的偏见与局限。这套书当然也不例外。那么，用什么检验历史书或历史叙述的优劣呢？历史不能用历史本身检验，历史需要现实与未来检验，即如果读到的既是历史，也是现实的映照，还有对未来的预言，也许这本历史书就比较准确地揭示了不变的人性与相似情境下重演的相似事件，甚至某种预言。历史是大样本的人性实验室，虽然不同时代的道具不同，但演员没变。

如果多种信息的来源是同样的，那么罗列再多这样的史料、信息也没有意义。这套书尽量采用两个以上的独立信息来源来还原史实，比如同时记录于《清实录》及欧洲传教士、朝鲜使者笔下的多面康熙皇帝，同时记录于明、清、朝鲜三方及明军老兵笔下的松锦大战……信息时代每天制造、推送天量的信息，而信息越多，了解真相越难，因为几乎所有的信息源头都可能被"污染"——决定中国几百年命运的山海关大战的具体地点，中文网络流行多年的观点就是错误的；影视剧、文学作品甚至专业论著滥用的"奏折"，在清朝康熙以前根本不存在，它是清朝皇权独断的制度化产物。如何打破信息泛滥时代的信息污染牢笼，书中提供了很多范例。

这套书并不摒弃人物以外的要素，比如用翔实的数据批驳了时下流行的"美洲作物导致清朝人口爆炸"及"番薯盛世"的观点。如果连基本的背景原因都弄错，何谈正确评价历史？更何况清朝根本不存在所谓的"人口爆炸"。

恰恰在清朝到达全盛的同时，万里之遥的西北欧已经开始了工业革命，最终在几十年后与清朝正面碰撞，这是平行世界的降维打击，清朝进入了丧权辱国的时代。集两千年统治术之大成的大清帝国的应对狼狈笨拙，但这仅仅是事后开上帝视角，"不战不和不守，不死不降不走"正是当时生动的写照与无奈应对，应对强大外敌的手段从宋朝延续到清朝并无新意。虽然有满汉矛盾的因素，但清朝应对手法还是继承了中国的制夷老传统，甚至还有回光返照式的"同光中兴"。认为换一个汉人朝代如明朝就能更好地应对危局则完全是一厢情愿的痴梦，拥有发达农耕文明的明朝竟然还亡于一个小小的部落，又如何能应对工业化的降维打击？

　　清朝继承积累了几千年的中国传统，最高统治集团又是少数民族，无论优或劣，爱或恨，粉或黑，吹或贬，它就写在历史上，永远无法磨灭，其影响也永远无法摆脱。这套书力图客观中立地描绘出一幅清朝的历史长卷，读者在了解清朝历史之外，更重要的是拥有深思之余的会心。

侯杨方

目录

索额图与明珠：康熙皇帝两位宠臣的不同命运 \ 001

佟氏兄弟：第一豪门"佟半朝"的兴衰 \ 015

隆科多：关涉皇位疑云与清宫的侍卫制度 \ 023

年羹尧：跋扈骄横，自寻死路 \ 031

陈廷敬：并非反腐能臣，而是文学侍臣 \ 039

曹寅及其家族：《红楼梦》的幻影 \ 046

张伯行与噶礼：天下第一清官与贪腐暴虐的酷吏 \ 067

岳钟琪：唯一的汉人大将军 \ 086

张廷玉：唯一配享太庙的汉人 \ 100

刘统勋：清朝第一位身故即得谥"文正"的汉官 \ 107

阿桂：出将入相、配享太庙的乾隆朝第一功臣 \ 114

傅恒：乾隆皇帝的胖"卫青" \ 121

福康安：身有"十三异数"的乾隆宠臣 \ 126

和珅：少年得志，火箭升迁，迅速败亡 \ 136

王杰：乾隆皇帝破格钦点的状元 \ 156

纪晓岚：公众形象令人大跌眼镜 \ 162

刘墉：操办文字狱起家的大学士 \ 168

董诰：任职最久的军机大臣 \ 174

I

朱珪：嘉庆皇帝精神上的慈父 \ 181

曹振镛：多磕头少说话的文正公 \ 188

穆彰阿：亦爱才，亦不大贪，唯性巧佞的权臣 \ 194

杨遇春：道光皇帝为之呜咽良久的"福将" \ 202

杨芳：清朝唯一的汉人御前大臣 \ 208

琦善：从禁烟强硬派摇身一变为软弱投降派 \ 215

肃顺：重汉轻满的满洲皇族亲贵 \ 224

奕䜣：几起几落的最后一位皇子 \ 236

曾左李胡郭：不大的朋友圈 \ 249

曾国藩：外惭清议，内疚神明，结局悲伤 \ 262

左宗棠：制造晚清晦暗底色中的高光时刻 \ 270

李鸿章：大清国的裱糊匠 \ 276

载漪和他的儿子：候补皇帝与开缺太子 \ 292

奕劻：难以扳倒的庆亲王 \ 299

袁世凯：清朝的总理，民国的总统 \ 307

孝庄太后的三个谜团 \ 320

荣辱天地悬殊的两皇后 \ 327

垂帘太后：谁是同光中兴的最高领导 \ 333

索额图与明珠：康熙皇帝两位宠臣的不同命运

　　康熙朝有两个非常著名的大臣：索额图与明珠。他们是康熙皇帝在位期间最宠幸的大臣，尤其在前半期，最得势，也最忠心，但是两人的命运却完全不同。

　　索额图是索尼的第三个儿子。《清史稿》里说是第二个儿子，这是错误的。当时西洋传教士就称他索三老爷，排行第三。他为什么受到康熙皇帝的宠幸呢？首要原因是他出身特别好。他是满洲正黄旗，属上三旗，而且他父亲索尼是康熙四辅臣之首。皇太极去世后，作为多尔衮的政敌，以索尼为代表的两黄旗大臣，坚决支持皇太极的儿子继位，长子豪格不行，那就第九子福临，即后来的顺治皇帝。反正继承人必须是先帝的儿子，不能是其他人。因此索尼受到康熙的特别宠幸，成为四辅臣之首。最关键的是索尼的孙女嫁给了康熙，是他的结发妻子、第一任皇后，而且生下了太子胤礽，也就是说，康熙的皇后是索额图的侄女，索额图的辈分其实比皇帝还要高。这层关系非常重要，于是索额图成为康熙的侍卫。

　　清代的侍卫不是我们现代说的警卫员那么简单。明朝讲究科举入仕，文臣基本走科举之道，起码中个举人，最好中个进士，才能当大官，进翰林入阁拜相。清承明制，科举仍然是汉人的一个常见的升迁通道。但是对满洲人来说，终南捷径却是当侍卫，比如乾清门侍卫和御前侍卫，天天和皇帝在一块，皇帝不断观察你，和你交往，这样你得到升迁的概率是非常高的。而且清代的侍卫经常是口含天宪，传达皇帝的旨意，身份特殊。那么皇帝的御前侍卫和乾清门侍卫都是什么人呢？基本上都是上三旗的亲贵子弟，属于皇帝的人才储备库。这有点像汉武帝当年的羽林子弟，像卫青、霍去病这些将领，都是汉武帝从自己的侍卫和侍从圈子中提拔的。为什么呢？因为他认识你，了解你，信任你。认识与否，交往深浅，是否经常在一起，这点很重要。没有一个人愿意把一个重要的权力，尤其掌管核心机密的权力，交给一个只在制度上存在，但平时和他本人没有任何私下交情、私下交往的人。

　　索额图受到康熙宠幸的另一原因是他和康熙一起除掉了鳌拜。鳌拜也是四辅臣之一，但是他骄横跋扈，在索尼死后独掌大权，还杀了四辅臣之一苏克萨哈。康熙想剪除鳌拜的势力，但那时候他才十几岁，只能信任他至亲的人。索额图是皇后家的人，又是他的侍卫，因此，康熙和他商量一起把鳌拜擒获了。清除鳌拜及其同党后，康熙才真正掌握了实权，而索额图实立首功，康熙谕索额图曰，"卿首膺机密之重，素着辅弼之猷"，索额图因之深受信任和倚重，从此开始飞黄腾达。康熙八年（公元1669年），授索额图国史院大学士职位。康熙九年

（公元1670年）改内三院为内阁，索额图为保和殿大学士，可谓位极人臣。

但是，索额图在康熙十二年（公元1673年）干了一件事，让康熙很失望。这一年，平西王吴三桂起兵，举朝震动，没想到吴三桂真的敢造反，于是大家拼命责怪当初主张撤藩的人，要把他们严厉处理，然后才能和吴三桂和谈。索额图表现特别激烈，认为撤藩导致战争爆发，坚持要将提出撤藩的诸臣杀掉，这就有点像汉景帝时诛晁错的意思。但是康熙皇帝和汉景帝不一样，他说要撤藩的是他自己，和其他人没有关系，"吴逆倡乱，有谓撤藩所致，请诛建议之人者，朕若从之，则皆含冤霄壤矣"[1]。本来，索额图想趁机除掉日益被康熙宠幸的兵部尚书明珠，但由于同康熙产生了矛盾，他一下子就害怕退缩了。不过，索额图的宠幸未衰。当康熙偶感风寒，不能御门听政的时候，他居然命令"启奏本章俱送大学士索额图等"[2]。这样一来，索额图的权势日盛，在内阁办事也越来越专横跋扈。他和康熙有生死之交，当年一起除鳌拜，又是皇后的叔叔，这个关系完全不一样。

他的政敌明珠是什么人呢？他是满洲正黄旗人，叶赫那拉氏，由侍卫授銮仪卫官职，然后当了内务府郎中、内务府总

---

1 《清史列传·索额图传》。
2 《康熙起居注》第468页。

管。这一定是皇帝的亲信,因为内务府管理皇帝的钱袋子。明珠于康熙五年(公元1666年)被授弘文院学士,康熙十一年(公元1672年)迁兵部尚书,还当过左都御史。康熙十二年"上幸南苑,阅八旗甲兵于晾鹰台。明珠先布条教使练习之,及期,军容整肃,上嘉其能"[1],康熙觉得这个人非常厉害。当吴三桂假意提出撤藩时,康熙询问大臣们的意见,只有户部尚书米思翰、刑部尚书莫洛等要求撤藩,明珠也赞成,其他人都不说话。康熙说:"三桂等蓄谋久,不早除之,将养痈成患。今日撤亦反,不撤亦反,不若先发。"[2]这句话是后来修饰的,康熙当时根本不是这样认为的,清廷上下不管是撤藩还是不撤藩,没有人认为吴三桂真的会造反。在撤藩这件事上,明珠押对了宝,因此更受宠幸。他于康熙十四年(公元1675年)调任吏部尚书,康熙十六年(公元1677年)入阁成为武英殿大学士。当时索额图是保和殿大学士,比明珠地位稍高。

康熙时期权势最大的两个大学士都是满洲正黄旗人,一个是索额图,另一个就是明珠。两人"权势相侔,互相仇轧",互为政敌。但是这两个人并非粗鄙之徒,而是满洲人中精通汉文化的人。据说索额图有一个绝技,能对汉唐以来的青铜器立辨真伪。为什么呢?因为他收藏的文物多,接触的多,真假心

---

1 《清史稿》卷二百六十九,列传五十六。
2 同前注。

中有数，这是那些纸上谈兵的人所不能相比的。明珠则喜欢书画，整个屋子里边全是书画，非常厉害。

朝鲜史料对明末清初的记载十分珍贵，因为它是第三方的秘密报告，明清朝廷都不知道它写了什么，完全没有看到。朝鲜史料对索额图、明珠在朝中的情况也有所记述。吴三桂起兵以后，朝鲜人很开心，说："自是清兵有败无胜，三桂称帝，国号大周，改元绍武，立其孙世霖为皇太孙。清主荒淫无度，委政于其臣索额图。兵兴以后，赋役烦重，民不堪命，国内骚然。"[1]朝鲜使臣对康熙本人的态度前后有变化，一开始对康熙都是坏话，非常鄙视，后来逐渐说康熙是圣主，这也是一个观念的变化。朝鲜国王问朝鲜使者，我听说索额图擅权，现在是不是还是这样呢？朝鲜使者回答："索额图尚擅权，而都察院魏尚周（应指魏象枢）以皇帝信任之人，不畏强御，地震之后，弹论索额图及兵部、刑部徇私受赂之罪，皇帝大怒，掷其奏于地，仍黜魏尚周。"[2]这说的是康熙十八年（公元1679年）索额图遭到的弹劾。而且朝鲜人还说："比年以来，谄谀成风，贿赂公行，索额图、明珠等，逢迎贪纵，形势相埒，互相倾轧，北京为之谣曰：'天要平杀老索，天要安杀老明。'"[3]

康熙本人对索额图、明珠的贪腐知不知情呢？完全清楚。

1《朝鲜王朝实录·肃宗实录》卷七，肃宗四年八月戊子。
2《朝鲜王朝实录·肃宗实录》卷八，肃宗五年十一月庚申。
3《朝鲜王朝实录·肃宗实录》卷十三，肃宗八年三月十七日。

康熙二十二年（公元1683年）三月，康熙曾经谕旨于议政王大臣，说："索额图巨富，通国莫及，朕以其骄纵，时加戒饬，并不悛改。在朝诸大臣，无不惧之者。"[1]是谁给了他这样骄纵的权力呢？还不是康熙本人吗！又说明珠"既擅政，簠簋不饬，货贿山积。佛伦、余国柱其党也，援引致高位"[2]，还积极支持靳辅的治河方案。清廷历次修黄河、运河，耗银动辄数百万计，但因为河道修决无常，报销的时候账目很难查清，从而为主事者提供了贪墨的绝好机会。河道总督靳辅造出预算，明珠作为大学士直接批准，钱可能还没出北京就有一半送到明珠府上。关于党争，康熙也很清楚，明珠"与索额图互植党相倾轧。索额图生而贵盛，性倨肆，有不附己者显斥之，于朝士独亲李光地。明珠则务谦和，轻财好施，以招来新进，异己者以阴谋陷之，与徐乾学等相结"[3]。索额图与明珠待人处事的风格完全不一样，这和他们的出身确实也有关系。最糟糕的、令双方势同水火的是同皇太子的关系。索额图是皇太子党的第一号权臣。皇太子和索额图也是亲戚，皇太子是皇后所生，而皇后是索额图的侄女。明珠恰恰是最痛恨皇太子的。明珠的妹妹是康熙的嫔妃，生下了皇长子。但凡是跟着皇太子的大臣，明珠就要整他。比如汤斌，曾经是皇太子的师傅，据说就是被明珠毒死的。

---

[1]《清圣祖仁皇帝实录》卷一〇八。
[2]《清史稿》卷二百六十九，列传五十六。
[3] 同前注。

康熙十八年京畿大地震，左督御史魏象枢公开弹劾索额图和明珠，他是第一个站出来弹劾的。他认为地震是两人树党市权，到处贪腐导致的，所以现在最关键的就是严惩索额图和明珠。魏氏密奏的内容其实没有完全披露，过了几十年以后，是康熙自己回忆的时候说出来的："魏象枢云有密本，因独留面奏，言'此非常之变，惟重处索额图、明珠可以弭此灾矣'。"但是康熙说这个地震是他本人的罪过，和他们没关系。因为索额图、明珠是他最信任、宠信的两个大臣，现在发生地震了，"朕断不以己之过移之他人也，魏象枢惶遽不能对"。康熙还得意扬扬地说，"朕之生平岂有一事推诿臣下者乎"。康熙这个人倒挺有趣的，他是不诿过、不卸责的一个人。当他宠幸的重臣被弹劾的时候，他常常把罪过揽在自己身上——这是我任命的人，我是拍板者，他们没有罪过，最大的罪过是我。这个话本身倒是挺有道理的，不过你怎么能惩罚皇帝呢？没法惩罚，所以最终还是只能惩罚皇帝的宠信大臣。当时有个朝鲜使者叫李汝，说到北京觐见清朝皇帝之前，需要先见明珠，由他决定上奏什么事情。康熙一朝不依附明珠、索额图的，汉人大臣中只有汤斌、魏象枢和郭琇，满洲大臣只有德格勒与徐元梦。康熙十九年（公元1680年），索额图以病请求卸任。康熙称赞他"勤敏练达，用兵以来，赞画机宜"[1]，改任为内大臣。索额图实

---

[1]《清史稿》卷二百六十九，列传五十六。

际上是受了魏象枢的弹劾的影响，但是还算"软着陆"，然后又被任为议政大臣。但是康熙二十三年（公元1684年），他因为弟弟心裕被处理的事受到牵连，被夺了内大臣、议政大臣权位，担任佐领。康熙二十五年（公元1686年），他又被授领侍卫内大臣职。这说明康熙对他本人还是非常信任的，只是削夺了他大学士的权力，因为领侍卫内大臣是负责皇宫安全警卫工作的，非绝对的亲信是不可能担任这个职务的。

索额图担任领侍卫内大臣后，明珠开始走背运。据说明珠的失宠是源于康熙皇帝非常信任的著名清官于成龙（旗人）与高士奇的揭发。李光地和明珠关系是最好的，李光地在《榕村续语录》中记载，康熙二十六年（公元1687年）皇帝谒陵，于成龙在路上到处说，现在中央政府的官职都被明珠、余国柱给卖完了。康熙问有何证据。于成龙回答，请皇上派遣亲信大臣去查各省布政使司库银，若有不亏空的，便是我胡说八道。什么意思呢？就是各省的库银都是亏空的状态，钱都拿去孝敬明珠、余国柱，去买官了。当时，康熙的另两个宠臣高士奇、徐乾学还试图为明珠、余国柱说话。康熙返回京城，召来高士奇问话，高士奇就把情况和盘托出，说于成龙所言非虚，明珠、余国柱确实是大贪官，各地官员为了升职，把各省的库银送给了他们。康熙很奇怪，问为什么没有人弹劾他们呢。高士奇的回答非常妙，他说，谁不怕死？！

明珠是当时朝廷首要重臣，由于力主撤藩深受皇帝赏识，担任大学士已经长达九年，首席大学士索额图这时候已经下台，失去了一个可以制衡明珠的力量，因此他权倾朝野，不仅擅权，而且贪腐。康熙逐渐开始不满。康熙二十七年（公元1688年），康熙获悉明珠是靳辅的后台，因此暗示御史郭琇弹劾明珠。为什么皇帝要先透风呢？这是要给大家一个心理准备。郭琇心领神会，三天后就上疏弹劾明珠、余国柱"背公营私、卖官鬻爵"，而且南河总督靳辅与二人"交相固结，每年靡费河银大半分肥"，还说"明珠自知罪戾，对人柔颜甘语，百计款曲，而阴行鸷害，意毒谋险。最忌者言官，惟恐发其奸状"，"明珠智术足以弥缝罪恶，又有国柱奸谋附和，负恩乱政"[1]，要求皇帝严惩明珠、余国柱。果然，郭琇弹劾的奏疏一上，康熙就说了，自己不忍心加罪大臣，而且对于用兵的时候有功劳的人自己不会太严厉地处罚，于是将明珠大学士一职撤去，交领侍卫内大臣擢用，贬为侍卫。不仅如此，他的党羽也跟着纷纷倒台，勒德洪被革去大学士职务，李之芳退休回原籍，余国柱被革职，科尔坤以原品解任，户部尚书佛伦、工部尚书熊一潇被解任，此即著名的河工案，是清代罕见的政坛大案，明党至此消亡。

明珠这个人非常聪明，也很能干，这是毫无疑问的，否则康熙不会这么赏识他。他出身很一般，驭下极严，掌权十余年，

---

[1]《清史稿》卷二百六十九，列传五十六。

门客家奴没有敢胡作非为的。他极为聪明，家里钱又特别多，广置田产，让奴仆负责管理，厚加赏赉，但是如果有奴仆作奸犯科，就直接杖毙。你看，明珠在管理方面确实很有一套，一方面用高薪让家奴打理庞大的家产，另一方面一旦家奴犯法，立马杖毙，非常厉害，恩威并施。

就在明珠下台的时候，索额图却备受重用。康熙二十八年（公元1689年）索额图以领侍卫内大臣的身份，出任中俄边界谈判的首席代表。当时中方有两个代表，首席是索额图，另一位是都统佟国纲，他是康熙的舅舅。在《尼布楚条约》的签订过程中，有一个简单的细节可以看出索额图的个性。法国传教士张诚跟随索额图一起参加了谈判。张诚记载说，（清军）木船因为钦差大臣来到，全部悬旗结彩致敬，索额图和佟国纲带了一千四百名士兵，还有大小官员，还有钦差大臣的亲兵以及众多的家人，总数有九千至一万人，骆驼有三四千头，马有一万五千匹。非常庞大的一个代表团。索三老爷独自一人就有三百头骆驼、一千五百匹马，还有一百个伺候他的家人。这就说明，索额图虽然被撤过大学士衔，但还是不接受教训，太肆无忌惮，非常喜欢奢华的排场。康熙二十九年（公元1690年），他同裕亲王福全攻打噶尔丹，在乌兰布通打了败仗，被降了四级。康熙三十五年（公元1696年），皇帝亲征，在昭莫多大败噶尔丹。这个时候，索额图犯了一个错。在与噶尔丹作战时，传闻沙俄要出几万火枪兵参战，索额图就劝说康熙赶紧撤兵，一旦沙俄参战的话，我们不一定打得过他。因为索额图在尼布楚亲眼见过俄国人的部队，他觉得对方很强悍。康熙激愤得泪流满面，"朕为一意前进，以剿灭噶尔丹为念"，而且你们是情愿来参战的，如果你们不敢前进的话，要全部杀掉。他痛骂索额图，说你们把朕看成什么样的人了，是一个懦夫吗！居然叫我退兵，何况已和大将军费扬古约好夹击噶尔丹，如果自己先退兵了，那费扬古的西路兵不就孤军深入了吗？这是索额图犯的一个大错误。康熙三十六年（公元1697年），索额图又随康熙去宁夏作战，刚好噶尔丹死了，论功的时候就把他以前被降的四级给重新恢复了。康熙四十年（公元1701年），索额图说自己老了要退休，他的弟弟心裕代领侍卫内大臣。康熙对索额图也不留恋，退休就退休吧。索额图和康熙，虽然当年联手除过鳌拜，但是本质上是不同的人，索额图相对而言要怯弱一些，不敢承担责任，康熙对他极其蔑视，这是毫无疑问的。

到了康熙四十二年（公元1703年）五月十九日，康熙突然命令将索额图拘禁，并传谕说，你现在退休好几年了，我其实是想饶恕你的，没想到你私下议论国事还结党妄行。那些背后说我的很多坏话，我就不多说了，你自己明白。幸亏现在全国百姓都拥戴我，如果一半人拥戴，一半人不拥戴，那一半人一定是跟着你跑了。这个话是非常严重的，跟着索额图去干吗？这不是造反吗？又说，去年皇太子住在德州，你以为自己是什么人？居然敢骑着马到皇太子的门前才下来。你不把皇太子当成自己的主子，完全是僭越。你担任大学士的时候因为贪腐被革职，后又起用，但你却不念我的恩情。我也曾经搜到过你的往来书信，里面说了我很多坏话，因为牵连的人太多，我不把这些内容公布出来，"朕若不先发，尔必先之"。这句话说得也很严重，表明索额图助太子"潜谋大事"似乎到了有所行动的地步，而且"被尔牵连之人甚多，举国俱不得安"，可以窥见从者颇众。由于事关太子，宫廷内幕，讳莫如深，"不可宣说"。康熙帝采取断然措施，对索额图及其同党中的主犯严加惩处。在拘禁索额图的同时，将其子并家中主要成员一并拘禁。索额图同党额库礼等"俱著锁禁"，同祖子孙在部院任职者，"俱查明革退"。这件事直接牵涉到几年以后皇太子被废。索额图很快就死了。怎么死的？《清史稿》只是说他"死于幽所"，没有提及死因。但是，康熙本人说过，"从前索额图助伊（胤礽）潜谋大事。朕悉知其情，将索额图处死"[1]。礼亲王昭梿《啸亭杂录》也提到"及公伏法"。可见，索额图是在宗人府被康熙处死的。

　　索额图是皇后的叔叔，是康熙在鳌拜辅政的时候唯一可以信赖的大臣，两人合计擒拿鳌拜，没想到最后的结局是这样的，所以叫"靡不有初，鲜克有终"。为什么康熙下了这么大

---

[1]《东华录（康熙朝）》卷八十一。

的决心把索额图拿下？我们从当前的史料以及清宫档案中还没有发现具体的原因。因为这些档案都是后来清朝政府官修的东西，会有删减，有销毁。从常理推测，索额图和皇太子之间一定有个阴谋，比如杀康熙，否则此后皇太子也不会被突然废掉。而且以康熙一向宽容的性情，他对索额图的处置如此决断，也从侧面证明了此事的严重性。

有另外一个说法，认为是索额图得罪了高士奇。高士奇是杭州人，以前是索额图的门下，被看作奴仆一样。后来高士奇被康熙重用，成了大学士，但索额图还是直斥其名，一点也不尊重他，因为古人的姓名只有父母和皇帝能直接称呼，甚至老师都不会直接称呼。而且索额图稍有不悦，就让高士奇跪在庭下，接受痛骂。所以高士奇非常愤怒，后来就投奔了明珠。高士奇就不断在康熙面前说索额图的坏话。这可能是康熙下决断的一个推手，但我觉得不是主要原因。康熙四十七年（公元1708年），康熙废太子的时候，列举太子种种恶端，说从前"索额图助胤礽潜谋大事"。什么叫"大事"？那不就是造反吗。所以索额图的死因当是卷入了皇太子案。

一直到康熙五十二年（公元1713年），索额图已经死了十年了，康熙还在公开地大骂索额图。当时大臣们拼命劝他赶紧建储，康熙说自己怎么可能忘记建储这个大事，当年立胤礽为皇太子，索额图怀着私心倡议皇太子的用度俱照皇帝的标准，让皇太子慢慢变得骄纵起来，实在是本朝第一大罪人。这就有点欲加之罪的意思了。

明珠罢政以后倒挺好的,先当侍卫,然后当了二十年内大臣,但是康熙始终不让他参与政事。明珠于康熙四十七年去世,比索额图晚死了五年,也算寿终正寝,死后还享哀荣。至此,恶斗了一生的康熙朝两位满洲权臣俱已烟消云散。

佟氏兄弟：第一豪门"佟半朝"的兴衰

佟家家世非常复杂，他们原来住在明朝的辽东抚顺，努尔哈赤进攻抚顺的时候，佟养真就投靠了女真，然后一起攻打辽阳。在此之前，他的堂弟佟养性已经投靠努尔哈赤了，他原来是明朝体制内的。后来，佟养真及长子佟丰年被明军俘获并处死。佟养真次子叫佟图赖，初名佟盛年，在皇太极手下，他率领汉军八旗炮队参加过松锦大战，立了大功。入关以后，佟图赖跟随豫亲王多铎征南明，立了很多军功。他的女儿嫁给了顺治皇帝当妃子，生下了皇三子玄烨，玄烨也就是后来的康熙皇帝。佟图赖的女儿在二十多岁的时候就去世了，谥号为"孝康章皇后"。在康熙朝，皇帝生母的佟家是满洲亲贵第一家，号称"佟半朝"。因为很多官员就是他们佟家推荐的，康熙本人又特别注重亲情，由于母亲早逝，他就把对亡母的感情投射到了舅舅家。

佟图赖的长子佟国纲被编入了满洲镶黄旗，而他们家原来隶属汉军，相当于汉人。后来他们上疏，说自己本来就是生活在东北的满洲人，只是迁到了边墙内的抚顺。政府当初把他们编到汉军八旗，以为他们是汉人，其实他们是满洲人。康熙同意了，"许以本支改入满洲"，佟家就列入了八旗中的满洲镶黄旗。清初的时候，八旗更多的是一种政治符号，而不是类似现在的民族或者种族的概念。佟国纲在康熙二十八年（公元1689年）的时候和索额图一起去尼布楚与俄国人谈判。他弟弟佟国维的身份更加特殊，因为他的女儿嫁给了康熙，从妃子到皇贵妃，最后成为皇后。也就是说康熙的第三任皇后孝懿仁皇后是康熙的表妹，佟国维既是康熙的舅舅，又是康熙的老丈人。他在康熙九年（公元1670年）被授内大臣职务，在三藩之乱的时候，揭发了额驸吴应熊谋乱的阴谋，率领侍卫三十人拿住了吴应熊并解往刑部处死；康熙二十一年（公元1682年），被授领侍卫内大臣、议政大臣职务；康熙二十八年，推孝懿仁皇后恩，被封一等公。佟国纲也是一等公，承袭了其父佟图赖的爵位。佟家先后出了两位皇后，一位是孝康章皇后、康熙的生母，还有一位是孝懿仁皇后，康熙本人的皇后，这个地位是任何满洲亲贵都无法相比的，可谓第一豪门。

康熙二十九年（公元1690年），佟氏兄弟随裕亲王征噶尔丹，在乌兰布通之战中佟国纲战死，被枪命中脸部。佟国维率军从山腰后击溃敌军，算是为哥哥报仇了。此后佟国维一直随康熙亲征，康熙四十三年（公元1704年）告老还乡，其实还是住在北京。

佟国纲个性特别鲜明，因为他是第一权贵，看不起任何人，口无遮拦，没人敢得罪他。他在外甥康熙面前说话也是这样。在保荐官员的时候，如果和皇帝看法不一样，他总是坚持己见，一定要皇帝批准。康熙非常生气，把他写有举荐人名的绿头笺扔在地上，他也无所谓，宁愿自己的都统职位被革去，也要推荐这个人。康熙也拿他没办法，因为康熙是比较注重亲情的一个人。康熙的性格其实在这个方面是有点问题的，他经常把国家的事和亲情搅在一块。佟国纲非常英勇，敢于任事。当年使团去尼布楚的途中经过温达河，因连日暴雨，河水高涨，人畜多被急流卷走，众人多有畏难情绪。他为了鼓舞士气，身先士卒，跳入水中，泅渡过河。即将抵达尼布楚时，使团成员对渡过黑龙江前往会谈地点尚存疑虑。他说："彼倚长江之险，且秋草易枯，我军难留，故迟时日以要我也。如示远人以减，身履其地，彼计沮矣。"[1]当然，也是因为非常勇敢，所以他在与噶尔丹的作战中奋勇督兵进击，结果身中两枪，当场战死。康熙听闻舅舅的死讯，非常伤心，就叫翰林院撰写悼词，后来又觉得写得不好，自己亲自写悼词。这在传教士的记录中都有记载。他们说康熙文学水平很高，发现翰林院用典不对，就亲自制文："尔以肺腑之亲，心膂之寄，乃义存奋激，甘蹈艰危。人尽如斯，寇奚足殄？惟忠生勇，尔实兼之！"[2]但是雍正皇帝对佟国纲非常鄙夷，他登基后发过一个上谕，说佟国纲"素性乖谬，昔为都统，每荐举人员，强求圣祖擢用"[3]，十分无

---

[1] 杨珍：《敢有担当的勋戚父子》，《紫禁城》，2011年04期。
[2]《清史稿》卷二百八十一，列传六十八。
[3][清]萧奭：《永宪录》。

理。在乌兰布通作战时，康熙知道这个人很粗鲁，没什么脑子，让他率领火器营，但他临阵时独穿颜色鲜亮的甲胄，似乎是告诉敌人我的地位特别高，结果冲出去中两枪身亡，像是有意轻生。"国纲勒马指麾，忽飞炮去其颊，以致身亡"[1]，十分惨烈。康熙还为他举行了隆重的国葬。这些在法国传教士张诚的日记中有详细的记录。佟国纲与传教士关系很好，曾经一起去尼布楚同俄国人谈判，朝夕相处。传教士是这样描述佟国纲的葬礼的：皇长子和皇四子奉皇上之命，率领大批官员前来祭奠。所有的人全都下马。皇子和他们的随从扶柩哀泣，显得极为沉痛。骨灰匣取出，冠于棚内祭坛的正中，前置供桌。两位皇子进棚，皇长子于供桌前跪下，把一杯酒高举过头，再将酒倾注于骨灰匣前供桌上的一个大银杯中。北京大小衙门官员如八旗都统、顺天府府尹等都到场哭陵。当他们齐集墓前，骨灰匣置于幌下之际，众皇子、王公百官于国舅的墓前行礼如仪，地点就是朝阳门外的十里堡。

佟国纲早早去世，他的弟弟佟国维在晚年又深深卷入了康熙诸子的储位之争。康熙四十七年（公元1708年），皇太子被废，佟国维就上了一个奏折，说皇上治世英明，一点错误都没有，但你把现在的皇太子废了，总要立一个新的皇储，不能死后无人继承。我们现在六神无主，因为你现在身体也不好，

---

1 ［清］萧奭：《永宪录》。

我们下一个皇帝在哪里呢？你如果现在能决断，就赶紧决定，不能决断，也要告诉大家。

康熙没辙了，让诸大臣"民主选举"。大臣们都选皇八子，康熙更加生气，说你们明显是串通在一块，选一个我最不喜欢的儿子上来。康熙非常不喜欢皇八子，觉得这个人很虚伪，又很软弱，肯定会被满族亲贵玩弄于股掌之间。而且皇八子母亲出身特别低微，他又只有一个儿子，当时婴幼儿死亡率那么高，万一他儿子死了，就没有合法继承人了，岂不是要天下大乱。仅从这一点上看，康熙就绝不可能传位于皇八子。

康熙四十八年（公元1709年）正月，皇帝召见佟国维，说：你已经退休了，为什么要在立储这件事上向我发难呢？叫我赶紧决断，不是让我难堪吗？佟国维和他哥哥一样的脾气，非常耿直。佟国维说，我虽然退休了，但还是国舅啊，这件事我当然关心啊，你赶紧来决断。康熙很生气，说你不要怀着自己的私心妄言什么。当时，康熙认为佟国维就是皇八子的后台，因为他女儿孝懿仁皇后没有儿子，所以他想拥立一个弱主上来方便操控，保他佟家的地位。过了一个多月，康熙决定复立废太子为皇太子，而且指责佟国维"肆出大言，激烈陈奏"，你到底安的什么心？最关键的一句话是："诸大臣闻尔言，众皆恐惧。"[1]就是说，你佟国维虽然退休了，但在朝中地位依旧显赫，大臣

---

[1]《清史稿》卷二百八十七，列传七十四。

们听说你陈奏了以后，都非常害怕，纷纷跟进，你就是大家保举皇八子的真正后台。佟国维脾气很大，说那你把我杀了吧。康熙当然不能真杀他，不然如何对得起生母，只好说那是自己放的狠话，是为了安抚群臣，我绝不会杀你，你不要害怕，但你也不能把责任推卸给我。康熙对他两个舅舅是一点办法都没有。

康熙五十八年（公元1719年），佟国维去世。1988年4月18日上午，北京怀柔政协组织工作人员到怀柔水库附近劳动。在挖土的过程中，发现了两个将军罐，其中一个盛有碎骨，骨下规则地放有几块木炭；另一个下边也放有木炭，木炭上边是官服、帽子和牌位。最关键的是，牌位上有三十三个字：皇清敕封一等国公原任议政管侍卫内大臣诰授光禄大夫讳国维国舅佟府君灵。这正是佟国维的骨灰罐。这就很奇怪了，传教士记录的佟家坟在朝阳门外十里堡，怎么跑到怀柔了？

乾隆四十五年（公元1780年），当时佟国维去世已经六十一年了，来北京的朝鲜使臣对佟家坟茔记录得非常详细："自通州至皇城四十里间，铺石为梁，铁轮相搏，车声益壮，令人心神震荡不宁。沿道左右，尽是坟茔，而垣墙相连，树木茂密，不见冢形。至大王庄小憩，又行路左有三间石牌楼，立马牌楼下，观其制作，乃佟国维茔域也。牌楼列刻官诰，上层刻褒宠诏敕，遂渡桥入其门，左右竖八楞华表，上置石狮，中庭筑路城高一丈，路左右有古松数十株，筑三层石台，列竖十三穹碑，皆敕奖佟氏三世勋伐。北墙下有六茔，一行入葬，不封莎草，下圆上锐，以石灰涂滑，有黄瓦屋数十间，丹青昧黦，阶级夷倒，画帘朽隳，满堂蝙蝠矢，寂无一物，亦不见守者，类深山废刹。甚可怪也，似是勋戚隆赫之家，今焉无子孙而然欤。"[1]到了乾隆年间，佟家的坟茔还在，不过已经是破败的景象了，好像没有后人祭扫。《天咫偶闻》记录，说佟家坟在朝阳门外十里堡东石道之北，有大学士佟图赖暨二子国纲、国维墓。为什么最后在怀柔发现了佟国维的骨灰坛呢？因为在日伪时期，佟家坟地卖给了日本人，他们的后代没钱了，坟茔已经破败了，就把他的骨灰坛葬到了怀柔钓鱼台。

佟氏家族，从康熙年间显赫一时，到乾隆年间衰落，实际上也就六七十年时间。雍正年间佟国纲的长子、领侍卫内大臣鄂伦岱因骄纵不法被雍正处死，佟国维的儿子、雍正称为"舅舅"的隆科多被囚禁至死。佟国纲、佟国维的两个地位最高的儿子全被雍正弄死了。乾隆初年，佟国维的儿子、一等公庆复因兵败被赐自尽，自此以后，佟家再没有像样的大人物出现。

佟家究竟是女真人，还是汉人？现在不太清楚，他们自己认为以前是女真人，迁到关内的抚顺后逐渐汉化。努尔哈赤起兵后，他们又投奔了后金，开始女真化。我们从他们的名字就

---

1 [朝鲜]朴趾源:《热河日记》，北京图书馆出版社1996年版。

能看出来，佟养真是完全的汉人的名字，佟图赖、佟国纲、佟国维也是。但佟国纲的儿子鄂伦岱，以及佟国维的儿子隆科多、庆复，又完全是满洲人的名字。可见，清初存在一个非常复杂的先汉化后又女真化的过程。

隆科多：关涉皇位疑云与清宫的侍卫制度

  隆科多是满洲镶黄旗人、一等公佟国维的儿子、孝懿仁皇后的弟弟。这个地位是非常显赫的，他的父亲既是康熙的丈人，又是康熙的舅舅，他的姐姐是康熙的第三任皇后，所以他一出生地位就非常高。早在康熙二十七年（公元1688年）的时候，他就被授予一等侍卫官职。康熙五十年（公元1711年），隆科多被任命为步军统领，康熙在满文朱批奏折中对他说："你只须行为端正，勤谨为之。此职得好名难，得坏名容易。即兄弟子侄家人之言断不可听信。此辈起初尚有一二好事令人相信，而后必行欺罔……著不时防备之！勉之！"[1]可见康熙皇帝对自己外祖父这一家的性格还是了解得蛮深刻的，都是简单粗暴、仗势欺人的德行，甚至能逼着康熙一定要任用某个人。

  隆科多发挥重大作用的时候，是在康熙六十一年（公元1722年）。当时康熙驾崩，皇四子胤禛在那儿哀痛号呼，隆科多就提醒他，说大行皇帝刚刚去世，又传位于你，宜先定大

---

[1] 中国第一历史档案馆编：《康熙朝满文奏折朱批全译》，中国社会科学出版社1985年版。

事，方可办理一切丧仪。意思是你现在别哭了，也别忙着办丧礼，首先得登基，名不正则言不顺，一旦登基，谁再敢反对你，那就是谋反了。胤禛一听这个话，立马就不哭了，亲自给康熙换上当年孝庄皇太后制赐的御服，然后一群人护送康熙的遗体从畅春园返回紫禁城。康熙晚年虽然经常住在畅春园，但死后一定要将棺材放在皇帝的寝宫乾清宫，所谓寿终正寝，就是这个道理。

雍正皇帝继位的第二天就下旨，命领侍卫内大臣马尔赛、九门提督兼理藩院尚书隆科多、大学士兼户部尚书马齐辅政。他又谕内阁，以后启奏处应书写"舅舅隆科多"，大臣们要书写"皇帝舅舅隆科多"，把"舅舅"弄得像一个非常尊贵的官称。为什么雍正要称他为舅舅呢？因为雍正的生母德妃地位比较低，他由膝下无子的佟皇后抚养，相当于皇后的养子，称隆科多为舅舅倒也正常。雍正元年（公元1723年），雍正在给宠臣年羹尧的折子里就这样批示："舅舅隆科多，此人朕与尔先前不但不深知他，真正大错了。此人真圣祖皇考忠臣、朕之功臣、国家良臣，真正当代第一超群拔类之稀有大臣也。"后面这句话特别肉麻。这是雍正的一个特点：好话可以说尽。

不久，隆科多被任命为吏部尚书。他特别骄横，这可以说是佟家的"传统"。因为他们家的地位太高，又受到康熙的骄纵，他手下的人对他莫敢仰视，唯命是从。这就逐渐与"惟以一人治天下"的雍正皇帝产生了激烈的冲突。为什么呢？他们家以前在康熙朝叫"佟半朝",现在到了雍正朝,直接变成"佟选"了,就是我想任命谁就任命谁。雍正觉得,隆科多仗着在自己继位的时候立有大功,传达了康熙的谕旨,现在有点不把他这个外甥放在眼里,任命官员也不经过他的同意,那他手里还有什么权力呢?

两人矛盾逐渐加深,雍正就在给两江总督查弼纳奏折的批示中不断"点拨"他,说你能不能先起来揭发隆科多?因为查弼纳与隆科多关系非常密切,让他揭发会更有说服力。但是查弼纳总是避重就轻,雍正一看这怎么行啊,这些小毛病也扳不倒隆科多啊,就不断让他重写,再揭发。几个月后,年羹尧的案件爆发,查弼纳又给雍正上了一个奏折,雍正就批示"参年羹尧的已经够了,不敢说隆科多一句,朕实叹息,且对尔等钢铁般的伙党,朕真的害怕心服了"[1]。意思是,情况已经到这种地步了,连年羹尧都被我办掉了,你居然还不敢揭发自己的死党隆科多,这太让我震惊和害怕了。查弼纳赶紧回奏,说我已经上奏七次了,每次皇上都不满意,不揭发隆科多,我肯定性命不保。这君臣倒也挺坦率的,他也知道雍正的小心思,就是要他揭发扳倒隆科多,但他很无奈,说"众人所知,臣知;众人不知,臣也不知"。雍正整人是非常有一套的,在这一点上

---

[1] 中国第一历史档案馆编:《雍正朝汉文谕旨汇编》,广西师范大学出版社1999年版。

他比康熙要强，四十多岁才继承皇位，之前在民间混迹了十几二十年，对社会上那些乱七八糟、勾心斗角的事情门儿清，还做过国际贸易，甚至连敲诈勒索的事情都干过，所以他是个社会人，整人非常厉害。

雍正在处理隆科多问题上采取了高超的政治手段，先是把他派到阿尔泰岭，与策妄阿拉布坦议定准格尔与喀尔喀边界，之后安排到俄罗斯进行边界划定谈判。隆科多刚走，雍正就召开会议对隆科多问题定调："隆科多有种种罪恶，应置重典，如果此次他能实心任事，朕必宽宥其罪；如果心怀叵测，朕必将他治罪。"[1] 接着雍正最信任的十三弟胤祥率先弹劾隆科多受贿，最后坐实其四十多项罪名。

雍正三年（公元1725年）五月二十二日，雍正公开上谕，说自己刚继位的时候被他们骗了，觉得他们很忠心，所以对他们非常好，没想到隆科多、年羹尧怀有异心。这就是逐渐向大臣公开，这两个人是反对我的，所以你们得站队。他说隆科多、年羹尧"招权纳贿，擅作威福，敢于欺罔，忍于背负，几致陷朕于不明"，自己感到十分惭愧，"深恨辨之不早，宠之太过，愧悔交集，竟无辞以谢天下，惟有自咎而已"，"今于隆科多、年羹尧，但解其权柄"[2]。他第一步先解除隆科多权力，但官

---

[1] 中国第一历史档案馆编：《雍正朝汉文谕旨汇编》，广西师范大学出版社1999年版。
[2]《世宗宪皇帝上谕八旗》卷三。

职爵位还保留，之后再逐步加码。他说"年羹尧所犯之罪甚多，虽即行正法，亦不足蔽其辜"，认为"此必隆科多有意扰乱之故，隆科多着交与都察院严加议处"。这还不够，以前赏赐二人的"黄带、紫扯手、双眼翎，俱不许用"，交还"四团龙补服"，并削去隆科多"太保职衔"，革去"一等阿达哈哈番（清代爵名，汉文称轻车都尉）"。[1]

到雍正四年（公元1726年）九月二十六日，情况又开始严重了，因为发现了一个文人查嗣庭向来趋附隆科多。其实这个查嗣庭非常有意思。他经常被大家当作文字狱的一个典型，就是他当主考官的时候出过一个题目叫"维民所止"，被揭发是给雍正剃头之意。其实这个附会之意并不是他获罪的真正原因，真正原因在于查嗣庭是隆科多手下的一员干将。雍正要借这个事来打击隆科多，说在查嗣庭的日记中发现很多反动话语，尤其是指责圣祖仁皇帝，这是诽谤。后来问题越来越多，宗人府揭发说隆科多竟然擅自拿到了玉牒的底本。玉牒就是爱新觉罗皇族的家谱，这是秘密的，没有皇帝旨意，普通人是不能随便查看的。

雍正五年（公元1727年）十月初五，顺承郡王锡保当主审官，奉旨审理隆科多，定大不敬之罪五，欺罔之罪四，紊乱朝政之罪三，奸党之罪六，不法之罪七，贪婪之罪十六。大不

---

[1]《雍正上谕内阁》卷三十三。

敬之罪的第一条就是私藏玉牒。第二条是将康熙赐的御书贴在厢房，视为玩具，这就有点欲加之罪，何患无辞了。第三条比较严重，叫妄拟诸葛亮，把自己比作诸葛亮，曾经对雍正说"白帝城受命之日，即是死期已至之时"。这个隆科多确实有点稀里糊涂的，说这个话干什么呢？如果你是受到刘备托孤的诸葛亮，那雍正是什么？岂不是刘阿斗？雍正当时肯定心里恼火，当然那时候还处于蜜月期，现在开始报复了，把这个翻出来，定了个大不敬之罪。欺罔之罪中关键的一条是说康熙驾崩的那天隆科多并没在御前。这就跟很多野史所说的，隆科多与胤禛在康熙去世的时候合谋篡改了遗诏，很不一样了。雍正在这里公开否认这回事，说隆科多说自己在场是弥天大谎。奸党之罪有一条就是保荐大逆查嗣庭。由此我们可以看到文字狱本质上都是为了政治斗争，为了巩固封建专制统治。奸党之罪还有一条是隆科多"任吏部尚书时，所办铨选官员皆自称为佟选"。人事权是皇帝最重要的权力之一，连这个都要染指，皇帝是绝对无法容忍的。朝廷最后宣判，"隆科多应拟斩立决，妻子入辛者库，财产入官"。雍正接着开始表演宽大为怀了，说毕竟是自己的舅舅，当年又传了遗诏，现在直接就地正法不太好，那就在畅春园外建三间屋子，把隆科多永远禁锢。第二年，隆科多就死在禁所，也不知道是怎么死的，"被自杀"也有可能。

　　隆科多到底有没有可能帮助雍正篡位呢？我认为没这个可

能，康熙是心甘情愿地把皇位传给皇四子胤禛的。这是毫无疑问的，我们现在从制度上分析一下。很多野史，包括一些研究清朝历史的大家，如孟森先生，都说隆科多很重要，他是步军统领，手底下有两万兵，可以封锁畅春园和北京城，所以有篡位的可能。是不是这样呢？

清朝皇帝的身边警卫不是由步军统领来管的，而是由领侍卫内大臣负责，共有六个人，镶黄、正黄、正白上三旗每旗各两人，统率侍卫亲军。而且领侍卫内大臣的地位特别高，是正一品，仅次于大学士。皇帝身边的侍卫全是从镶黄、正黄、正白三旗选出。一等侍卫是正三品，有六十人，每旗二十人，其中还有宗室九人；二等侍卫是正四品，有一百五十人，每旗五十人；三等侍卫二百七十人，每旗九十人。这些人都是八旗亲贵子弟。领侍卫内大臣率领这些侍卫分成内、外两班，乾清门、内右门、神武门、宁寿门为内班，太和门为外班。最重要的是，侍卫里面还有一拨人，包括御前侍卫、御前行走、乾清门行走，都是皇帝身边或周围的警卫。"凡宿卫之臣，惟满员授乾清门侍卫，其重以贵戚或异材，乃擢入御前"，这里是说，一般只有满洲人才能当乾清门侍卫，而那些和皇帝关系特别亲近的、地位特别高的，或者才能特别出众的，才能当御前侍卫。隆科多是什么呢？他是一等侍卫，连御前侍卫都不是。光是侍卫还不够，几百名侍卫是贴在皇帝身边警卫的，此外还有前锋营、护军营守卫整个紫禁城的大门，相当于御林军，这些人有数千人。整个警卫系统内圈是侍卫，尤其是由八旗亲贵担任的御前侍卫、乾清门侍卫；中间是八旗前锋营、护军营；最外围实际还有禁旅八旗，驻在北京周边，多达十万余人，占整个八旗军的一半，这也是保卫皇帝的。而步军统领率领的两万八旗步军，主要是维持京城治安、掌管九门的钥匙。

所以，两万八旗步军怎么可能威胁到皇帝的人身安全，怎么可能控制皇帝？而且隆科多只是一等侍卫、理藩院尚书，在品级上还不如领侍卫内大臣。况且这些侍卫的地位都非常高，都是八旗贵族子弟，前途远大，以后可能出将入相，怎么可能会听隆科多的话参与政变呢？隆科多又怎么可能伪造遗诏帮助雍正篡位呢？这完全是天方夜谭。

年羹尧：跋扈骄横，自寻死路

年羹尧和雍正的故事历来为大家津津乐道。年羹尧在雍正面前红得发紫，紫得发黑，黑到直接被雍正给处死，这是一个非常传奇的故事。为什么会如此跌宕起伏呢？我觉得性格决定命运，用在这个故事上还是比较准确的。

年羹尧是汉军镶黄旗人，康熙三十九年（公元1700年）中进士，被任命为翰林院检讨，文臣出身，曾去四川和广东当过乡试的考官，后来又当了内阁学士。康熙四十八年（公元1709年）复立太子，皇帝派使者去朝鲜颁布敕书，其中的副使就是年羹尧。朝鲜人评价他"以文见用云，而见其诗句，仅知押韵而已，人物敏而颇苛"[1]，意思是据说年羹尧以文章见长，所以派来做副使，但观其诗句，仅是押韵而已，水平不怎么样。这个人很敏捷，很聪明，待人处事特别苛刻。我觉得朝鲜人的这个评价是非常准确的。

他怎么发迹的呢？康熙皇帝很欣赏他。他从朝鲜回来不久就被提拔为四川巡抚。当时四川处于交战前线，西北靠近青海、

---

[1]《朝鲜王朝实录·肃宗实录》卷四十七，肃宗三十五年五月十一日。

甘肃，西边是西藏，这些地方都被蒙古和硕特部占据，经常用兵。在战争中年羹尧显示出自己一定的才华。康熙五十七年（公元1718年），他被提拔为四川总督，兼管巡抚事，年纪不大，才四十岁，很受康熙的重视。康熙去世后，雍正继位。年羹尧以前是雍亲王府的门人，他妹妹嫁给雍正为侧福晋，后来成为年妃，还生了一个雍正非常喜欢的儿子，有这样一层关系，但并不是特别重要。恰逢青海的和硕特部叛乱，年羹尧就被任命监管陕西、四川两地。我们要说明一下，康雍时期的陕西与现在的陕西空间范围不完全一样，康雍时期的陕西不仅包括现在陕西全省，还包括现在甘肃及新疆东部吐鲁番、哈密一带。所以当时年羹尧这个川陕总督管辖范围包括今天的四川、陕西、甘肃、新疆东部，正好是西部前线，面对着和硕特部和准噶尔部这两个非常强悍的敌人。不久，他又被提拔为抚远大将军。此前，抚远大将军是皇十四子胤禵，他虽然和雍正是同胞兄弟，但互为政敌，因此被撤掉，换成了年羹尧。这是非常罕见的，因为清初的时候大将军一般都是皇族，或者至少是满洲八旗成员。年羹尧居然以一个汉军八旗的身份出任抚远大将军，而且还平定了青海的叛乱，受封为一等公，这是普通大臣能达到的最高爵位了，非常厉害。他本人被赏三眼花翎、四团龙补，儿子年富被封一等男，就连家奴魏之耀也被赏四品顶戴。

雍正继位之初，政敌环伺，帝位不稳，受到很多人质疑。

他自己不会打仗，连骑马打猎都不擅长，自然无法像康熙一样亲征漠北建立军功。而年羹尧是他的旧门人，一下子立下这么大的战功，极大地巩固了他的皇位合法性，因此他十分得意。他在给年羹尧的谕旨中这样写道："西宁兵捷奏悉，壮业伟功，承赖圣祖在天之灵，自尔以下以至兵将，凡实心用命效力者，皆朕之恩人也。"这个话实在是有点肉麻，在传统社会的观念里面，皇帝怎么能称呼臣下为自己的恩人呢？这很容易让年羹尧产生一种飘飘然的感觉。后面雍正写得更加肉麻，说："朕实在不知怎么疼你，才能够上对天地神明。尔用心爱我之处，朕皆都体会得到。我二人堪称古往今来君臣遇合之榜样，也足可令后世钦慕流涎矣！"这简直就像是写情书的措辞了，雍正完全不顾及皇帝的身份，接着还说："朕不为出色的皇帝，不能酬赏尔之待朕；尔不为超群之大臣，不能答应朕这知遇。惟将互相励勉在念，做千古榜样人物也。"你看这已经不是一个正常的君臣或上下级的关系了，皇帝拍大臣的马屁，也是千古奇闻。最后他还说："朕亦甚想你，亦有些朝事和你商量。"这完全颠覆了君臣本分，年羹尧是抚远大将军，负责前线事宜，朝中事务为什么要同他商量呢？如何商量呢？完全是带有个人感情色彩的话语。年羹尧也不遑多让，在回折中说："愿世世随圣主左右驱使如意，永永不昧此良因大愿而已。"雍正一看赶紧回复，在"永永不昧此良因大愿"几个字上红笔圈点，加注"吾亦如是，上苍其鉴之也！"这几乎等同热恋中的情人在赌咒发誓说要永远相亲相爱了。[1]

  我觉得雍正做皇帝是有点问题的，在年羹尧后来被杀这件事上，雍正本人也是要承担一点责任的。年羹尧本来就少年得志，四十岁就当上了四川总督，又是翰林出身，妹妹是皇帝的宠妃，自己是一等公、大将军，简直太厉害了，不免得意忘形，恃才傲物，行事就非常骄纵。他行文给其他总督和巡抚，直呼其名。我们知道，在帝王时代，同辈之间不能称呼对方的姓名，只有皇帝、老师或者父母才能称姓名，一般都称表字。他直呼别人姓名，当成是上级对待下级了。其实他自己也只是川陕总督，和其他总督是平级的，大将军只是差遣职，临时的，打仗的时候才有。他居然把别人当作下级。督抚的上级是谁呢？制度上只有一个，那就是皇帝本人。总督都挂着兵部尚书衔，连内阁大学士都不是他的上级，因为内阁是管不到六部的。年羹尧把督抚当下属，雍正心里会怎么想？一定会有人给他打小报告的。而且雍正派自己的侍卫到军中来效力，实际上有监控的意思，因为清朝的侍卫不是简单的警卫员，都是满洲亲贵子弟，将来都是有大用的。年羹尧直接把他们当仪仗队了，"前后导引，执鞭坠镫"，这种鞍前马后的待遇，只有皇帝才能享受。他还犯了一个大错。雍正元年（公元1723年）十月，

---

[1] 参见中国第一历史档案馆编：《雍正朝汉文谕旨汇编》，广西师范大学出版社1999年版。

雍正皇帝召他进京，在经过直隶的时候，直隶巡抚李维钧、陕西巡抚范时捷跪道送迎。这不是开玩笑吗？督抚只跪皇帝，怎么见了年羹尧也下跪？到了北京广宁门的时候，大臣们都出城门来接他，居然也跪在地上，八旗王公则下马去迎接他，而年羹尧只是点点头，扬长而去。我怀疑这可能是雍正的吩咐，让他们下跪，就此来观察年羹尧，看他有什么反应。汉朝崇尚军功，当年汉武帝就要求文武百官向卫青、霍去病下跪，可能雍正想效仿这一点，也想借此机会观察一下年羹尧的反应。结果年羹尧理都不理。在边境的时候，蒙古王公见到他都要下跪，甚至包括皇帝的驸马也要下跪。凡此种种，给雍正留下了极其不好的印象，但雍正这个人很能隐忍，当时并没有发作。年羹尧还学吴三桂在云南当平西王的做派，任命官员不经过吏部、兵部，叫"年选"。这就犯了最大的忌讳，隆科多倒台就是因为"佟选"。而且年羹尧比隆科多更加可怕，因为他掌握兵权，当时清朝主要的精锐兵力都在川陕前线。

  雍正和年羹尧的关系可用一句俗语描述，叫"远香近臭"。在前线的时候，双方公文往来，像写情书一样，觉得对方真好。真正见面以后，雍正对年羹尧的那些举动极其厌恶，因为雍正是一个非常拘小节的人，善于观察细节，洞悉人情世故。那么二人关系的恶化是怎么爆发的呢？雍正三年（公元1725年）二月，五星连珠，大家都说这是祥瑞，纷纷拍雍正马屁。年羹尧在奏折中把《易经》中的一个成语"朝乾夕惕"写成了"夕惕朝乾",写倒了。雍正抓住这个事情小题大做,谴责他,说你是不是不想用"朝乾夕惕"这种好词来形容我特别勤政啊。其实早在雍正二年(公元1724年)十二月的时候,雍正就在奏折上批语了,有点警告他的意思,说:"凡人臣图功易,成功难;成功易,守功难;守功易,全功难。为君者施恩易,当恩难;当恩易,保恩难;保恩易,全恩难。"[1]这个写得非常清楚了,说你要保全自己,如果晚节不保那功劳就一笔勾销了,要防微杜渐,保全我们君臣之间的关系,你不要再胡作非为了。按说在奏折中写错一个词,这种事情可大可小,如果双方还在蜜月期,说不定就哈哈一笑,变成一则趣闻或逸事了。但是当时雍正和年羹尧的感情已经破裂了。不久,雍正下了一道上谕,说年羹尧"举劾失当,遣将士筑城南坪,不惜番民,致惊惶生事,反以降番复叛具奏。青海蒙古饥馑,匿不上闻,怠玩昏愦,不可复任总督,改授杭州将军"[2]。

其实年羹尧受到这个处罚的时候,还是一等公,待遇还在,将军从制度上讲比总督的地位还高,从西部前线来到杭州养老也挺好的,按理说年羹尧应该欢天喜地赶紧谢恩。但是他没有。他居然上了一个奏折,说"臣不敢久居陕西,亦不敢遽赴浙江,今于仪征水陆交通之处候旨"。皇帝的上谕已经非常

---

1 冯尔康:《雍正传》,人民出版社1985年版。
2《清史稿》卷二百九十五,列传八十二。

明确了,让他赶紧从西安去杭州赴任,他到仪征不走了,这不就是要挟皇帝吗?让皇帝赶紧下一道旨意,让他官复原职,或者回京当个更大的官。这等于是抗旨不遵了,像雍正这种极拘小节特别注重皇帝权威的人,自然难以忍受,于是勃然大怒,斥责他迁延观望,心怀叵测。

事情一下子就升级了,闹大了。然后雍正开始示意文武大臣弹劾年羹尧。之前跪迎年羹尧的直隶总督李维钧连奏三本,痛斥他"挟威势而作威福,招权纳贿,排异党同,冒滥军功,侵吞国帑,杀戮无辜,残害良民"。其他大臣也纷纷上奏弹劾,包括他最忠实的部下岳钟琪。随后,雍正罢了年羹尧的将军职,授闲散章京,自二等公递降至拜他喇布勒哈番(清代爵名,汉文称骑都尉)。一步步降,隔几天降一次,钝刀子杀人,让你煎熬,让你难受。十二月逮到北京会审,"大逆之罪五,欺罔之罪九,僭越之罪十六,狂悖之罪十三,专擅之罪六,忌刻之罪六,残忍之罪四,贪黩之罪十八,侵蚀之罪十五,凡九十二款,当大辟,亲属缘坐"。[1]当然,皇帝开始扮演宽容的角色了,念其青海立有战功,同意年羹尧在狱中自裁。年羹尧次子年富被斩首,其他满十五岁的儿子悉数发配边疆。

年羹尧自杀之前还被迫上了一个谢恩折,雍正非常会玩,写了个朱批,说"朕览之实心寒之极,看此光景,你并不知感

1《清史稿》卷二百九十五,列传八十二。

悔。上苍在上,朕若负你,天诛地灭;你若负朕,不知上苍如何发落你也"[1]。

隆科多、年羹尧都是雍正刚即位的时候最信任的大臣,一内一外,这两人都属于八旗亲贵,下场也基本一样,一个囚禁致死,说不定也是"被自杀",一个狱中自裁。究其原因,一是二人骄纵跋扈,作威作福惯了;二是皇帝有点故意纵容,而且这两个人情商不在线,对雍正完全不了解。雍正是个城府特别深、心思非常多、特别注重小节的人。不管谁得罪过他,他都会记一辈子,并且加倍报复。从佟家的人到年羹尧,基本上都是康熙年间春风得意,到雍正年间被一网打尽。所以雍正是"惟以一人治天下",在他任内,八旗亲贵那种共同打天下然后共同治理天下的传统被完全打破,清朝真正的专制独裁的开始和八旗亲贵共治政治的终结,就是在雍正时期。

---

[1]《年羹尧奏谢调补杭州将军折》。

陈廷敬：并非反腐能臣，而是文学侍臣

陈廷敬因为当过左都御史，所以他经常被描绘成一个疾恶如仇的反腐干将。可真实的历史根本不是这样的。陈廷敬作为一个典型的汉族士人，一步一个脚印，从秀才、举人、进士、翰林到入职南书房，成为皇帝的亲信侍从，再到官拜正一品大学士，集荣华富贵于一身，一辈子非常平稳，没看出他在政治上有特别大的才干。

陈廷敬生于明崇祯十一年（公元1638年），山西泽州府阳城人。他出生的中道庄，始建于明宣德年间，是一个大的"堡垒"，因康熙两次下榻，被民间称为"皇城相府"。他们家在清兵入关的时候归顺了清朝，而且在顺治年间山西的几次反清活动尤其是大同总兵姜瓖的起事中，都没有站错队，坚决支持清朝。陈廷敬在顺治十五年（公元1658年）考中进士入翰林院，年仅二十岁。他的名次比较高，原名叫陈敬，正好与顺天府一个同科进士重名，顺治皇帝就把他改名为陈廷敬。陈廷敬于康熙十一年（公元1672年）担任起居注日讲官，成为向皇帝讲解儒家经典的老师；康熙十四年（公元1675年）擢为内阁学士兼礼部侍郎，充经筵讲官，然后又变成了翰林院掌院学士。

翰林院可以看作是将来内阁大学士、六部尚书的一个储备人才库，汉人要进入内阁，或者担任尚书、侍郎的话，一般都要有翰林院的经历，满人则不需要，他们有侍卫一途。陈廷敬与翰林学士张英（张廷玉的父亲）一起值弘德殿。弘德殿是乾清宫西边一个非常小的院子，是皇帝召见臣工的地方，也是康熙办理政务和读书的地方。陈廷敬常在这里讲说四书五经，还吟诗作赋，逐渐成为康熙的近侍之臣。康熙十七年（公元1678年），陈廷敬开始入值南书房。南书房离皇帝日常起居生活的地方仅几十米远，是整个内廷中与皇帝关系最密切的地方，因此入值南书房的必定是皇帝最亲信的人，选择的也是词臣才品兼优者，主要是陪皇帝赋诗撰文、撰述谕旨。当时，章疏票拟主于内阁，军国机要主于议政处，若特颁诏旨，由南书房翰林视草。康熙经常吟诗作画，让入值南书房的文学侍臣们去看。陈廷敬曾经说过，"臣等恭读御制诗集，伏见奎章巍焕，睿藻精深，吟咏之际时念万几，篇什之中常怀四海，实帝王之杰作，天地之元音，尽善尽美，实无可更易之字句"[1]。我觉得这完全是吹牛拍马，康熙肯定很开心被这样吹捧。其实他们和皇帝之间就是这样的一个关系，并不掌握国家真正的机要的事情。但是，由于变成了皇帝身边的人，朝夕相处，他们就很容易得到提拔，很容易获得皇帝的信任，而一般的外朝大臣最多在御门

1《清圣祖仁皇帝实录》卷七十六。

听政的时候和皇帝远远地见上一面，连对话都很难。这就是陈廷敬仕途起飞的重要基础。

　　康熙二十三年（公元1684年），陈廷敬被提拔为左都御史，专门监督弹劾官员，并兼管户部铸钱事务。康熙年间，作为一种原料，铜的价格特别贵，其价值超过了钱的币值，因此就有人将铜钱熔化牟利。陈廷敬就提出来，将铜钱的质量减轻，让这种融化铜钱卖铜的行为无利可图，得不偿失。作为左都御史，他的本职工作是纠察风纪，弹劾不称职的官员和贪腐的官员。在这个本职工作上，他干过的最大的一件事是弹劾了云南巡抚王继文并使其罢官，但没有什么特别突出的事迹让他成为所谓的著名反腐干将。不过他倒是写过一个上疏，说："古者衣冠、舆马、服饰、器用，贱不得逾贵，小不得加大。今等威未辨，奢侈未除，机丝所织，花草虫鱼，时新时异，转相慕效。由是富者黩货无已，贫者耻其不如，冒利触禁，其始由于不俭，其继至于不廉。请敕廷臣严申定制，以挽颓风。"[1]意思是说，古时候每个身份等级的人穿什么衣服、坐什么轿子、穿戴什么佩饰、用什么日常用具，都有严格的规定；朝廷严格执行这些规定，不可乱了等级。陈廷敬科举出身，可能深受理学观念的影响。其实他自己的祖上就是手工业者，靠铸铁发家，然后买地盖房子，资助族里聪慧的孩子参加科举考试，到了明代

---

[1]《清史稿》卷二百六十七，列传五十四。

中后期，他们家族就已经有举人、进士了。他请求康熙学习朱元璋，让每个阶层、每个身份的人都要严守自己的本分，用度要有严格的规定。但是康熙觉得这个太陈腐了，没有采纳。康熙二十五年（公元1686年），陈廷敬被提拔为工部尚书。由于他本人学术学问特别好，就让他编纂《三朝圣训》《政治典训》《方略》《一统志》和《明史》，任总裁官。陈廷敬没有任何地方治理的经验，没当过地方官，整天和皇帝在一起，谈论经典，吟诗作赋，就是一个学术顾问，尤其是文学方面。

康熙二十七年（公元1688年），陈廷敬遭遇到了一生中唯一一次官场挫折。当时，陈廷敬的亲家湖广巡抚张汧赴京行贿，被有司逮问，情急之下，说自己给陈廷敬、徐乾学、高士奇这些人也送过银子。这下就糟糕了，陈廷敬本来以清廉著称，还担任过左都御史，却收了亲家的贿赂。这件事最终没有什么过硬的证据，陈廷敬也试图自辩，但终于是弄得灰头土脸，就主动向皇帝请辞归乡。过了一年半，康熙又想念陈廷敬了，将他恢复为都察院左都御史，对他还是比较宽大的。他重新就任左都御史以后，更加小心谨慎，甚至提出一个要求，让手下这些御史不要抓着一些小事进行弹劾，要小心谨慎说话。康熙知道以后非常不满，说我设立科道御史，就是要他们建言的，至于所奏之事是否可行，自有我来裁定。何况什么叫大事，什么叫小事，标准在哪，最后进言者越来越少，就完全违背了集思广益的初衷了。为什么他会这样呢？因为经过前次的挫折，他变得愈加小心谨慎，想知道康熙对言论自由这个方面度量和裁定的底线到底在哪，他想试探一下。果然，半年以后他向好友陆陇其透露，说"言职之难，当郑重。今年春，章奏不宜专赞颂一疏，欲先探皇上之心而后尽言，竟不见合。可见其难"。明显就是投石问路，首先要保证自己不能得罪皇帝。他变得十分小心谨慎，甚至有些老于世故了，接着又感叹"忠而不见信，必其忠之未至，果能直道，自然可行，但患直道未至，吾辈当自反"[1]。意思是，我对皇帝非常忠诚，但是如果皇帝不信任我的话，肯定是我的忠诚程度还没到，我也想非常正直敬业，想说什么就说什么，但是我担心现在还没做到这一步，我要先自省。基本上，经过康熙二十七年的挫折以后，陈廷敬变得愈加小心谨慎。

康熙四十二年（公元1703年），吏部尚书陈廷敬被任命为文渊阁大学士兼吏部尚书，成了正一品，入阁拜相了。康熙四十九年（公元1710年），皇帝命令大学士张玉书、陈廷敬两个人领导编撰一部大型的字典《康熙字典》，收录了四万多个汉字。

总的来说，陈廷敬是以文学侍臣的面目和康熙一起共事的。他曾经写过一首诗，"风霜历后含苞实，只有丹心老不迷"，把自己比喻成石榴，经历风霜以后，石榴更加好吃，就是说自己年纪越老越不会迷失，会更忠诚。康熙对此特别欣赏。康熙

---

1 [清]陆陇其：《三鱼堂日记》卷十。

叫陈廷敬举荐人才，问他有没有什么清官。他举荐了陆陇其和邵嗣尧。有人就对他说，这两个人廉而刚，有点不识时务，情商比较低，恐怕以后会连累到你。陈廷敬说，只要是好官，就不用考虑这个问题。康熙对陈廷敬也是非常尊重的，康熙四十四年（公元1705年）南巡到杭州，陈廷敬想一个人去西湖游玩，放个假，康熙同意了，而且说，你是老臣，如果在西湖边上遇见后妃的车驾，不需要回避，对他特别优待。到了康熙四十九年，陈廷敬请求退休归乡，终于被允准了。康熙五十年（公元1711年），大学士张玉书去世，李光地告病，康熙想念老臣，命令陈廷敬从家乡再回到北京入阁视事，第二年陈廷敬就去世了。康熙非常惋惜，亲自写挽联，命皇三子去祭奠，非常隆重，谥号"文贞"。

当时人对陈廷敬也有自己的判断，说他"守官奉职，退轨闭门，不愿妄从流俗交游，朝士多不识其面"[1]，就是每天回到家以后就闭门谢客，不和其他人多交流。李光地也说他"慎守无过"，自己这些后辈很难赶得上。康熙本人也评价说"卿是老大人，是极齐全底人"[2]。

陈廷敬的仕途很平稳，但升迁并不快，因为他没有什么特别显著的行政能力。他没有当过地方官，一直在中央任职，很

---

1 ［清］陈廷敬：《与毕亮四书》，《午亭文编》卷三十八。
2 《午亭山人第二集》卷一。

难出政绩。虽然很受康熙的信任，但我觉得通俗小说和影视剧把他吹捧得有点过分了。他当大学士的时间很晚，跟他进士同年的李天馥比他早十一年就是大学士。徐元文考中进士比他晚一年，但成为大学士却比他早了十四年，考中进士晚九年的张英当大学士的时间也早了他四年。他也没有像李光地、徐元文、徐乾学、高士奇那样成为康熙皇帝的心腹，甚至权倾朝野。他们好多人突然一下子狼狈下台，因为掌握核心的权力以后，必然招人忌，必然会出错，很容易被处理。但陈廷敬一辈子平平安安，除了康熙二十七年被他亲家牵涉进贪腐的问题而下台的一年半，其他时间他都一路平稳上升，上升虽不快，但是很平稳。小心谨慎，守口如瓶，给皇帝尽心尽力做文学侍从，在政治上发言也并不多，这正是他的过人之处。真实的陈廷敬与通俗文艺作品中塑造的"相国""反腐干将"的形象相差很远。

曹寅及其家族：《红楼梦》的幻影

对于曹氏家族，国人都很熟悉，因为曹家出了一个著名文学家曹雪芹，他写了一部非常著名的小说《红楼梦》，而且《红楼梦》和他们整个家族的历史密切相关。

曹氏家族一个重要的人物就是曹寅。曹寅，字子清，号楝亭，出生于顺治十五年（公元1658年），康熙五十一年（公元1712年）去世。曹寅本人和康熙皇帝的关系非常密切，他父亲曹玺实际上和皇帝关系也很密切。曹玺任过御前侍卫，后来出任江宁织造，是皇帝身边亲信之人。曹玺的父亲，也就是曹寅的祖父，叫曹振彦。曹振彦和曹玺曾经是摄政王多尔衮正白旗的人，随多尔衮一起入关，在平定山西大同总兵姜瓖之乱时立有军功。曹玺"读书洞彻古今，负经济才，兼艺能，射必贯札"[1]。意思是，曹玺不仅有治理天下的才能，而且武艺出众，可谓文武全才。织造这个官职，明朝的时候就有，清朝继承了过来，江宁织造主要管理南京、苏州、杭州一带的纺织事务，向皇帝供奉绸缎、衣饰等。因为江宁织造是个肥缺，朝廷不会让

---

[1]《江宁府志》卷十七《曹玺传》。

同一个人干太久，一般三年一换，但曹玺深得康熙的信任，始得"专差久任"。康熙二十三年（公元1684年），曹玺死在江宁织造任上。年底，康熙南巡，亲自到江宁织造署慰问曹玺的家属，称赞曹玺"是朕荩臣，能为朕惠此一方人者也"[1]。为什么曹家有如此待遇呢？因为曹家与康熙有着非同寻常的亲密关系。康熙生下来以后感染了天花，这是满洲人特别害怕的一种传染病，因此康熙从小不和父母生活在一块，而是居住在北长街的福佑寺。他从婴儿开始一直到七八岁，都是由保姆抚养。曹玺的夫人孙氏就是康熙皇帝的保姆，被封为一品夫人，实际上相当于养母，康熙与保姆朝夕相处，感情非常深厚。曹家出身满洲正白旗"包衣"，这是清代八旗制度下世代服役于皇帝、宗室王公之家的一个世袭奴仆群体。正白旗在多尔衮死后被收为上三旗，服务于皇帝本人，为"内务府属"，也称内三旗包衣，属于皇帝的自己人。我们现在经常把包衣视同奴隶，其实这有一点误解，包衣不是奴隶。他有自己的人身自由，甚至他的主人也不能随意杀害或伤害他，当然他在身份上是附属于他的主子的。

曹寅是曹玺的儿子，是个神童，十几岁时"即以诗词经艺惊动长者"，每次出去都要带一本书，不停地观玩。人家问他为什么这样好学？他说："我非地方官，而百姓见我必起立，我

---

1 ［清］熊赐履：《经义斋集》卷四。

心不安，故借此遮目耳。"[1]曹寅好读书，而且多才多艺，能诗善词曲，所以曹雪芹《红楼梦》写得特别好，也是有家学渊源的。现在保留下来的有《楝亭集》，包括诗钞八卷、诗别集四卷、词钞一卷、文钞一卷。这还只是他文学创作的极小部分。杨钟羲在《雪桥诗话》里说："子清官侍从时，与辇下诸公为长短句，兴会飙举，如飞仙之俯尘世，不以循声琢句为工，所刻《楝亭词钞》仅存百一。"曹寅还写剧本，他父亲、祖父都是军人，他本人就完全变成了一个"文艺青年"了。现今所知，他所作剧本有《北红拂记》《续琵琶记》《太平乐事》《虎口余生》四种，而且还有自家组织的戏班。康熙四十三年（公元1704年），曹寅邀请知名剧作家洪昇来到江宁，集南北名流演《长生殿》，一时传为盛事。曹寅评价自己的作品是"曲第一，词次之，诗又次之"。在《红楼梦》第五十四回，贾母指着史湘云向薛姨妈说道："我像他这么大的时节，他爷爷有一班小戏，偏有一个弹琴的凑了来，即如《西厢记》的《听琴》，《玉簪记》的《琴挑》，《续琵琶》的《胡笳十八拍》，竟成了真的了，比这个更如何？"曹雪芹就直接提到了《续琵琶》，因为他爷爷曹寅就写过。

曹寅十六岁为康熙皇帝銮仪卫，二十七岁由銮仪卫治仪正兼第三旗鼓佐领，协理江宁织造，二十八岁任内务府慎刑

---

[1]〔清〕袁枚：《随园诗话》。

司郎中，康熙二十九年（公元1690年）出任苏州织造，康熙三十一年（公元1692年）任江宁织造。子承父业，可见受宠之深。康熙四十四年（公元1705年），曹寅奉旨总理扬州书局，负责校刊《全唐诗》，次年九月刊毕试印，"进呈御览"。康熙五十一年，曹寅又奉旨刊刻《佩文韵府》，而且亲至扬州天宁寺料理刻工。为什么要进行这些活动呢？因为曹寅在担任江宁织造后，还承担着清政府在江南地区的笼络人心的工作。康熙年间江南文人的反清意识最强，因为他们文化水平比较高，民族意识非常强烈。曹寅就用他这种多才多艺、风度绝佳的身份和江南文人交往，在一起看曲、写诗、作画，增进感情，并刊刻文集，笼络了一大批读书人。

相较于曹玺，曹寅和康熙的关系更加密切。康熙曾经六次下江南，除了第一次住在江宁将军府，其余五次都住在江宁织造府，四次由曹寅本人接待。第二次南巡的时候，曹玺去世，康熙到他们家看望。康熙三十八年（公元1699年）四月，康熙又一次南巡驻跸于江宁织造府，接见了曹寅的母亲孙氏，也就是他小时候的保姆。"上见之，色喜"，并且说了一句非常著名的话"此吾家老人也"。康熙把她当作自己家的长辈一样来看待，那么他同曹寅自然是兄弟一般，也是一家人。后来他还赏赐孙氏很多财物，又御书了"萱瑞堂"三字。江宁织造府后来变成乾隆皇帝的行宫，以后又毁于太平天国时期战乱，这三个字也就没有留下来。不仅如此，康熙对曹家其他人也特别关心。他把曹寅的长女嫁给平郡王纳尔素为妃，又将其次女嫁给某蒙古王子为妃，曹家俨然进入了八旗满蒙权贵的核心圈了。

正因为曹寅身份地位如此显赫，他才敢打抱不平。

康熙四十四年，两江总督阿山想要加税用于招待皇帝南巡，江宁府知府陈鹏年坚决反对，得罪了总督。陈鹏年在建造龙潭行宫时节省开支，没有达到上面的要求，加上拒绝了太子的敲诈勒索，被太子嫉恨在心。阿山从旁挑拨，唆使太子以招待不周治他的罪，杀掉他。正逢康熙来到江宁，住在曹府。有一天，他遇到曹寅的长子曹连生（后改名曹颙）在院子里嬉戏，就问道："小孩子，你知不知道江宁有什么好官啊？"曹连生就说："有啊，陈鹏年。"大学士张英也在旁边说陈鹏年是好官。康熙闻言非常生气，就质问太子，你师傅张英都说陈鹏年是好官，你怎么要杀他呢？但是太子坚决要杀陈鹏年，曹寅就叩头，说千万不要杀，陈鹏年是冤枉的。苏州织造李煦是曹寅的大舅哥，跪在曹寅身后，拼命拉他，说你千万不要惹怒皇帝。曹寅磕头都见了血，说不要拉我，我一定要向皇帝说真话。就因为这样，陈鹏年挽回一命，其实曹寅和他的私人关系并不好。这说明曹寅很有朴素的正义感，也说明他和康熙有亲密信任的关系。当时，江苏巡抚宋荦就将他比作汉成帝时直言敢谏的大臣朱云。

康熙创立了"点对点"的奏折制度，当时能上奏折的人极少，而曹寅就有这样的特权。他与皇帝的单线联系非常频繁密切，凡政治、治安、商业、人事、米价、收成、天气、趣闻逸事、身体状况、病情等，都可以来回讨论，简直就像是现在一家人之间经常打电话、发微信聊天。有一次曹寅给康熙上奏折，说现在铜的生意很好，但我没有本钱，请皇上给我一笔贷款，我以后连本带息还你。曹寅的这个生意应该并不成功，因为康熙五十八年（公元1719年）曹寅嗣子曹𬘡也想要经营铜业买卖，康熙就说，断不可行，当年你父亲如果不是兼任两淮盐差，肯定是亏得一塌糊涂，你不要再重蹈覆辙了。

康熙为什么要让曹寅和李煦兼任两淮盐差呢？因为接待康熙南巡要花很多钱，这个费用他们靠自己的家资自然是出不起的，就要挪用织造府的公款。但是这个开销在账面上没法说，因为本来就没有这笔支出的项目，怎么办呢？康熙倒是非常善解人意，就让这两个人去轮流兼任两淮盐差。两淮巡盐御史每年要征收两百多万两盐税和余钱，占当年清朝国库收入的百分之六左右，是最肥的官职。康熙让这两个人轮流当差，这样就可以拿两淮的盐税去补织造府的亏空了。但这样似乎也无济于事，因为亏空太多。康熙在曹寅、李煦的奏折上留下过这样的朱批文字："风闻库帑亏空者甚多，却不知尔等作何法补完？留心，留心，留心，留心，留心！""两淮情弊多端，亏空甚多，必要设法补完，任内无事方好，不可疏忽。千万小心，小心，小心，小心！"[1]意思是你们亏空数目太大，我都不知道你们怎么补救，千万不可疏忽，一定要任内无事，千万小心。康熙不断提醒曹寅和李煦，一定要在任内把这亏空给补好，因为他觉得自己已经老了，担心儿子继位后，可能就不认这个账了，那时他们就会非常危险。这种话是不可能在题本上公开说的，这就证明，康熙在写这种奏折的朱批的时候，就没把他们当作普通大臣，而是当作自己的家人。

康熙四十九年（公元1710年），因为亏空太多，曹寅被人弹劾，朝廷派张鹏翮去查江南亏空案。康熙公开为他们打包票说，查确实应该查，但他们亏空"皆因南巡费用所致。若不声明，反属不宜。朕之巡幸，原以为民，无庸隐讳，即用帑银百万，亦所当然"[2]。意思很明确，南巡是为了民生，花了百万两又怎么样？你们查的时候要注意，这是政治原则问题，一定要知道。康熙还要求督抚，"令查南巡时所用数目，但举其大略而已"[3]。就是你不要认真查，不要仔细查，因为南巡的时候，这两家确实很多钱是花在我本人身上，他们自己并没有捞到好处。查的时候不要太过分，以后将亏空补上就算了，就不要严查细究了。康熙在公开地为曹寅和李煦的亏空辩护，这确实比较罕见。《红楼梦》其实有一段情节就写到这个事了。凤姐笑道：

1《关于江宁织造曹家档案史料》，中华书局1975年版。
2《清圣祖仁皇帝实录》卷二四四。
3 同前注。

"若果如此，我可也见个大世面了。可恨我小几岁年纪，若早生二三十年，如今这些老人家也不薄我没见世面了。说起当年太祖皇帝仿舜巡的故事，比一部书还热闹，我偏没造化赶上。"赵嬷嬷道："嗳哟哟，那可是千载希逢的！那时候我才记事儿，咱们贾府正在姑苏扬州一带监造海舫，修理海塘，只预备接驾一次，把银子都花的淌海水似的！"大多数钱都花在皇帝身上了，所以康熙才要为他们辩护，讲清缘由。再举一个例子。有一次曹寅偶感风寒，误食人参，又得了疥疮，卧病二月有余。康熙立马摇身一变成为老中医，亲自指导他养病，说你要吃地黄汤，还说疥疮不宜服药，"倘毒入内，后来恐成大麻风症，出（除）海水之外，千方不能治。小心，小心！"[1]康熙还向他推荐说土茯苓可以代茶，常常吃亦好。两个人的关系已经亲密到这样的程度了。

康熙五十一年正月，发生了噶礼与张伯行的互参案。噶礼是江南总督（以后又称两江总督。清初的时候，总督、巡抚都是差遣制，它的名称并不固定）。张伯行是江苏巡抚，号称天下第一清官。而噶礼与康熙关系密切，他母亲也是康熙的乳母。这两人为什么要互相参劾呢？当时江苏省举行乡试，巡抚张伯行上疏参劾总督噶礼考场舞弊。噶礼倒参张伯行"七大罪状"。督、抚互参，轰动一时。康熙远在北京，怎么处理这个事情呢？

---

[1]《关于江宁织造曹家档案史料》，中华书局1975年版。

一个是他非常信任的噶礼，另一个是他表彰的清官张伯行，这两人互参，指责对方有罪，因此他想从曹寅那里获得真实的情况。这就显示出奏折的作用了，如果放在以前，都用题本的话，层层上报，内容都是公开的，就没人敢汇报了，因为督抚比织造的官大，谁也得罪不起，而且也不知道皇帝最后站在哪一边。奏折这种秘密汇报的方式就避免了上面的顾虑。曹寅就向康熙汇报，"惟是今年江南文场秀才等，甚是不平，皆云皇上洪恩广额，原为振拔孤寒，今中者甚是不公，显有情弊"。意思是，皇帝增加了江南的科举名额，原来是要向中下层出身的人倾斜的，谁知道一张榜，大家都觉得肯定有问题。因为那些非常有才能的人没考上，而那些盐商的子弟反而考中，这里面应该有作弊的行为。康熙收到曹寅的奏折后没有表态，就朱批"朕安"。接着曹寅又上了第二封奏折，说总督噶礼没有包揽卖举之事，替他洗刷罪名，张伯行是因为私人恩怨才弹劾噶礼，并不是一心为公的。康熙还是没有表态，朱批"再打听，再奏"。其实作为一个统治者，最大的问题就是，当底下人互斗时，自己却弄不清楚到底哪一方有道理，哪一方没道理。古代的时候两地远隔千里，他无法亲临现场调查，也不像现在有很多技术手段可以协助调查，他无法判断到底是张伯行有问题，还是噶礼有问题，并且这两个人他都十分信任。说是叫曹寅打听，但他也未必全信，因为曹寅也没有神通之术，也不可能知道究竟谁出了问题。曹寅上了第三封奏折,"各人自写口供,两边俱未见面,难于输服"。那时候康熙已经派张鹏翮来审案了,但还是没什么结果。康熙只能朱批:"众论瞒不得,京中亦纷纷议论,以为笑谭。审事也不是这样审的理,但江南合省都甚没趣了,想比(必)满州(洲)恨不得离开这差才好。再打听,再奏。"曹寅再上第四封奏折,说自己到了现场,发现各个衙门都有官员申诉,对这个事情表态站队,"为总督者大半,为巡抚者少半。其乡绅及地方有名者,两边俱著名保留。兵为总督者多,秀才为巡抚者多,或是偏向,或是粉饰,或是地方公祖借保留完其情面,或是属官各报答上司之情,纷纷不一",还是弄不清楚到底真相是什么。康熙也无可奈何。在第五封奏折中,曹寅汇报说,督抚互参一案,审过后发现都没有什么实际的证据。到最后一封奏折,曹寅说探得张鹏翮等人所审科场之事,双方各打五十大板,"总督噶礼问降一级留任,巡抚张伯行革职问徒",大家都议论说二人皆有不平,而且如此大案,审理了近半年,最终如此潦草收场,对张鹏翮很有意见,认为他糊涂无能。康熙朱批两个字"可笑"。确实非常荒唐,审了大半年,审不出来,什么证据也没有。[1]

这一年二月,曹寅进京述职,然后携子曹颙南返。六月,

---

[1] 参见中国第一历史档案馆编:《康熙朝汉文朱批奏折汇编》,档案出版社1984年版。

奉康熙之命自江宁赴扬州主持开刻《佩文韵府》。七月，患风寒之病，继而转成疟疾，奏折也写不了，李煦就向康熙上奏曹寅的病情，"曹寅向臣言：我病时来时去，医生用药不能见效，必得主子圣药救我"。康熙朱批说李煦"奏得好"，"今欲赐治疟疾的药，恐迟延，所以赐驿马星夜赶去。但疟疾若未转泄痢，还无妨。若转了病，此药用不得。南方庸医，每每用补济（剂），而伤人者不计其数，须要小心。曹寅元肯吃人参，今得此病，亦是人参中来的。金鸡拿（奎宁）专治疟疾。用二钱末酒调服。若轻了些，再吃一服。必要住的，住后或一钱，或八分，连吃二服，可以出根。若不是疟疾，此药用不得，须要认真。万嘱，万嘱，万嘱，万嘱！"[1]这个朱批写得非常长，也非常细致，康熙亲自上场当老中医给曹寅开方，千叮咛万嘱咐，一定要按照我的方子吃金鸡纳霜。可惜药还未到，曹寅已经病逝。李煦上奏折说，曹寅弥留之际还想着国家大事，核算出亏空数十万两，但曹寅已经没有资产可以补上了，"无产可变，身虽死而目未瞑"，冒死恳求，希望皇上能够让我再代管盐差一年，填补亏空，所得的余银给曹寅的孤儿寡母。康熙怎么答复呢？他说曹寅与你李煦同是一体，你条奏的办法很好，就应该这样办，如果日后你变心辜负了曹家人，只为自己打算，那你这个人就是猪狗不如了。你看，这三人的关系太铁了，仿佛三兄弟，商

---

[1]《关于江宁织造曹家档案史料》，中华书局1975年版。

量着怎么把国家的财政亏空给补上。

康熙还干了另一件事，由于曹寅在织造的任上名声很好，从督抚到老百姓，大家一致要求他儿子继任，因此在康熙五十二年（公元1713年）他就让曹頫继任江宁织造，让这个官职几乎成为曹家世袭了。曹頫在谢恩折里就说："窃念奴才祖孙父子，世沐万岁浩荡之恩，身家性命，皆出圣主之所赐，虽捐糜顶踵，粉骨碎身，莫能仰报高厚于万一。惟有凛遵圣训，矢公矢慎，冰兢自持，竭诚报效，以仰副万岁矜全之至意。"[1]确实如此啊，整个曹家就是康熙一个人捧着几十年。李煦盐差一年期满，得银五十八万六千两，把织造府的亏空补上后还剩三万六千两。曹頫就上奏，说亏空已经补上了，这余银三万六千两就孝敬给主子吧。但是康熙十分大方，朱批说："当日曹寅在日，惟恐亏空银两不能完，近身没之后，得以清了，此母子一家之幸。余剩之银，尔当留心，况织造费用不少，家中私债想是还有，朕只要六千两养马。"[2]只留下一个零头六千两，其余都让曹頫补贴家用。这确实已经超越了一般的主仆关系了。为什么呢？一则康熙本人和曹家的关系确实非常好，这毫无疑问；二则曹家这么多亏空，确实是一笔烂账，就像《红楼梦》中李嬷嬷说的："还有如今现在江南的甄家，嗳哟哟，好

---

[1]《江宁织造曹頫奏谢继承父职折》（康熙五十二年）。
[2]《关于江宁织造曹家档案史料》，中华书局1975年版。

势派！独他家接驾四次，若不是我们亲眼看见，告诉谁谁也不信。别讲银子成了土泥，凭是世上所有的，没有不是堆山塞海的，'罪过可惜'四个字竟顾不得了。"这些钱的大头肯定是花在皇帝本人身上了，但是曹家自己有没有捞一些呢？想必也捞了不少，康熙心里也非常清楚。所以曹家与康熙皇帝的关系在本质上是主人奴仆，但双方也有深厚的私人感情，在一起几十年了，曹寅的母亲又是康熙的保姆，关系之亲密甚至胜过自己的亲生母亲。

康熙和曹家虽是主仆，但感情却远超主仆，因此这笔烂账算也算不清楚，但是皇帝的身份是国家的管理者，官面上的账再烂也得摆平，得做平，否则太难看，无法交代。为什么呢？因为下一个皇帝如果不认这个账，曹家就危险了，其实曹家以后就因为这个出事了。曹家因为康熙皇帝的特别恩典度过了曹寅去世后的一个大的危机，但没想到一个更大的不幸将要来临。

曹寅死后，他的儿子曹颙继任江宁织造，首先面对的是亏空问题。他舅舅李煦义不容辞，一荣俱荣，一损俱损，李家与曹家的关系正如康熙讲的，是一体的，所以康熙五十三年（公元1714年）的时候，李煦主动奏请皇帝让他再当一年盐差以再补亏空。

以前盐差都是一年一换的，碰到曹家和李家，就是他们一直当。李煦还给康熙写了一个很好的计划书，说："巡盐所得余银，每年约五十五六万两不等，内应发江苏现年织造钱粮二十一万两，代补商人积欠二十三万两，除此以外，存剩者止十万余两矣。今江苏现年织造钱粮照常应付外，至于补商欠之二十三万两，自丙戌纲起沿及今年，已经补完在库，明年无可再补。倘臣荷蒙殊恩，再赏差数年，则此二十三万两臣不敢私自入己，请允臣每年解送进京，以备我万岁公项之用。其存剩之十万余两，臣思曹寅亏空虽补，其子将来当差尚虑无银，而臣于存剩之十万余两内，应帮助曹颙办差银若干两。"[1]

李煦想得也太深远了，把妹夫曹寅的银子亏空补了，还想到外甥曹颙以后说不定也有亏空，也补给他。康熙一听，觉得你这个有点不像话了，就朱批"此件事甚有关系，轻易许不得。况亏空不知用在何处，若再添三四年，益有亏空了"[2]。康熙终于醒过来了，决定不让他干了，否则亏空没完没了。康熙五十三年的时候，他主动讲，自己曾经让"曹寅、李煦管理十年，今十年已满，曹寅、李煦逐年亏欠钱粮，共至一百八十余万两，若将盐务令曹寅之子曹颙、李煦管理，则又照前亏欠矣"。他说以前两江总督噶礼要弹劾曹寅、李煦亏欠两淮盐课三百万两，自己把他制止了，不让他弹劾，自己查了以后发现没有三百万两，只有一百八十余万两是真的。然后他让李煦

---

[1] 故宫博物院明清档案部编：《李煦奏折》，中华书局1976年版。
[2] 同前注。

的一个亲信李陈常当盐运使,相当于一个代理人。李陈常确实不辱使命,不仅将欠银全部赔完,还保全了曹寅、李煦的家产。

但是就在欢天喜地之际,康熙五十四年(公元1715年)正月初,年仅二十三岁的曹颙在北京述职的时候病逝了,只担任了三年的织造。康熙六十年(公元1721年)《上元县志》中《曹玺传》记载:"(曹颙)嗣任三载,因赴都染疾,上日遣太医调治,寻卒,上叹息不置。"康熙对此感到很痛惜,叹息不已。为什么呢?康熙在一个满文奏折的朱批中写道:"曹颙系朕眼看自幼长成,此子甚可惜,朕所使用之包衣子嗣中,尚无一人如他者。看起来生长的也魁梧,拿起笔来也能写作,是个文武全才之人。他在织造上很谨慎,朕对他曾寄予很大的希望。"[1]大家还记得吧,曹颙五六岁的时候,在江宁织造府和康熙有过一段对话。康熙问他,江南有什么好官?他就说陈鹏年是好官。小孩子随口说了一句,也算救了陈鹏年一命。

曹颙是曹寅的独子。为了保全曹寅这一脉,康熙命令从曹寅的侄子中过继一个给曹寅。你看康熙一个老头子,简直为曹家操碎了心,怎么补亏空,怎么折腾出银子,现在还要帮曹寅找个儿子。过继的标准是什么呢?"找到能奉养曹颙之母如同

---

[1]《关于江宁织造曹家档案史料》,中华书局1975年版。

生母之人才好。"[1]也就是要对曹寅的遗孀特别好,跟自己的亲生母亲一样侍奉才行。最后康熙听从了李煦的建议,选中了曹荃第四子曹頫,也是曹颙的堂弟,二十多岁又继任江宁织造。康熙五十四年三月初七,曹頫上了一个奏折,写到了一个非常重要的线索,"奴才之嫂马氏,因现怀妊孕已及七月"。也就是说,曹颙实际上是有个遗腹子的。这件事情其实在《红楼梦》中也有所体现。在写到贾珠早逝留下一子贾兰时,脂砚斋有批语"略可望者即死,叹叹";写贾政"忽又想起贾珠来",脂砚斋批道:"批至此,几乎失声哭出。"

曹頫在康熙五十四年七月十六日上了一个奏折,把他们家所有的财产全部公布了一遍。原因是之前康熙给他朱批的时候,说你怎么总是报告一些公事,你们家的大小事为什么不让我听一听。康熙对曹家的大小事都特别关心,就把它当作自己家的事情一样,说你家的事情我也要听。但是曹頫有点傻乎乎的,理解错了康熙的意思,就把他们家所有的财产情况列了一个清单报告给了康熙。这个材料对现在学界研究来说非常珍贵。曹頫说我继任以来查验过堂哥遗存的产业,"惟京中住房二所,外城鲜鱼口空房一所,通州典地六百亩,张家湾当铺一所,本银七千两,江南含山县田二百余亩,芜湖县田一百余亩,扬州旧房一所。此外并无买卖积蓄"。而且他还赌咒发誓:"若少有

---

[1]《关于江宁织造曹家档案史料》,中华书局1975年版。

欺隐，难逃万岁圣鉴。倘一经察出，奴才虽粉身碎骨，不足以蔽辜矣。"[1]他以为康熙对他们家财产很感兴趣，是不是他们家贪污了很多钱，他以为是这个事。康熙对此其实没什么兴趣，因为康熙这个人对钱财本来就很粗疏，不太在意。史景迁对康熙曾经有一句评语，他说康熙皇帝对贪腐事件有一种惊人的宽容。也就是说，康熙对这个没什么兴趣，你贪就贪了，不要太厉害就行。曹頫奏称自己家没什么钱，康熙真信吗？其实也未必真信，他就是想知道他们家的事情到底怎么样，并不是想知道他们家的财产清单。

康熙五十四年十二月，康熙在畅春园听政，尚书赵申乔等人奏说江宁、苏州两处所欠织造银两共计八十一万九千余两，康熙为其辩解："曹寅、李煦用银之处甚多，朕知其中情由，故将伊等所欠银廿四万两，令李陈常以两淮盐课羡余之银代赔。"[2]那时候曹寅已经去世三四年了，他随口谈的还是曹寅，用曹寅指代整个曹家，可想而知，对曹寅的感情还是蛮深的。康熙五十五年（公元1716年）二月初三，李煦听到这个消息后赶紧跪奏，"传宣万岁命李陈常代补亏欠恩旨，曹頫母子即望阙叩头谢恩，举家皆感激涕零也"。同一年，康熙听闻除李陈常代补之外，还有二十八万八千余两未补，就在九月下旨"两淮

---

1 《关于江宁织造曹家档案史料》，中华书局1975年版。
2 同前注。

盐课着李煦再监察一年"。康熙一开始对李陈常寄予厚望，觉得他是个清官，又能干，后来让李煦偷偷打听李陈常的财产情况，才发现上任没几年，他家里边已经置了好多产业了，康熙一听心都凉了。怎么办呢？他也不处理，估计也是绝望了。康熙到晚年被太子的事情折腾得一塌糊涂，身体也每况愈下，对人生也有点看透的意思，觉得无官不贪。曹寅、李煦、李陈常，皆是如此。康熙晚年就是这样一个心态。因此这一次，康熙专门给李煦朱批，提醒他"此一任比不得当时，务须另一番作去才是。若有疏忽，罪不容诛矣"[1]。意思是这次你要好好干，把亏空赶快补齐了，少贪一点，否则就罪不容诛了。他对这些人的所作所为心里完全清楚，但懒得处理了。次年，康熙五十六年（公元1717年）十月十九日，康熙听大学士马齐奏报江宁、苏州织造衙门所欠银两照数全还，他还问这个交完欠款的官员有没有什么奖励。不得不说，康熙对曹家的感情确实蛮深的。

曹𫖯和康熙之间隔一层，关系不是太深，不如曹寅、曹颙。他在给康熙的奏折中经常写一些鸡毛蒜皮的事情，康熙有次就忍不住了，康熙五十七年（公元1718年）在朱批里写道："尔虽无知小孩，但所关非细，念尔父出力年久，故特恩至此。虽不管地方之事，亦可以所闻大小事，照尔父密密奏闻，是与非

---

[1] 故宫博物院明清档案部编：《李煦奏折》，中华书局1976年版。

朕自有洞鉴。就是笑话也罢，叫老主子笑笑也好。"[1]意思是说，你虽然是个不懂事的小屁孩儿，但是你管的东西，你的差使也很重要，我是因为你父亲（指的是养父曹寅）的原因，特地任命你为织造，虽不管地方之事，但你应该学你父亲把这个地方的大小事情都汇报给我，不管真假你先汇报再说，你不用判断，我自己来判断。如果你没东西好汇报的话，你就是讲几个笑话也行，叫老主子我开心一下也好啊。这反映出康熙晚年时候的心境十分悲凉。康熙五十七年的时候，他还不认识孙子弘历，皇位传给谁心里也没有个定数，身体也不好，非常悲凉，很希望有个感情慰藉，所以才说把曹𫖯当成小孩子，希望可以讲个笑话逗自己开心一下。

康熙六十一年（公元1722年）康熙皇帝驾崩，和曹家毫无交情的雍正皇帝继位，曹家的好日子就到头了。雍正元年（公元1723年）正月初十，雍正刚即位没几天，就把李煦家抄了，然后写了个朱批警告曹𫖯，说你什么事都要听怡亲王胤祥的，不要乱跑门路，瞎费心思，你要是出乱子，坏了我的名声，我会重重处分你，连怡亲王也救不了你。李煦倒了，曹家也跟着倒霉，这叫一荣俱荣，一损俱损。不过曹家还强撑了几年，到雍正五年（公元1727年），雍正开始发作了，找了一个借口说自己穿的石青褂子怎么总是掉色呢，要严查。最后果然查到江

---

[1]《关于江宁织造曹家档案史料》，中华书局1975年版。

宁织造头上，因为丝绸质量不好，颜色总是掉。曹𫖯亲自押着一批新的服饰去北京补交，没想到在途中被山东巡抚塞楞额告发勒索驿站。这下子就完了，"查曹𫖯因骚扰驿站获罪，现今枷号"。大家要知道，雍正想整人的时候，总是从很小的细节入手，就像扳倒年羹尧是从奏折颠倒了一个成语开始，对曹家就是从衣服掉颜色开始。

雍正批准塞楞额的奏报是在雍正五年十二月初四。十二月十五日，隋赫德接替了曹𫖯的江宁织造职务。十二月二十四日，查封了曹𫖯的家产。"江宁织造曹𫖯，行为不端，织造款项亏空甚多。朕屡次施恩宽限，令其赔补。伊倘感激朕成全之恩，理应尽心效力，然伊不但不感恩图报，反而将家中财物暗移他处，企图隐蔽，有违朕恩，甚属可恶。"[1] 曹家最大的罪行是什么呢？本来皇帝已经宽限你补齐亏空了，但你不仅不感恩图报，反而将家中财物暗中转移出去，这就非常可恶了。隋赫德清查了曹家家产与人口，说"房屋并家人住房十三处，共计四百八十三间。地八处，共十九顷零六十七亩。家人大小男女共一百十四口，余则桌椅、床机、旧衣零星等件及当票百余张外，并无别项"。

雍正对曹家其实还不错，可能念及自己父皇与曹家关系很好，还留了"京城崇文门外蒜市口地方房十七间半、家仆三

---

[1]《关于江宁织造曹家档案史料》，中华书局1975年版。

对,给与曹寅之妻孀妇度命"。李煦的下场就非常悲惨了,据内务府档案记载,"李煦家属及家仆钱仲睿等男女并男童幼女二百余名口,在苏州变卖",但是没人敢买,因为知道是旗人。他最后被发配吉林乌拉苦寒之地,"仅与佣工二人相依为命,敝衣破帽,恒终日不得食",最后因冻饿死于当地。

曹家,这个历经七十多年兴衰,备受康熙皇帝宠幸的包衣家族,就这样倾灭了,好在还留下了《红楼梦》。

张伯行与噶礼：天下第一清官与贪腐暴虐的酷吏

天下的事情并非总是黑白分明，也不像京剧中忠臣奸臣、好人坏人那样脸谱化。康熙朝的天下第一清官张伯行和贪腐暴虐的酷吏噶礼的纠缠斗争，既包含了汉族与满族深刻的矛盾，也牵涉到了康熙晚年的储君之争，所以不是简单的清官和贪官之争。我们从这件事里也能观察到康熙皇帝来回多变的态度与立场，非常微妙，足以观察他的为人以及执政的风格。

噶礼是满洲正黄旗人，跟顺治皇帝最宠爱的董鄂妃是一个家族。他是开国功臣何和礼的四世孙。此人非常有才能，办事特别干练，受到康熙的赏识，很年轻就被提拔为山西巡抚。但是噶礼为官特别贪酷，在山西巡抚任内就放纵官吏虐待百姓。御史刘若鼎、巡城御史袁桥于康熙四十四年（公元1705年）、康熙四十五年（公元1706年）上疏参劾噶礼贪婪无状、虐吏害民、重征火耗、贪赃数十万两。但是康熙皇帝非常宠爱噶礼，不但未做任何处理，还在噶礼辩解之后，以他的这个辩解之词为根据，把袁桥的御史给撤了。三年后，噶礼升任两江总督，管辖范围包括现在江苏、安徽、上海和江西，是财赋重地。

噶礼刚上任，就以侵吞钱粮为由将江苏巡抚于准、布政使宜思恭、按察使焦映汉等参劾罢免，一个省里最重要的三个官员都因他的弹劾而被罢免。接着他又以克扣治河钱粮名目参劾了苏松粮道贾朴、苏州府知府陈鹏年、松江府知府朱廷志、江常镇道员徐廷世等，几乎将合省汉人属僚参劾殆尽。陈鹏年是著名的清官，为人刚正不阿。康熙南巡的时候，当时的两江总督阿山想借机加派钱粮，被江宁府知府陈鹏年拒绝。陈鹏年后来又得罪了太子，要被问罪杀头，是曹寅和张英把他给救了下来，最后被康熙赦免了，调任苏州府知府。宜思恭被罢免布政使职务之后，陈鹏年代理布政使，也被噶礼参劾了。什么原因呢？噶礼虽然是两江总督，但如果掌握钱粮大权的布政使不是自己人，和他关系又不好的话，很多贪污的事情就没法做成了。噶礼不仅弹劾陈鹏年，要罢免他的官职，而且还捏造文字狱，说陈鹏年在虎丘写的诗是反动诗，对大清不忠，这是要把他置于死地了，幸亏康熙没有听他这个话，压下不表。噶礼非常贪酷，而且对汉族官员特别有成见，于此可见一斑。

张伯行，字孝先，河南仪封人，著名的理学家。他因为特别清廉，被破格提拔为福建巡抚，是康熙皇帝大树特树的清官典型。康熙晚年的时候，也知道贪官太多，就想树立一个正面典型，希望大家向他学习。张伯行是怎么得到康熙赏识的呢？康熙四十六年（公元1707年），康熙南巡到江宁府，当时张伯行是江苏按察使。康熙命令两江总督、江苏巡抚推荐德才兼备的官员，他一看推荐的名单，居然没有张伯行，感到很奇怪，因为他早就听说过张伯行的名声。于是就把张伯行叫到跟前，公开地说，自己到江南到处问别人，都说张伯行是一个大清官，"此名最不易得"。虽然张伯行是进士出身，但你们不能把他当作书呆子，张鹏翮保举的人当中，就数张伯行、蒋陈锡优秀。张鹏翮也是康熙特别信任的一个人，他当时是河道总督，学问非常好，也是个理学家，任过两江总督、吏部尚书，被授文华殿大学士职务，地位特别高。康熙接着说："江南钱粮既多火耗，虽轻断无不足养廉者，清乃居官之常，清官每多残酷。清而能宽斯为尽善。"[1] 康熙这个话其实是说给张伯行听的，就是说你虽然是清官，天下第一清官，但对底下人要宽大。最后康熙说，让你们推荐德才兼备的官员，你们不保举张伯行，我来保，将来如果做官做得好，天下就认为我是明君；如果他不行，贪赃枉法，天下会笑话我没有识人之明。当即下令，提拔张伯行为福建巡抚。此后张伯行官运亨通，康熙四十八年（公元1709年）调到苏州，任江苏巡抚。

张伯行就任江苏巡抚以后，很快与两江总督噶礼发生尖锐矛盾。因为当时亏空了三十四万两银子，陈鹏年署布政使司，就要扣各级官员的薪水来补。张伯行为这个亏空的事上疏弹劾总督噶礼，康熙就说："览伯行此疏，知与噶礼不和。为人臣

---

[1]《东华录（康熙朝）》，康熙七十九。

者，当以国事为重。朕综理机务垂五十年，未尝令一人得逞其私。此疏宜置不问。"[1]康熙在这里就自吹自擂，说自己治国以来，没有一个官员能够谋取私利，其实他底下贪官污吏太多。他觉得张伯行这个奏疏不用去理会，因为噶礼没有问题。张伯行一看，就告病，说我辞职不干了，脾气也非常耿直，当然康熙也没有答应。奉命处理此事的张鹏翮就提出，让前任巡抚于准、前任布政使宜思恭一起来赔偿十六万两，其余的用官员俸禄抵补。其实康熙年间巡抚一级的官员薪水很低，大学士也就一年一两百两白银，他们怎么能赔得起十六万两呢？康熙倒是很开明，说江南的亏空并非官员牟利，不是贪污所致，我南巡的时候，为了接待任务，督抚肆意挪用而不敢言，若要新官赔偿，我心有不忍。康熙很清楚大部分都是自己的责任，而且他也确实很愿意站在对方的角度考虑问题。对曹寅也是如此，两个人一起合计怎么填补亏空，曹寅死后又合计怎么帮着他儿子继续填补亏空。不过，身为最高统治者，如此施政，吏治怎么能好呢？！

但这只是康熙皇帝的表象，这些内容将来会被《清实录》《清史稿》这样的正史记载下来。实际上，康熙本人是满洲人，噶礼也是满洲人，他们之间的秘密奏折是用满文写的。这些满文奏折就很少会被正史所收录，不仅是语言上的问题，还因为

---

[1]《清史稿》卷二百六十五，列传五十二。

这些奏折中写了很多不能见人的话。所以我们不要尽信书，不要轻信所谓正史，每部史书都有自己的价值观，都有自己的立场，无一例外。

康熙本人为什么这么信任噶礼呢？除了噶礼上三旗的出身外，还有一点就是，他母亲是康熙的保姆，和曹寅母亲的角色是一样的，而且噶礼的母亲和皇太后家还是亲戚，所以康熙和噶礼的关系特别好。他们俩都对江南的汉人官民打心眼里不信任。因为江南抵抗清军南下是最激烈的，当地人文化水平普遍较高，民族意识也最强烈。

康熙四十九年（公元1710年）正月，康熙在噶礼奏报于准等克扣钱粮情形的密折里这样朱批："尔参究访察得甚为严密，日后必受伤害。陈鹏年为张鹏翮之可信门生，现张鹏翮已又去审理此案，必出他事，应多加谨慎。"康熙提醒噶礼要小心谨慎，因为你弹劾的陈鹏年是主审官张鹏翮的得意门生，你要谨慎行事，以免受到伤害。但是明面上，康熙又称赞张鹏翮"天下廉吏，无出其右"，其实他根本不信任张鹏翮，觉得他会包庇自己的门生陈鹏年。次月，在另一密折中，康熙再次叮嘱噶礼注意"奸诈"的江南官民，并将张伯行推举陈鹏年的事透露给了噶礼："江南省官民奸诈，一时不注意，不防范，则即中其计。现张伯行以陈鹏年廉洁爱民，请补授正布政使。等因具折上奏。此即大证据也。尔所参每件事都可畏，当多加谨慎。"不久，康熙帝又把张鹏翮有关噶礼的奏言在密折中透露给了噶礼本人，非常不地道，等于出卖了张鹏翮："看张鹏翮来奏样子，很不顺眼，有尓暴烈，所参官员甚多，现虽不受礼物，欲勤治坏风俗，但日后不可预料等言。朕心亦恐日后正如其所言。只要行为始终端正，则任何人不能使之动摇也。"他们完全是从满洲贵族统治者的立场上讲的话。表面上特别欣赏张伯行，也欣赏陈鹏年，但实际上认为这两个人非常奸诈，觉得张伯行和陈鹏年是穿一条裤子的。为什么呢？因为张伯行是张鹏翮保举的，而陈鹏年又是张鹏翮的门生。因此，三个人明面上都是康熙非常信任的汉人官僚，但在同满洲大臣的秘密对话中，都被看作是非常狡诈的人。这年六月，康熙根据噶礼密奏中关于张鹏翮庇护门生陈鹏年的指控严厉斥责了张鹏翮："观张鹏翮所审建闸一案，各官皆议处，独陈鹏年脱然事外。"这个案子中所有人都受到了处分，唯独你的门生陈鹏年没事，这是怎么回事？非常生气，最后"张鹏翮所审此案内有畏惧徇庇之处，着交与九卿严察议处"。[1]康熙内心真实的想法，在这些满文朱批奏折中就全部泄露出来了。

康熙五十年（公元1711年）六月，康熙在噶礼奏张伯行迟误漕船情形的密折中朱批写道："在京城，大臣内谁偏徇张伯行？赵申乔向他何如？南方汉人甚奸猾，张伯行必受骗，民人

---

[1] 以上参见中国第一历史档案馆编译：《康熙朝满文朱批奏折全译》，中国社会科学出版社1996年版。

未必心服，今想是亦造种种谣言罢。"噶礼现学现卖，这年七月上奏说"南方汉人甚奸猾，圣主明知者甚是"。他附和康熙之前对南方汉人的偏见，还指出，"江苏按察使焦映汉、上海县降调知县徐世桢、陈鹏年等于汉官中最为奸猾之人，任意挑唆张伯行，故一切事项及人命案、贼案，妄行驳回，肆行参劾，下江官员不仅不服，且亦实难忍受"。然后开始说张伯行的坏话，"况且张伯行在属员中见旗人即憎恶之。奴才若为公事派遣汉官及来会奴才者，张伯行即背地里恨曰：伊为汉人，何不与我同心，反于总督同心。等语。奴才不知张伯行用心何在"。并且说张伯行如此憎恶我们满洲人，为什么敢这么肆无忌惮呢？因为"张伯行之所为皆仗恃张鹏翮。孰不惧张鹏翮"。[1]张鹏翮受到康熙重用，是吏部尚书，地方官员谁不畏惧他手里的大权。江南旗汉势同水火的局面在这些文字里表现得淋漓尽致。双方针尖对麦芒，行事风格如此迥异，又掺杂着民族矛盾，总督巡抚迟早会彻底翻脸。而康熙五十年的江南乡试案成了二人矛盾彻底爆发的导火索。

康熙五十年十月，张伯行突然上疏，说江南乡试有舞弊行为。康熙就令他的亲信张鹏翮会同总督噶礼、巡抚张伯行严审具奏。第二年，也就是康熙五十一年（公元1712年）二月初四，

---

[1] 以上参见中国第一历史档案馆编译：《康熙朝满文朱批奏折全译》，中国社会科学出版社1996年版。

张伯行上疏参劾噶礼在江南乡试舞弊案中贿卖举人，索要贿银五十万两。没想到同一天，噶礼也上疏弹劾张伯行有七大罪，并否认自己受贿。总督和巡抚相互弹劾，康熙根本不知道情况到底是怎么样的，只好先命令两个人一并解任，全部停职，两江总督由江西巡抚郎廷极署理，江苏巡抚由浙江巡抚王度昭署理。同时派户部尚书张鹏翮、漕运总督赫寿，一个汉人，一个旗人，共同审理此案。

噶礼和张伯行不仅相互参劾，而且在对簿公堂之后出门还厮打起来，噶礼身材雄壮，很高大，张伯行也长得很魁梧，力气更大，噶礼打他不过，被一脚踢滚在地。这简直就是闻所未闻、荒谬绝伦。他们两个人之间实际上矛盾很深，在一起共事两三年，互相看不惯。张伯行是汉人，而噶礼是满洲正黄旗人，对江南汉人有非常强烈的偏见，在同康熙的满文奏折往来中，主奴二人就说了很多汉人的坏话。

面对两人互参，康熙对九卿下谕，说"噶礼有办事之才、用心缉拿贼盗，然其操守则不可保。张伯行为人老成，操守廉洁，然盗劫伊衙门附近人家，尚不能查拿"。康熙很清楚，噶礼这个人没有操守，不是很清廉，但缉拿盗贼的能力很强，办事能力很强；张伯行为官清廉，但就是书呆子一个，没有噶礼那么能干，盗贼都到他衙门附近出没了，还是捉拿不到。而且康熙还有自己的一套推理，说噶礼曾经弹劾苏州知府陈鹏年"胆大强悍"，而噶礼与张伯行互相不睦就是陈鹏年居间挑唆所致，因为张伯行与陈鹏年关系特别好。陈鹏年的挑唆离间，让他这两个心爱的臣子反目成仇。康熙既喜欢噶礼，也喜欢张伯行，这是两个不同的典型。张伯行是清官的典型，噶礼是办事能力强的典型。最后两个各打五十大板，说张伯行参劾噶礼受贿五十万两"未必全实，亦未必全虚"，而噶礼所参张伯行之事"亦必有两三款是实"。康熙还说，噶礼之所以招人恨，就是因为他太能干了。当年让江南、浙江、福建三地督抚缉拿海贼，大家都互相推诿，只有噶礼"至尽山花鸟缉拿贼盗，因此各省督抚甚怨噶礼"。另外，康熙认为这件案子很难查，因为"若命满大臣审，则以为徇庇满洲。若命汉大臣审，则以为徇庇汉人"。[1]康熙心知肚明，他知道张伯行与噶礼的矛盾是有深刻的满汉矛盾作为背景的，而且张伯行在参劾噶礼的题本中提到了张鹏翮，康熙认为张伯行就是想让张鹏翮回避，不要审理此案，但我偏偏就让张鹏翮去审。这都是康熙自作主张、自作聪明地乱想。

关于这个案件，他还让江宁织造曹寅和苏州织造李煦去帮他打听消息，直接参与进去。因为这两个人是康熙在江南的重要耳目，关系特别不一般，康熙更信任这两个人。曹寅就向康熙汇报了他的判断。他认为总督噶礼没有包揽卖举人的事情，张伯行也不是为了主持科考公正，而是想借机报复噶礼；噶礼

---

[1]《清圣祖仁皇帝实录》卷二四九。

被解职以后虽然有官员说要挽留总督，但都是底下拍马屁的，没有真正爱戴噶礼的人；张伯行方面其实也是如此，大多数都是秀才要求张伯行留下来，底下官员也没有真正爱戴他的。可见，不管是贪官还是清官，其实属下都不爱戴，都是假仁假义的，根本不想让他们两个人留下来。康熙让曹寅"再打听，再奏"，前后共上了六封奏折。

李煦也给康熙报告此案的一些情况，康熙五十一年二月，康熙在他的奏折上朱批写道"巡抚是一钱不要清官，总督是事体明白勤谨人物"[1]，说明康熙对两个人是很了解的，并试图调和两个人的矛盾，为此写了一首《忆咏苏州风俗》："邓尉梅梢月，虎邱浪里峰。人争天地秀，物杂理文宗。俗尚非交让，官箴乏协恭。舆情常若此，何日奏时雍。"[2]意思是你们的关系处理得太糟糕了，让我非常头疼，希望你们赶紧和好吧，不要再折腾我了。当时康熙年纪也很大了，是个快六十岁的老人了，加上废太子案已经爆发，头晕目眩，根本不想管这些事情。李煦家人将御制的诗扇拿了一柄回来，李煦遵旨将诗扇给噶礼、张伯行看，噶礼叩头跪读，以"惭愧无地"诸语求李煦代奏，而张伯行跪读后，也称"上负圣恩，如今惟有悔愧"等语。但是光表态没有用，两个人还是互不相让。

---

1 故宫博物院明清档案部编：《李煦奏折》，中华书局1976年版。
2《圣祖御制文二集》卷三十二。

康熙五十一年六月初五，康熙上谕大学士，"张伯行参噶礼索银五十万两实属情虚"。为什么呢？康熙说，江南一省能有几个举人呢？即使全部去贿买，也达不到五十万两这个数目。又说，"噶礼原非清廉之官，但在地方，亦有效力之处"。康熙很清楚噶礼这个人贪婪得很，但还算是个有能力的人。接下来康熙指责张鹏翮等人对噶礼、张伯行互参的那些罪名，"并未审出一款"，而且"似为两边掩饰和解，瞻徇定议"。康熙认为，"大臣互相参劾，岂可不彻底审明"，这种"两面调停，草率完结"的陋习，断不可行，决定"此案发回，着大学士九卿等详看会议具奏"。[1]

不久，康熙下令让户部尚书穆和伦、工部尚书张廷枢前去严加审明具奏。七月底，张伯行与噶礼再赴扬州候审。在穆和伦一行抵达前，李煦曾来会噶礼和张伯行。受噶礼之托，李煦先对张伯行劝道："此一句为老先生与制台而作也。上意俱欲保全，又恐两人不和，老先生仰体上意，自认些小不是，我当启奏，必两复矣。"张伯行仍不肯让步："圣意正未可知，我既参奏，岂有调和之法。"于是李煦小施威胁，警告说："彼党众，必遭害。"张伯行答："圣明在上，我何惧焉！"李煦的解劝无效。在噶礼、张伯行候审的时候，穆和伦也说出康熙希望二人和解之意："二位皆皇上所爱惜者。皇上最喜同寅协恭，何不两

---

[1]《清圣祖仁皇帝实录》卷二五〇。

家各相让，免争竞乎？"但是张伯行执着如初，噶礼见状也不发一言。[1]

到了这年十月初五，这件案子审结了。怎么说的呢？"张伯行所参噶礼各款既经穆和伦等审明皆虚"，"噶礼所参张伯行各款，既经穆和伦等审明，俱系从前旧案。不于彼时参奏，亦应议处。但所参张伯行不能出洋等处，俱实。应如所题免议"。康熙决定保张伯行，下旨说"张伯行居官清正，天下之人无不尽知。允称廉吏，但才不如守，果系无能。噶礼虽才具有余，办事敏练，而性喜生事，并未闻有清正之名。伊等互参之案，皆起于私隙、听信人言所致。诚为可耻"。接下来康熙讲了一段他对自己国策的一种认识，"朕临莅天下五十余年，遍谙诸事。于满洲、蒙古、汉军、汉人，毫无异视。一以公正处之"，还说"噶礼屡次具折参张伯行，朕以张伯行操守为天下第一，断不可参，手批不准"。换言之，张伯行是康熙自己树立的典型，操守天下第一的典型，不允许任何人质疑这一点。康熙还试图消弭这件案子所引发的消极影响，对大学士谕称，"是则是，非则非，面奏时即从直具奏，朕不但不加责而且甚喜。汉大臣不可又以皇上圣明承顺覆旨。朕听政五十余载，凡满汉大臣，皆当知朕之居心。满汉俱系朕之臣子，朕视同一体，并不分别。无知之辈，且谓朕为何不护庇噶礼。朕乃天下之主，凡事惟

---

[1] 参见《张清恪公年谱》。

顺理而行，岂可止护庇满洲"。[1]康熙认为他不仅是满洲人的皇帝，还是天下人的皇帝，不会偏袒满洲人。于是他对该案的处理另有旨意，将噶礼革职，张伯行革职留任，对张伯行网开一面，还是保留了江苏巡抚这个职位。而且康熙在给审理此案的赫寿的奏折中朱批痛斥道："尔今唯追随张鹏翮，亦步亦趋。江南之人不可欺压，日后如何见朕？"[2]意思是你和张鹏翮的处理原则一致，要着重处理张伯行，这样的话江南民众肯定是不满意的。康熙就是这样的人，他从心里面不喜欢江南人，说江南人很狡诈，也不服满洲人的统治，但是从现实操作上讲，因为张伯行在江南深得人心，他要挽回江南的人心，而且张伯行是他树立的一个清官的典型，如果现在把他给处置了，自己的脸往哪放呢？一是为了自己的脸面，一是为了树立的典型不能倒掉，即使这个榜样有这样那样的问题，也一定要保住。

貌似噶礼、张伯行互参案结束了，但没想到这个案件过后还有更富戏剧化的事情出现。

康熙五十三年（公元1714年）四月十九日，刑部上了题本，说原任两江总督噶礼之母叩阍（阍就是宫门）。噶礼的母亲跑到宫门前，向康熙皇帝告状，说自己的亲生儿子噶礼命令厨师毒害她，并且指控"此等凶恶，皆系我少子色尔奇与噶礼

---

[1] 参见《清圣祖仁皇帝实录》卷二五一。
[2] 中国第一历史档案馆编：《康熙朝汉文朱批奏折汇编》，档案出版社1984年版。

之子干都合谋而行",而且还揭发"噶礼以昌泰之子干太认为己子,令妻私自抚养"。这个事太荒谬了,儿子要厨师毒杀自己的母亲。噶礼母亲还说,"我丈夫普善在日,将噶礼之妻并干太逐出。昌泰聚集亲戚,拆毁我房屋,几至殴打","噶礼奸诈凶恶已极,请正典刑"。所以刑部认为,噶礼身为大臣,任意贪婪,又谋杀亲母,不忠不孝,应该凌迟处死,噶礼的妻子应绞死,弟弟色尔奇、儿子干都应杀头,昌泰之子干太应发黑龙江当苦差,所有家产并入官。最后皇帝下旨,"噶礼着自尽。其妻亦令从死。色尔奇、干都俱改应斩,监候秋后处决"。这到底是什么事情导致的呢?为什么噶礼被免职以后突然发生如此戏剧化的一幕呢?

昭梿是乾隆嘉庆年间人,礼亲王代善的后代,称得上是一等一的满洲权贵了,他在《啸亭杂录》里面记录,"两江总督噶礼,满洲人。贪婪一时,家资巨万。尝造金丝帐以眠其母。以其母素奉佛,家畜女尼数百。而其母昵其少子,初不喜礼之所为"。他还提到噶礼与张伯行的互参,说康熙一开始特别偏袒噶礼,想把张伯行抓起来,但是江苏人民特别喜欢张伯行,居然聚集了数千人到畅春园为张伯行请命,相当于一个群体性事件了,因此康熙更加痛恨张伯行的沽名钓誉。他接着写噶礼母亲的事情,说噶礼的母亲去孝惠那里请安,正好碰到康熙,康熙顺便问了一句你儿子噶礼怎么样了?于是她就把噶礼贪赃枉法而且还要杀自己的事情说了出来,还说张伯行是冤枉的。噶礼的母亲把儿子给卖了，康熙一下醒悟，母亲痛恨自己的儿子到这种地步，简直罪不容诛。这让康熙对噶礼的态度有了一百八十度的转变。

但是，根据清宫满文档案的记载，我们了解到还有另一种说法。康熙五十二年（公元1713年）秋，康熙驻扎在热河的时候，见到了噶礼的母亲。噶礼的母亲告发说噶礼偷养昌泰之子干太。昌泰是皇太子胤礽的生母孝诚仁皇后的弟弟，也就是索额图的侄子，因为卷入了康熙与皇太子胤礽的矛盾，被革去了一等公的爵位。康熙经常把昌泰与"本朝第一罪人"索额图相提并论。所以康熙听说噶礼居然暗地里收养昌泰的儿子，感到非常愤怒，但是未露声色。

噶礼与自己母亲的关系恶化到这种地步也确实很罕见，康熙对他们家的情况也有一定的了解。康熙四十二年（公元1703年）噶礼还是山西巡抚的时候，康熙就提醒噶礼，你千万不要把你母亲带到太原去，"否则必出大事，害尔之身命"。康熙还是有预见的，母子关系坏成这样，以后说不定就栽在这个上面了，现在果然应验了。为什么康熙对噶礼母亲的意见特别重视呢？因为母亲告儿子说明儿子已经不像话到惊人的地步了。此外，噶礼的母亲是康熙幼年时的保姆，又是孝惠皇太后的亲戚，这关系完全不一样。于是康熙五十二年九月初七，皇帝命令领侍卫内大臣鄂伦岱，还有乾清门侍卫五格，捉拿噶礼，先打板子，然后用九条锁链——特别注明九条，将其捆起来，严加看守。接着查出"噶礼赃款内三百四十余口家人俱入官。查出房产七十五处，地一百余顷，当铺十三所，其价本银并金器皿，俱注册交送户部"，比曹寅家多太多了。昌泰儿子干太供称："噶礼之妻子及家产均在河西务，京城内只有三处当铺。"经核查，噶礼家产"计银子一万七百余两，另有金子、玉石、书籍、字画插架及衣、裘、缎匹、丝绸等项，逐件封存看守。又查得噶礼在京城三处当铺，计银子三千余两，当物全部封存看管"。噶礼这个事情由此终结了，非常戏剧化。噶礼母亲确实到康熙面前去告他，主要有两件事：一个是噶礼想叫厨子毒杀自己，这个是不是真的说不清楚，但是母亲已经把话说到这样地步了，在当时的社会不可能不处置；另一个事情就是噶礼收养了皇太子胤礽死党昌泰的儿子，这让康熙非常警觉。当时正好康熙二废太子，他觉得噶礼是在太子与自己之间骑墙，搞政治投机。政治斗争中你不知道哪一方会笑到最后，取得最终胜利，所以常常两边都押宝，这就犯了康熙的最大的忌讳了。康熙相对来说是比较宽容的，甚至宽容得有点不像话，你有点贪污受贿他都睁一只眼闭一只眼，无所谓，但是他晚年最忌讳的，就是在他和太子之间搞政治投机，一旦触碰到这个"逆鳞"，他的处置是特别坚决、特别狠的。他晚年杀的几个大臣，基本都是押宝押在太子那边的，包括他以前最亲密的宠臣索额图，也被关到宗人府里赐死。

在"噶张恶斗"中幸存的张伯行保全了自己的名声，他最后的结局如何？

张伯行是康熙皇帝树立的一个清官典型，他调任江苏巡抚的时候，曾经发布了一个檄文，说："一丝一粒，我之名节；一厘一毫，民之脂膏。宽一分，民受赐不止一分；取一文，我为人不值一文。"[1]特别高调，名声也很好。但是康熙对他的真实看法是什么呢？

康熙五十三年十二月二十日，康熙给大学士下了一个谕旨，里面提到"巡抚张伯行题参牟钦元交通海贼，此皆伊多疑所致"。康熙说，我曾经派张鹏翮查证此事，两江总督赫寿坐小船往黄天荡探查，才知道张伯行所言都是假的，而且张伯行还奏称噶礼的下人甚多，恐怕会有人向他寻仇，这都是捕风捉影的事情。康熙认为"清官多刻，刻则下属难堪，清而宽，方为尽善"，而且"朱子云，居官人清而不自以为清，始为真清"。就是你不要整天标榜自己是个清官，那就成了沽名钓誉，是假清官。康熙认为张伯行就很喜欢自我标榜，对待下属也很苛刻。

康熙认为"张伯行操守虽好，而办事多糊涂执拗之处"，又说他"素性偏执，且短于才，封疆之寄不能胜任"。[2]比如，康熙五十三年，张伯行弹劾布政使牟钦元藏匿海盗张令涛，后

---

1 张伯行：《禁止馈送檄》。
2 《康熙起居注》。

来发现张令涛根本不是海贼。是年七月十七日，李煦密奏张伯行"一怕海贼杀他，二怕仇人杀他"，到了什么地步呢？张伯行将自己关在苏州城中拒绝出城，甚至不愿意离开苏州前往常州府去主持会审；将宵禁延长到天明之后，以至于影响到了当地的商业活动；逮捕了一批来自陕西的帽商，理由是他们有谋逆之心，并且命令官员派遣专门的侍卫来保护他，简直成了一个迫害妄想症患者了。漕运总督郎廷极在奏折中写道："抚臣之操守，皇上久已稔知，毋庸奴才陈奏。惟是才短性偏，多疑苛细，以致事件迟滞。凡人言人之善者，疑之；言人之过者，信之。遂有小徒造作无根之言，影向之事，迎合其意，以希信任。"苏州织造李煦也有类似的评价："臣煦细察抚臣为人，大抵多疑多惧。多疑则遇事吹求，不能就事完结，自有无辜拖累而罗织多人矣。多惧则中心惶恐，小人无稽之谈尽为腹心之托，而昼夜不安，举动未免颠倒。"[1]

因此，康熙五十四年（公元1715年），康熙撤了张伯行的巡抚职，不过"念张伯行居官清廉，不受馈送，故不准拿问"，意思是这个典型还是不能倒掉。怎么处理呢？让他入值南书房，署仓场侍郎，充顺天乡试正考官。这很符合他的身份。陈廷敬就是待在南书房三四十年，从来没有出任过地方官，也是缺乏

---

[1] 参见中国第一历史档案馆编：《康熙朝汉文朱批奏折汇编》，档案出版社1984年版。

行政能力。张伯行也是如此,缺乏行政能力,他是任错了巡抚。雍正元年擢礼部尚书。雍正三年去世,享年七十五岁,赠太子太保,谥"清恪"。他的下场比噶礼好太多了。张伯行于是就变成了清朝第一清官的形象,但他确有不少不足之处,比如行政能力很差。所以我们讨论一个历史人物的时候,不能说他是个正面人物,就把所有的好事全堆在他身上,把他的缺点全部抹去。

岳钟琪：唯一的汉人大将军

清朝在近三百年里仅有一位汉人大将军，那就是岳钟琪。

钱穆在《中国历代政治得失》中写道："中国人带满洲兵做大将军的，二百多年间，只有一个岳钟琪。"这里的"中国人"是指汉人的意思。《清史稿》也称："终清世，汉大臣拜大将军，满洲士卒隶麾下受节制，钟琪一人而已。"

大家可能觉得奇怪了，吴三桂不也是大将军吗？孔有德、耿精忠、尚可喜不都是大将军吗？他们不都是汉人吗？其实，这里的汉人是清朝特有的说法，并不等于现在的汉民族，它不是一个民族的概念，更不是一个种族和血统的概念。孔有德、耿精忠、尚可喜、吴三桂，这些汉人王爷其实都入旗了，已经变成旗人了。只有岳钟琪没有入旗，始终是汉人。

清朝的军权从来都是不交给汉人的，在入关之初，消灭明朝政权的时候，是用八旗诸王贝勒为统帅：有努尔哈赤的儿子们，比如阿巴泰、多铎、阿济格；有皇太极的儿子，比如豪格。但是随着这些人先后去世，爱新觉罗皇族里面就很少有这样能干的人了。平三藩之乱，康熙皇帝还是用亲贵大臣为大将军、经略或参赞。比较著名的是图海，他是满洲人，任经略，负责同吴三桂作战。征噶尔丹的时候，福全、常宁为大将军，胤禔副之。征策妄阿拉布坦的时候，胤禵为大将军。雍正年间征策零，傅尔丹为大将军。乾隆年间有几次大的征伐。征达瓦齐，班第为定北将军，成衮扎布等为参赞，永常为定西将军，鄂容安等为参赞；征霍集占，兆惠为将军；征廓尔喀、台湾，都是福康安为大将军，海兰察为参赞；征缅甸，明瑞为将军，明瑞死后，傅恒为经略，阿桂为副将军；两征金川，初命讷亲、傅恒为经略，再命温福为定边将军，阿桂副之；征苗疆，张广泗为经略。到了嘉庆年间平定白莲教起义，额勒登保为经略，德棱泰为参赞。只有雍正年间征青海，年羹尧为抚远大将军，让岳钟琪这个汉人为参赞。年羹尧、张广泗都是汉军旗人，下场都很惨，被雍正、乾隆诛杀。这表明连汉军旗人当大将军掌握兵权都是很危险的事情，更不要说是纯粹的汉人了。

岳钟琪，字东美，号容斋，谥"襄勤"，四川成都人，祖籍甘肃临洮，是岳飞的后代。他的父亲在康熙年间做过四川提督，但他不是正途出身，而是通过捐纳，出钱买了一个同知，实际是文官。他的成名之战是康熙晚年征西藏平乱的时候，他作为南路军先锋率先打进拉萨。后来在雍正初年跟着大将军年羹尧平定青海，当时他是副手，也是雍正皇帝重点拉拢的对象。在整年羹尧的时候，岳钟琪也写了很多材料揭发他的老上级，所以获得了雍正皇帝的赏识，雍正三年（公元1725年）被提拔为陕甘总督。

总督在清前期的时候是一种差遣职，临时的职务，准确地说，岳钟琪应该叫川陕总督，因为他主要管辖四川、陕西、甘肃，还包括新疆东部吐鲁番、哈密一带。这些地区十分重要，是清朝最重要的平乱前线。大家要清楚，清朝北边是没有边患的，早在入关前，内蒙古已经归附，康熙年间外蒙古也归顺了，唯一的边患在西部。所以川陕一带驻扎了大量精兵，对付和硕特和准噶尔。总督，必须是雍正十分信任的人才行，否则万一造反怎么办。年羹尧就是因为当了抚远大将军，兼任川陕总督，最后导致了杀身之祸，即使他本人是汉军旗人，妹妹还是雍正的宠妃，也没有用。而岳钟琪呢，是个纯粹的汉人，和雍正也没有什么渊源，之前根本就不认识。他能够官拜川陕总督，说明雍正对他特别信任。这主要还是因为他本人军事能力很强，年羹尧平定青海的战功主要就是岳钟琪立下的。

但是，岳钟琪掌握了大量兵权后，就激起了很多人的嫉恨和猜忌，尤其是旗人。他们觉得天下毕竟是满洲人的天下，汉人都是不可信的，怎么能让汉人掌握这么大的兵权呢，而且连八旗兵都归他指挥，这是很多旗人所不能容忍的。雍正的亲信、汉军旗人蔡珽在皇帝面前进谗言，说岳钟琪不可信。雍正三年岳钟琪进京述职的时候路过保定，见过蔡珽。当时蔡珽还挑拨离间，跟岳钟琪说皇帝最信任的怡亲王胤祥对他出任川陕总督特别不满，皇帝还特地让他的亲信傅萧嘱咐要你小心怡亲王。这就是无中生有了，想让岳钟琪在北京的时候见到雍正皇帝很害怕,从而犯下错误,让皇帝惩治他。不过雍正没有听信这些谗言。蔡珽也不是什么好人,差点被雍正杀掉,以前构陷年羹尧的时候也很积极。

雍正五年(公元1727年)突然发生一件事。这年七月初三,四川成都府城中有一个男子沿街叫喊,说岳钟琪率领川陕兵马欲行造反,被提督黄廷桂拿下。当时岳钟琪正驻在成都,他在奏折中说自己不便参加审讯,但是又不敢隐匿此事。雍正就朱批写道:"在朕前谗谮岳钟琪者甚多,不但谤书一箧而已,甚至有谓岳钟琪系岳飞之后,伊意欲修宋金之报复者,其荒唐悖谬。"意思是说,在我面前说岳钟琪坏话的人太多了,我收到的弹劾的奏折都一箩筐了,甚至有人说岳钟琪是岳飞的后代,要报宋金之仇,真是太荒唐了。岳钟琪不仅仅是汉人,还是岳飞的后代,雍正又是女真人的后代,这个关系特别微妙,所以岳钟琪对此特别警惕、害怕。但是,雍正那时候还很依仗岳钟琪的军事才能,就斥责"憸险奸邪之徒,造作蜚语,煽惑人心,谗毁大臣,其罪可胜诛乎"。他认为成都府这个造谣的事情肯定不是没有原因的,说不定就是有人"怀挟私怨,暗中指使",还点了蔡珽、程如丝等人的名字,并要求"黄炳、黄廷桂会同严审",因为"此事关系诬谤国家大臣重案,非民间诬告比也"。至于川陕兵民,雍正头脑很清楚,他说这些人"向来淳良忠厚,且受圣祖仁皇帝六十余年深仁厚泽",他自己继位以来,也是"屡加恩泽",他们感激涕零都来不及,怎么会跟着人造反呢?！[1]

但是没想到第二年九月份的时候，又发生一个惊天的人事。那时候岳钟琪的驻地又改到西安了（由于军事形势的关系，他经常在成都与西安之间来回走）。九月二十六日，岳钟琪返回自己衙门的路上，有一个人，看相貌并不是投书的官役，拿着一封书信奔向他的轿子，被仆人喝住。岳钟琪接过信，"阅封面题签称臣系天吏元帅"，感到十分惊讶，因为"天吏元帅"这种称呼很像戏文里的说词，就把这个人抓起来了，交巡捕看守。信的内容是什么呢？"内写南海无主游民夏靓遣徒张倬上书，其中皆诋毁天朝，言极悖乱，且谓臣系宋武穆王岳飞后裔，今握重兵，居要地，当乘时反叛，为宋明复仇等语。"总之，就是唆使岳钟琪兴兵造反。岳钟琪在奏折里就说，"臣不敢卒读，亦不忍详阅，惟有心摧目裂，发上冲冠，恨不立取逆兽夏靓，烹食其肉"。随即派人秘密邀请西安巡抚西琳赶紧来一同会审。西琳是满洲人，这个很重要，因为这件事牵涉到满汉之间非常微妙的关系，必须要有一个满洲人在场。但是西琳在校场检阅八旗兵，来不了。"臣逡巡数刻，忖度逆情。"[2]岳钟琪心里非常矛盾，他很想立即审讯这个唆使他谋反的人，搞清楚情况，但又有些犹豫，作为一个汉人，又是岳飞的后代，身份

---

1 参见《清世宗宪皇帝实录》卷五十九。
2 参见《清代文字狱档》。

很敏感，如果单独审问，没有人从旁作证，万一被人认为与罪犯串供怎么办？岳钟琪还是很有政治头脑的，他叫来满人按察使硕色，看他如何审讯张倬。但是严刑拷打之下，张倬坚决不肯透露是受谁的指使。怎么办呢？岳钟琪说硬的不行就来软的，就假装和他一起赌咒发誓，说我身为岳武穆的后人，特别痛恨满洲人，真的想起兵造反，之前对你严刑拷打，主要是为了考验你的真假，现在我相信你了，我们一起盟誓，如果我说了假话，全家死光。这招还真的奏效，张倬是个书呆子，真的相信了，就把幕后主使给说了出来。是谁呢？湖南的一个儒生，叫曾静。

岳钟琪对雍正是够忠诚的，不惜以全家的性命来赌咒发誓，为的就是把这个幕后元凶给揪出来，以表达自己对清朝的忠心。雍正也很贴心，在朱批里就写道，"此等盟誓，消灾灭罪，赐福延生"。算是给岳钟琪解套，消除心理阴影，说他虽然赌咒发誓全家死光，但实际不是这样的，他是忠心耿耿的，不仅不会有什么祸事，还会有很多福气。不仅如此，雍正还在朱批里写道："朕生平居心行事，惟一诚实二字。凡谕卿之旨，少有心口相异处，天祖必佑之。朕之诚实，卿必尽知。而卿之忠赤，朕实洞晓。朕惟朝天焚香，对天祖叩头，祝愿祈我良佐多福多寿多男子耳。"[1]雍正特别擅长这一套，给人灌迷魂汤，当

---

1 参见《大义觉迷录》。

年对年羹尧、隆科多也是这样，好话说尽，十分肉麻。作为皇帝，还焚香叩头，保佑岳钟琪多福多寿，也不知道真假，反正是非常会收买人心。为什么要这样呢？因为雍正要彻底消灭西部边患，就要重用岳钟琪。岳钟琪的军事才能在实战中已经被证明了，进过西藏，打下拉萨，还平定了青海，证明他的军事能力确实十分强悍。

雍正七年（公元1729年）三月二十二日，雍正任命领侍卫内大臣、三等公傅尔丹为靖边大将军，率领北路军出师；川陕总督、三等公岳钟琪为宁远大将军，率领西路军出师。清朝经过多年准备，向准噶尔叛军全面开战，想要一举荡平它。所以雍正当时特别倚重岳钟琪，不能因为有个书生劝说岳钟琪造反就把他给罢免了，不然谁来领兵打仗。但是岳钟琪真的平安度过这个危机了吗？也不尽然。

岳钟琪和雍正的关系也是大起大落，差一点重蹈了年羹尧的覆辙。年羹尧主要是因为骄横跋扈，让满朝文武大臣以及皇帝本人对他极其厌恶，而且贪污腐败特别厉害。而岳钟琪一直非常谨小慎微，因为他是纯粹的汉人，不是旗人。岳钟琪的这个出身，在政治上有天生的短板，有"政治问题"，难以获得皇帝和满洲权贵的完全信任，最终酿成了悲剧。

虽然发生了曾静事件，但当时雍正和岳钟琪还处于蜜月期，双方关系还很不错。雍正甚至为了岳钟琪干了一件完全违背常识的事。按当时的情况来说，像曾静这样鼓动封疆大吏起兵造反的人，绝对是大逆不道，起码要凌迟处死，砍头都是轻的。但是没想到雍正居然决定赦免曾静和张倬，不杀他们。个中缘由是什么呢？当初张倬不肯供出幕后主使曾静，严刑拷打都没有用，岳钟琪无奈之下，和他发了一个假的誓言，骗取张倬的信任，让他把后边的主谋都给说出来。岳钟琪当时发的毒誓里边，肯定有不能杀曾静、张倬这样的话，如果雍正真的将二人处死，这个毒誓不就要应验了吗，相当于诅咒了岳钟琪。所以雍正说了，"朕洞鉴岳钟琪之心，若不视为一体，实所不忍"[1]。意思是不能杀曾静破坏岳钟琪的盟誓，于是就赦免了曾静等人，搞了一出"行为艺术"，目的主要是为了笼络岳钟琪，让他感恩戴德，尽心尽力去消灭准噶尔。甚至雍正公开说，鄂尔泰、岳钟琪、田文镜、李卫，俱能体朕之心，可为众大臣之法则，俨然将岳钟琪视为自己最信任的几个人之一，变成满朝文武的榜样了。

乾隆年间有个大学士纪晓岚，他在北京虎坊桥的宅子就是岳钟琪的故居，里面还有一块御赐的太湖石。纪晓岚说这个宅子里曾经发生过一件事，当年岳钟琪住在这里的时候，雍正派他最信任的弟弟怡亲王胤祥去和岳钟琪交往。因为那个时候很多满洲亲贵上疏弹劾岳钟琪，认为他是个汉人，手握重兵，肯定会对大清江山有威胁，不能信任。再加上成都、西安发生的

---

[1]《大义觉迷录》。

两件事情，让岳钟琪忧心忡忡。胤祥了解到岳钟琪的心结之后就报告给了雍正。皇帝说这好办啊，你让他入旗不就行了。有清一朝，很少允许汉人加入旗籍，这是一个特大的恩典，至少在满洲权贵看来是这样。比如曾国藩、左宗棠，他们就没有被允许入旗。在清军入关之前，汉人还有可能被编入八旗。但是到了顺治二年（公元1645年）以后，明朝和农民军投降过来的就很少被编入八旗了。所以雍正想让岳钟琪加入八旗，让胤祥去问问。结果两人谈了半天，始终没有说出口，胤祥给雍正汇报，说我旁敲侧击，看岳钟琪的意思，似乎是不愿意加入八旗。雍正就说那就算了吧。但是，这件事其实对雍正会产生微妙的影响。皇帝想让你加入八旗，你居然不识相，说不愿加入，这就给皇帝留下了不好的印象。我觉得，这跟岳钟琪是岳飞的后代确实有点关系。

雍正七年三月，傅尔丹、岳钟琪分别被任命为靖边大将军、宁远大将军，从北路、西路出师攻打准噶尔。有一次岳钟琪去找傅尔丹谈事情，看到他的营帐里全是刀枪剑戟，就问用来做什么？傅尔丹说，我是个军人，"此皆吾所素习者，悬以励众"。岳钟琪就笑了笑，没说话。出来以后，对身边人说"为大将者不恃谋而恃勇，亡无日矣"[1]。他认为傅尔丹有勇无谋，不堪大任。果然，傅尔丹的北路军遭遇惨败，全军覆没。

---

1 [清]昭梿：《啸亭杂录》卷三。

当时岳钟琪的儿子岳濬是山东巡抚,雍正破例让他放下巡抚的差使,去玉门关为父亲送行。其实那时候岳钟琪年纪也不大,四十多岁,雍正这么做就是试图收买人心,所谓"其体下情若此。故一时将相感上威德,无不效力用命,以成一代郅隆之化也"[1]。另外,岳钟琪前往军营途中调拨各地兵马需要印信,但是宁远大将军的印信留在原来的军营中,没在身边。雍正特意下令将藏在北京的抚远大将军印信送给他,让他一路调兵遣将。所以准确地讲,岳钟琪其实挂过两个将印,一个是宁远大将军印,一个是抚远大将军印。

但是雍正八年(公元1730年)十二月,岳钟琪不在前线的时候,突然发生了一次惨败。当时岳钟琪在北京述职,由纪成斌护理宁远大将军印。正好准噶尔出奇兵,攻击清军在前线的牧场,掳掠马匹骆驼万余,纪成斌不敢上报。但是总督查郎阿是满洲人,就告发了这件事,并且说是岳钟琪的责任。这次惨败的真相是什么呢?岳钟琪不在的时候,纪成斌让副参领查廪率领万人去放牧。纪成斌认为满洲人作战特别勇敢,没想到,这个查廪完全没有他祖先的那种勇猛,非常胆小怯弱,害怕寒冷,把马匹骆驼交给手下一个只带着五十多人的小将校,自己跑去避寒,每天喝酒,挟娼妓以为乐。准噶尔来袭的时候,他还笑称这些都是鼠辈,会自行退去,不用理会。待到马匹骆驼

---

[1][清]昭梿:《啸亭尔录》卷一。

被掳，查廩赶紧逃走，路过总兵曹勷处，向其呼救。曹勷性急，率兵追击，被准噶尔击败，仅以身免。最后还是提督樊建带着本标兵马转战七昼夜，才将敌军击溃，抢回一半马匹骆驼，但是损失也很大。见到纪成斌之后，查廩将责任推给曹勷，纪成斌很生气，下令将查廩抓起来处死。正好这时候岳钟琪从西安赶过来，听闻此事大吃一惊，赶紧制止了纪成斌，说你这样是要被灭族的，满洲人才是国家的真正统治者，我们这些汉人大臣怎么能杀满洲人呢？于是将查廩释放，把曹勷当作替罪羊给杀掉，并且向雍正奏捷。不过查廩还是怀恨在心，恰好总督查郎阿巡视边防，两人就向皇帝控告岳钟琪、纪成斌"掩败为功"。雍正接到消息后非常愤怒，下令将纪成斌立即处死，岳钟琪免去大将军职务，回京述职。

这一段详细的资料出自礼亲王昭梿的《啸亭杂录》，他是听当年实际参战的人把原委给说出来的。作为一个满洲亲贵，昭梿也十分感慨："呜呼！世宗之于岳公，君臣之际可谓至矣，因诬一满人卑贱者，乃使青蝇之谗为祸若尔，持国柄者可不省欤？"本来雍正和岳钟琪的君臣关系是好到极点的，没想到因为一个卑贱的满洲人诬告，双方关系急转直下，岳钟琪差点被雍正杀掉。

其实，冰冻三尺非一日之寒，岳钟琪一直在受到满洲权贵的弹劾，因为他们无法容忍一个汉人掌握这么大的兵权。怡亲王胤祥试探他让他入旗也被婉拒了，加上曾静还鼓动过他起兵造反，种种原因加在一起，岳钟琪处境开始不妙。雍正也一反当初的态度，在奏章中指责他"玩忽纵贼，奏报不实，深负圣恩，有玷倚任。请将岳钟琪敕部严加议处"[1]，最后决定"着削去公爵，并革去宫保，降为三等侯，仍留总督职衔，护大将军印务，戴罪立功"[2]。三个月后，又让岳钟琪回京，宁远大将军印务交由陕西总督查郎阿署理，等于是撤了他大将军的职务。随后张广泗担任副将军，成为查郎阿的副手，也开始参劾岳钟琪，说他"调度兵马筹运粮饷，以及统驭将士之处，多属乖方"[3]。雍正也下旨指责岳钟琪"秉性粗疏，办事阔略，平居志大言大似有成算，及至临时则张皇失措，意见游移。且赏罚不公，号令不一，不恤士卒，不纳善言，自奉太丰，待下鲜惠"[4]。问题是如果岳钟琪真的这么糟糕的话，你当年为什么如此重用他，并且任命他为宁远大将军呢？一个人会有这么大的一个变化吗？实际上，根本原因是岳钟琪觉得他失去了皇帝的信任，特别是在曾静案之后，心里十分害怕。

雍正九年（公元1731年），岳钟琪所辖西路军多达四万五千人，他请求皇帝批准他率一万精兵突袭乌鲁木齐，七千步兵车兵随后，但被雍正否决了。其实这种奇兵突袭是岳

---

[1]《清世宗宪皇帝实录》卷一一六。
[2]《清世宗宪皇帝实录》卷一一七。
[3]《清世宗宪皇帝实录》卷一二二。
[4]《清世宗宪皇帝实录》卷一二三。

钟琪十分擅长的，当年攻入西藏就是这样。岳钟琪根据情报判断准噶尔可能要围歼北路军，他计划率西路军截击准噶尔的后路，援助北路军，但又被雍正给否决了。他三次紧急奏报，准噶尔要进攻北路军，雍正都不相信。所以这时候两个人之间已经出问题了，雍正对他不再信任。而且雍正先后派都统伊礼布、石云倬充当西路军副将军，在前线牵制、监视岳钟琪，又派满洲人查郎阿署川陕总督，管理西路军后勤供应。因此，岳钟琪在这种被控制、监视的处境下，不敢发挥主观能动性，有了战机他也不敢打。因为需要请示雍正批准，北京离新疆前线万里之遥，奏折一来一回个把月，哪儿还有什么战机可言。他当年在青海为什么能打胜仗，因为那时候不被遥制，他亲率六千精骑横穿青海草原穷追敌寇，现在则完全被控制住了，所有的军事部署都要汇报给雍正，而且雍正也不批准他的行动计划，所以雍正试图毕其功于一役的这场战争最终惨败，到底责任人是谁呢？我觉得正是雍正本人。但是雍正不会也不需要自我检讨，他还下令将岳钟琪革职，交由兵部拘禁。雍正十二年（公元1734年），大学士等奏拟岳钟琪"斩决"。雍正念及他平定青海的功劳，改为监候，虽然判了死刑，但是什么时候执行由皇帝来决定。第二年，雍正去世，乾隆继位。乾隆二年（公元1737年），岳钟琪被放归，贬为庶人。他回到了成都，住在郊外百花坛浣花溪畔，一千多年前杜甫也在此居住过。岳钟琪曾经写过一首诗《夜宿龙尾寺》："清漏迟迟月转廊，声喧梵呗宝凝香。只缘未断凡尘梦，犹作封侯梦一场。"过去的荣华富贵犹如梦一场，现在一切归零。

按理说岳钟琪的故事似乎已经结束了，他已经到了晚年，但是没想到时势比人强，几年后另一场非常残酷的战争让他有机会再次出山，而且为自己的人生画上了极其传奇的句号。乾隆十三年（公元1748年）三月，岳钟琪被以总兵之职起用，复授四川提督；参与大、小金川之战，献南北夹击、直捣中坚之策，被经略傅恒采纳；曾以十三骑入勒乌围（今四川省金川县东）大营，劝大金川土司莎罗奔父子归降。乾隆十五年（公元1750年），西藏珠尔默特那木札勒叛乱，岳钟琪时年六十四岁，他出兵康定，会同四川总督策楞，讨平叛乱。乾隆十九年（公元1754年），岳钟琪抱重病征讨陈琨时，卒于四川资州，年六十八岁，朝廷赐祭葬，谥"襄勤"。

张廷玉：唯一配享太庙的汉人

张廷玉是清朝唯一配享太庙的汉人。汉人大将军岳钟琪率军攻入西藏拉萨，平定青海，平定和硕特蒙古叛乱，进攻准噶尔，平定大小金川，可谓战功累累，但即便如此，都没有配享太庙，而张廷玉居然可以，这到底是为什么呢？

什么是配享太庙？太庙位于北京故宫，从午门出来的左前方（东南方）即是。所谓"左祖右社"，太庙是皇帝的祖庙。太庙的前殿，也就是正殿，放的是清朝从努尔哈赤开始历代皇帝与皇后的牌位，两边有配享殿，放着已故王公大臣的牌位，与前殿的诸帝后一起享受后来皇帝的祭祀。配享这种待遇需要有顶天的大功劳，否则是不可能的。有清一代，只有二十六个人有这个资格。其中二十三人是皇族亲王，基本都是开国的时候领兵打仗立下过汗马功劳的，如多尔衮、多铎、豪格这些人。还有就是满洲权贵，如康熙朝平定吴三桂叛乱、察哈尔叛乱的图海。还有两名蒙古亲王，一个是打败了准噶尔的超勇亲王策凌，也是康熙的女婿；一个是大名鼎鼎的僧格林沁，在围剿捻军时战死沙场。这些人或者有开疆拓土的军功，或者有定国安邦的功劳，比如恭亲王奕䜣，如果没有他，同治皇帝和慈禧太后、慈安太后未必能扳倒八位辅政大臣掌握大权。这二十六人中，只有一名汉人，既不是岳钟琪，也不是平定太平军的曾国藩，也不是收复新疆的左宗棠，而是张廷玉。张廷玉一生做官从未离开过京城，甚至从未离开过内廷乾清门，他是皇帝的首席机要秘书，是康、雍、乾三朝元老。一个皇帝的首席机要秘书，居然能配享太庙，而其他立有大功的人却没有资格，我觉得这是有问题的。这个问题是谁造成的呢？是雍正皇帝。

张廷玉是安徽桐城人，他的父亲是大学士张英，当过雍正皇帝的老师。张廷玉于康熙三十九年（公元1700年）考中进士，进入翰林院成为庶吉士。他于康熙四十三年（公元1704年）入值南书房，变成了康熙的亲信侍从，深受赏识，这肯定和他父亲也有关系。据张廷玉自己的日记记载，他每天早上七点就要入值南书房，晚上九点才下班，没有节假日，一直跟着皇帝。康熙喜欢去塞外，他跟着去了十一次，热河避暑，边塞秋猎，还有蒙古诸部，他都去过。他身居内廷，承袭父业，他父亲张英过去也是在那值班，父子都是大学士。张廷玉活了八十多岁，五代同堂。雍正继位后对他也比较重用，还是入值南书房，和左都御史朱轼一起担当乡试考官。然后又兼任了翰林院掌院学士，调户部当侍郎。

雍正年间，对准噶尔用兵，朝廷考虑到内阁在太和门外，人多嘴杂，恐怕泄露机密，于雍正八年（公元1730年）始设军需房于隆宗门内，后改名叫军机处。张廷玉是第一批军机大臣之一，此外还有雍正最信任的弟弟胤祥，以及蒋廷锡。而且整个军机处的规章制度都是张廷玉制定的，"诸臣陈奏，常事用疏，自通政司上，下内阁拟旨；要事用折，自奏事处上，下军机处拟旨，亲御朱笔批发"。内阁的权力开始移于军机处，大学士如果不兼任军机大臣的话，是不能干预机密事宜的。

张廷玉其实干了一件坏事，就是推荐傅尔丹。傅尔丹就是统率北路军远征准噶尔最后导致全军覆没的那个人。张廷玉说他长得像关公，有名将风采，实际上则不堪一击。当然，张廷玉这个人特别小心谨慎，而且记忆力和文字表达能力惊人，精通满语和汉语。最关键的是保密意识极强，在军机处这么多年，什么事都不对外人说，对自己家人都不讲，而且回到家以后不接待访客，不应酬，也没有朋友，绝对不谈军机处的事情。统治者最喜欢这样的人，这种机要秘书是最可靠的。因为张廷玉做的都是机要秘书这种工作，"凡有诏旨，则命廷玉入内，口授大意，或于御前伏地以书，或隔帘授几，稿就即呈御览，每日不下十数次"[1]。所有的成绩都是皇帝的，他只是帮着写诏旨，这些文书都是以皇帝的名义发出去的，他是不能署名的。雍正特别欣赏他，说你一天办的事，其他人十天都做不完。这确实是他的长处。他也只适合机要秘书这样的工作，因为他没当过一天的知县，没当过知州、知府，也没有做过总督、巡抚，没有

---

[1] 张廷玉：《澄怀主人自订年谱》卷一。

实际的政务经验。

雍正十分欣赏和信任张廷玉和鄂尔泰，他秘密建储让弘历做继承人的事情也透露给了他们。在雍正突然去世之后，张廷玉就找到遗诏，拥护弘历继位，所以乾隆一上来就把他任命为总理大臣，而且还封爵。大家要知道，清朝到了康熙、雍正以后，封爵是非常吝啬的，没有军功基本上不可能封爵。不像清初的时候，为了拉拢孙可望、吴三桂这些人，拼命地封王封爵，这在后来几乎是不可能的。但张廷玉居然因为秘书工作被封为伯爵，这是非常罕见的。张廷玉还被任命为保和殿大学士。乾隆年间，罢了中和殿大学士，改为体仁阁大学士。在所谓的"三殿三阁"中，保和殿大学士是排名第一的。被任命为保和殿大学士的只有两个人，张廷玉和傅恒。但傅恒与张廷玉完全不一样，傅恒是乾隆的小舅子，满洲亲贵，而且出将入相，带兵打仗。另外，张廷玉没死之前就被加了太保衔，这也很少见，只有五个人有这个荣誉。张廷玉晚年非常谦恭以求自保，碰到什么事都是好好好，点头称是。他七十岁的时候精神状态还十分好，不过他常常对乾隆皇帝讲，怕自己老有昏聩，想退休。乾隆御赐他一副对联，"潞国晚年犹矍铄，吕端大事不糊涂"，意思是你没问题，继续给我干吧。但是张廷玉不想干了，一个七老八十的人，每天还得向三四十岁的乾隆下跪，这个处境也挺可怜的。

雍正临死的时候心血来潮，说鄂尔泰、张廷玉死后要配享太庙。鄂尔泰配享太庙，我觉得还可以理解，毕竟他改土归流，率兵打过仗。张廷玉呢，什么军功都没有，也没有什么政绩，没有管理过一天地方事务，他凭什么配享太庙？我相信张廷玉也感觉到乾隆对他逐渐有点不满，觉得不配。而且乾隆非常重满轻汉，在这方面他比雍正、康熙要更加明显。张廷玉那时候在朝时间特别长，和鄂尔泰形成了"鄂张朋党"，"满洲则思依附鄂尔泰，汉人则思依附张廷玉"。但是乾隆自己说："朕临御以来，用人之权从不旁落。试问数年中，因二臣之荐而用者为何人？因二臣之劾而退者为何人？"并且在乾隆五年（公元1740年）公开宣示揭露了满、汉大臣分别依附鄂、张二人的事实，并警告鄂、张朋党："鄂尔泰、张廷玉乃皇考与朕久用之好大臣，众人当成全之，使之完名全节，永受国恩，岂不甚善？若必欲依附逢迎，日积月罗，实所以陷害之也。"[1]

乾隆六年（公元1741年），左都御史刘统勋又奏，要求三年之内停止张家亲属升官，因为张家考中举人、进士的太多了，被皇帝批准。张廷玉想把自己的爵位给自己的儿子承袭，也被乾隆给拒绝了，理由是"我朝文臣无封公、侯、伯之例。大学士张廷玉伯爵，系格外加恩"[2]。

鄂尔泰在乾隆十年（公元1745年）去世后，乾隆重点打

---

[1]《清高宗纯皇帝实录》卷一一四。
[2]《清高宗纯皇帝实录》卷一八〇。

击张廷玉，他提拔满洲镶黄旗开国功臣遏必隆的孙子、一等公讷亲为领班军机大臣。讷亲当时才三十多岁，资历比张廷玉浅太多了。以前鄂尔泰后来居上，成为领班军机大臣，现在讷亲又重演这一幕。乾隆十三年（公元1748年）讷亲被杀，他又任命傅恒为领班军机大臣。傅恒才二十多岁，而张廷玉已经年近八十了。乾隆甚至公开侮辱张廷玉，说他"如鼎彝古器，陈设座右而已"，就是一件摆设，没什么实际用处，"仅以缮写谕旨为职，此娴于文墨者所优为"，不过是个秘书而已。[1]

乾隆十四年（公元1749年）十一月，乾隆终于准许张廷玉原官致仕，而且答应他死后可以配享太庙。但是张廷玉还让乾隆写保证。乾隆很生气，但是他压抑住怒火，勉强答应了。张廷玉临走写了个谢恩折，却让儿子代替自己到宫门口磕头谢恩，这令乾隆更为恼火。没想到第二天黎明的时候，张廷玉又来到宫门与皇帝道别。乾隆一想，这肯定是有人泄露了消息，把自己的态度透露给了张廷玉。谁呢？就是张廷玉保荐的军机大臣汪由敦，因为这个事情只有傅恒、汪由敦两个人知道。这导致汪由敦又被处置。张廷玉晚年弄得非常糟糕，乾隆甚至公开斥责他，说你看看配享太庙的都是什么人，不是开国元勋就是战死沙场的，你算什么东西，你配吗？张廷玉赶紧写一个检讨，说我确实不配，于是乾隆就将他配享太庙的资格给撤了。

---

[1] 参见《清史列传》卷十四。

张廷玉最后死在了桐城老家。但是乾隆还是把他的牌位放进太庙了。因为乾隆要当孝子，雍正的旨意不能违背。乾隆就是不让张廷玉生前确定他能配享太庙，让他死得特别窝囊，特别难过。

张廷玉，汉人出身，能力特别强，但是只精通文秘工作，表面地位特别高，又是大学士又是配享太庙，但死前受尽了乾隆皇帝的公开羞辱。这就是一个汉族大臣在乾隆年间的悲催下场。那么乾隆真正欣赏的汉人大学士是谁呢？

刘统勋：清朝第一位身故即得谥"文正"的汉官

"文正"从宋朝开始就变成文臣的最高谥号，整个宋朝三百多年，得谥"文正"的仅有九人，著名的有司马光、范仲淹。清朝也只有八个人得到这个谥号，其中有康熙年间的汤斌，但他是死后很多年才被乾隆皇帝追谥，并不是死了以后立即就得到这个谥号。清朝身故即谥"文正"的，刘统勋是第一个。

刘统勋是山东诸城人，他们家到他已经是第三代进士了。他祖父在顺治年间考中进士。他父亲在康熙年间中进士，官至四川布政使。他本人是雍正二年（公元1724年）的进士，选为庶吉士，进入翰林院，当编修。在明清两朝，如果想要进入内阁当上大学士，第一步必须是进士，否则基本没戏。清末的左宗棠是个例外，因为军功太显赫被赐进士出身，当上东阁大学士。后来刘统勋先后入值南书房、上书房。南书房在乾清宫院子的西南角，里面都是皇帝的亲随文学侍从，有时候也帮着撰写诏旨，等于是皇帝的亲信；上书房在南书房边上，是皇子们读书的地方。乾隆元年（公元1736年）刘统勋作为内阁学士进入内阁，跟着大学士嵇曾筠赴浙江学习海塘工程；次年授刑部侍郎，留在浙江，乾隆三年（公元1738年）还朝；乾隆四年（公元1739年）母亲去世，回去守孝。中国古代大臣父母去世，如果不是遇到万分紧急的军国大事，一定要在家服丧。丧期服满后，刘统勋回京，被任命为左都御史。

乾隆六年（公元1741年），刘统勋干了一件大事。当时乾隆最信任的人有两个，一个是领班军机大臣讷亲，另一个是三朝元老张廷玉，也是军机大臣。刘统勋就写了个奏折，公开地说：讷亲一个人管了这么多差事，皇帝对他特别宠幸，底下人都跟着他跑，拍他马屁，而且他作风特别强硬，"出一言而势在必行"，但由于语文水平有限，"定一稿而限逾积月"，奏折文稿经常不能及时完成，总之这个人是"任事过锐，处事过严，殆非怀谦集益、推贤让能之道"；而大学士张廷玉和他的姻亲姚氏"占仕籍者至数十人"，就是占据了很多官职，这不是什么好事，装水太满就容易倾覆，因此要求皇帝三年之内不允许姓张、姓姚的官员提升。这可了不得，丁忧后刚刚回京就任左都御史，就弹劾了当朝第一号和第二号人物，并且全是皇帝最信任的人，但是乾隆没有责怪他，反倒训斥讷亲，并在上谕中公开地说，如果讷亲、张廷玉真的是"擅作威福"，垄断朝政，权倾朝野，那刘统勋还敢弹劾他们吗？刘统勋今天上奏了，弹劾了，说明什么呢？说明讷亲、张廷玉还是受到他人的钳制的，不敢胡作非为，这是国家的祥瑞，是大好事。然后乾隆开始打圆场，说"大臣任大责重，原不能免人指摘。闻过则喜，古人所尚。若有几微芥蒂于胸臆间，则非大臣之度矣"。另外，

刘统勋：清朝第一位身故即得谥"文正"的汉官

张廷玉亲族甚多，当官的也确实很多，现在一经刘统勋给揭示出来，对张廷玉反倒有益，至于讷亲，也不要骄傲自满，如果职掌太多，分身乏术，可以减少一些，由自己来裁定。最后还将刘统勋的奏折宣示群臣，当作一个表彰。[1]乾隆既不责怪刘统勋，对讷亲、张廷玉又稍微加点警示训诫，但也没有真正处理二人，可见他平衡朝中不同力量的手段还是非常巧妙的。刘统勋能够公开弹劾当朝的两个一品大员，确实不容易，毕竟是后生可畏。

刘统勋入值军机处的时候，著名史学家、《廿二史札记》的作者赵翼是军机处章京。他说刘统勋这个人非常刚直急躁，但是确实能剔除当时各种奸情弊端，大家都受他的福而不知，觉得这个人特别严肃，都有点怕他。比如有一次他去堵塞黄河决口，需要柴火。周围数百里的村民把柴火都运过来了，有一个县丞，负责采买物料，但是他对村民百般刁难，找各种理由说柴火不合格，导致很多柴火都积压下来，无法运到决口处。刘统勋微服私访发现了这个情况，立即请巡抚带着王命旗牌过来。这个王命旗牌是干什么的呢？有先斩后奏的权力。清朝判处一个人死刑是很难的，如果走正常程序的话，要一直到三法司会审，还要皇帝用朱笔勾决才行。但是如果碰上军机大事，可以临时决断，有王命旗牌便可以杀人。刘统勋让人绑了这个

---

[1] 参见《清史稿》卷三百二十，列传八十九。

县丞，要先斩后奏，巡抚和司道以下官员都跪着求情，最后才给释放。然后，效率一下变得奇高，数千辆车的物料，一天之内就被收好了，马上把黄河决口给堵上了。这就是刘统勋的行事风格，他特别刚直刚正，确实很厉害。

乾隆十九年（公元1754年），刘统勋加太子太傅，被任命为协办陕甘总督。当时正值对准噶尔用兵，他主要负责后勤，管理驿站。第二年，刘统勋来到巴里坤，恰逢阿睦尔撒纳叛变，伊犁将军班弟战死，定西将军永常撤军，他向皇帝上疏还守哈密。但是乾隆非常生气，认为他和永常擅自撤军，对班弟之死负有责任，把永常、刘统勋撤职，刘统勋之子刘墉也被撤职，在京的儿子们也都下狱。不久，乾隆想通了，说这次战败也不是刘统勋的责任，因为决定军队撤退或前进的是伊犁将军，他这个陕甘总督仅仅是负责后勤的，所以就把刘统勋给赦免了，他的儿子也放了出来。这是刘统勋仕途中的一大挫折，是乾隆的一个误会导致的。

到刘统勋晚年时，乾隆对他特别信任，遇到疑难的事都喜欢问他的意见。乾隆三十六年（公元1771年）第二次对金川用兵，每次乾隆问他的意见，他都主张撤兵，因为那个地方穷山恶水，地形极其险恶，作战伤亡惨重，花费的钱粮也非常多，打赢了也没什么意义。乾隆听了以后，觉得有点道理，微微点头，但就是不撤兵，觉得一旦撤兵就等于承认失败了。有一天，刘统勋正在上书房批改皇子们的作业（他是上书房总师傅），从热河发了一个廷寄过来，是军机处发来的谕旨，命刘统勋一天半奔驰到热河，这个速度是非常快的，正常的话需要四五天。刘统勋到了热河，乾隆立即召对，说昨天接到军报，木果木大败，统帅温福阵亡，这是开国以来清军最大的惨败，我特别烦闷，现在该怎么办？是撤兵还是继续用兵？刘统勋回答说，以前我认为应该撤兵，不要打这个仗，但是现在惨败以后千万不能撤兵。因为在此之前还没有惨败，现在惨败后如果撤兵，就等于公开告诉金川的土司们，大清彻底被他们打败了，那金川就有可能成为第二个萨尔浒。乾隆问谁能继任统帅？刘统勋推荐了阿桂，但要求皇帝给他专任之权。乾隆思考了很久后说道，你说得对，就这样了，坚决不撤兵，让阿桂继任统帅，但是你在北京教育皇子也很重要，你赶紧回去，当天就回去。

刘统勋晚年的时候是东阁大学士，风范严正，每次入值军机处的时候都是闭目坐着不吭声，听底下人给他汇报，一旦发现错误，马上把眼睛睁开，侃侃而谈，把错误给纠正过来。皇帝派内侍太监给军机大臣传赐食物，刘统勋只是谢恩，领过食物，从来不和太监说一句话，非常端严缜密。因为他掌握军机大权，很多人想拍他马屁，有一个世家子担任了湖北巡抚，年底的时候就给他送了一千多两银子，他叫住送钱的仆人，正色说道："汝主以世谊通问候，其名甚正。然余承乏政府，尚不需此，汝可归告汝主，赠诸故旧之贫窭者可也。"有人半夜去敲他家门，他拒而不见。第二天到了军机处，刘统勋就对那个人说，你半夜敲我家门，这不是贤者的作为，你如果有什么公事，在众人面前直接告诉我，如果我有什么过失，直接讲出来也没有问题。[1]他原则性极强。

乾隆三十六年，刘统勋成为首位汉人领班军机大臣。乾隆非常重满轻汉，张廷玉虽然是军机处实际上的首创者，但是乾隆并没有任命他为领班军机大臣：一开始是鄂尔泰排在张廷玉前面；后来鄂尔泰死了，又是讷亲排在张廷玉的前头；等到讷亲被砍头，皇帝的小舅子傅恒又排在张廷玉前面。乾隆特别地倚重满洲大臣，他不让汉人变成领班军机大臣，但刘统勋是唯一的例外。乾隆中年以后的作风很像汉武帝，威权特重，瞧不起大臣，讥讽七十多岁的张廷玉是个古董摆设，就是写写文章而已，没有任何建树。但是他很敬重刘统勋，即使酷暑天也要戴冠正色接见他。

乾隆三十八年（公元1773年）十一月，寒风凛冽，刘统勋坐着轿子赶着去上早朝。到了东华门外，轿夫突然发现轿子有点失去平衡了，把轿帘一掀，发现刘统勋坐在轿中，已经没了气息。皇帝听说后立即派额驸福隆安拿着急救药赶来，但是已经来不及了。刘统勋去世后，被赠为太傅，入贤良祠，并且给他一个谥号叫"文正"。不仅如此，乾隆还亲自到刘统勋家

---

[1] 参见《清代名人佚事》气节类卷三。

去吊唁，这是很难得的，因为乾隆很自大，除了亲人，他从不参加这种丧礼，觉得晦气。走到门口的时候，才发现刘家的门很低，轿子都抬不进去，怎么办？就把轿盖给去掉，然后抬进去。进去一看，发现他家里非常朴素，没什么奢华的东西。乾隆非常感动，回来以后到了乾清门突然一下就痛哭流涕了，对诸臣说，自己失去了一位股肱大臣，而且感叹说刘统勋不愧为真宰相。乾隆对兼任军机大臣的大学士称自己为宰相这件事是非常忌讳的，因为他认为大清朝所有的权力都在皇帝手里，但是他却称刘统勋为真宰相，可见他对刘统勋的为人、才干都特别敬重。

如果将刘统勋和张廷玉进行对比，会发现乾隆最欣赏的是刘统勋这样刚正不阿特别有原则性的人，对张廷玉这种有点倚老卖老还耍点小聪明的就非常痛恨，也看不起。这说明在满汉关系特别微妙的情况下，有点刚愎自用还自诩为汉武帝的乾隆皇帝是很难伺候的人。什么人才能得到他真正的宠幸？就是刘统勋这样的人。所以在刘统勋去世后，乾隆又栽培他的儿子刘墉，后来刘墉也当上了大学士。

阿桂：出将入相、配享太庙的乾隆朝第一功臣

阿桂是乾隆朝的第一功臣，比起乾隆朝的其他一些人，像刘墉、刘统勋、张廷玉，阿桂可能并不为人所知。他是非常严肃刚直的一个人，主要是带兵打仗、治理黄河、审案，没有什么逸闻。

阿桂是正蓝旗满洲人，父亲是协办大学士阿克敦。他参与了初期的征大金川与准噶尔之役，因在伊犁屯田有功被抬入上三旗的正白旗，后又任征缅甸之役的副将军，乾隆四十二年（公元1777年）被授武英殿大学士，两年后成为领班军机大臣，既是首席大学士，又是领班军机大臣，是乾隆晚年真正的首辅。乾隆皇帝曾经仿效汉宣帝麒麟阁、唐太宗凌烟阁故事，四次图画功臣于紫光阁。第一次是平定伊犁回部五十个功臣，以大学士傅恒、将军兆惠分列第一、第二，阿桂名列第十七；第二次是平定金川五十个功臣，以将军阿桂位列第一；第三次是平定台湾二十个功臣，大学士阿桂位列第一；第四次是平定廓尔喀，十五个功臣，以大学士福康安位列第一，阿桂位列第二（列于福康安之后，实际是阿桂谦让）。可见，阿桂是乾隆朝后半期奠定疆域的最大功臣。

他不仅武功赫赫，文治也颇为可观。他多次巡视督导治河工程，督办大案要案。清朝最大的官场腐败案——甘肃冒赈大案，就是他主审定案的。阿桂刚步入仕途的时候，并不是武将的身份，而是考中了举人。他父亲阿克敦也是科举上来的，当过刑部侍郎、尚书十多年，对司法业务非常熟悉，这影响到了阿桂，他们家有查案的家学渊源。有一次阿克敦突然问儿子，说如果朝廷让你审案，你怎么做？阿桂立即回答"行法必当其罪，罪一分与一分法，罪十分与十分法"，就是要严格按照法条办。阿克敦居然要用棍子揍他，阿桂很委屈，就问父亲原因。阿克敦回答，如果像你所说，天下没有完人了，罪十分，治之五六，已经不能承受，怎么能一下子就如此严酷呢？他的家风相对来说是比较宽厚的。

乾隆八年（公元1743年），阿桂以郎中的身份充任军机章京。然而，接二连三的打击，几乎使他身陷囹圄。乾隆十一年（公元1746年），出任户部银库郎中的阿桂，因为库项被窃，以失察之罪被降调为吏部员外郎。乾隆十三年（公元1748年），跟着班弟参与金川战事。这一年，讷亲、张广泗因为无功被乾隆逮捕，随后乾隆派傅恒去金川，还起用了岳钟琪。在这次战役中，岳钟琪发挥了极其重要的作用，但他瞧不上阿桂，还弹劾阿桂与张广泗勾结在一起蒙蔽讷亲。为此，阿桂被逮捕，当作张广泗一党要被处死。到了第二年，乾隆可怜阿克敦年老只有一个儿子，认为阿桂也没有贻误军机，就把他给赦免了，最后还提拔他为江西按察使、内阁学士。

乾隆二十年（公元1755年），清廷征准噶尔，阿桂靠此翻身。起初，阿桂被派往乌里雅苏台督台站，管理后勤，后来被任命为参赞大臣，驻在科布多，授镶红旗蒙古副都统。乾隆二十二年（公元1757年）授工部侍郎。当时，辉特头人舍楞诈降，"唐喀禄以兵往会，为所袭，阿桂率兵策应，上嘉之，赐花翎"[1]。不久，乾隆命阿桂与策布登扎布合军击舍楞，毋使逃入俄罗斯，但是这个没成功，就把他召回京。平定准噶尔的时候，阿桂被派往西路，与副将军富德追捕余贼。乾隆二十四年（公元1759年），阿桂跟着富德平定大小和卓的叛乱，一路向西边追击，翻过帕米尔高原，在现在的雅什库里湖畔打了最后一仗。战后乾隆在这里立了一块纪功碑，后来这个碑被俄国人拖到塔什干去了，但碑址还在。这对我们确定乾隆时期的极盛版图非常重要，是一个最重要最有说服力的标志物。阿桂从南疆一直追击，翻过帕米尔高原，打到位于现在阿富汗的巴达克山国。清军兵临城下，大小和卓的人头就被献了出来。乾隆二十五年（公元1760年）底，在被表彰的平定准部、回部的五十名功臣中，阿桂名列第十七，皇帝还亲自在他的画像旁写了一段赞词："阿克敦子，性颇捷敏，力请从戎，宜哉惟允。身不胜衣，心可干城。楚才继出，为国之桢。"

---

[1]《清史稿》卷三百十八，列传一百五。

直到这一年,因为阿桂的军功,乾隆才真正看上他,相中了他。所以清朝的时候,满洲贵族掌握天下,还是非常推崇军功的,不像明朝,看重的是进士三甲。乾隆二十八年(公元1763年),阿桂被抬入上三旗的正白旗。乾隆三十四年(公元1769年),乾隆征缅甸,以大学士傅恒为经略,阿里衮、阿桂为副将军。但是由于天气酷热,疾病流行,最终没能打下缅甸首都阿瓦,被迫退兵议和。当时,阿桂和傅恒还闹出矛盾。傅恒率军在猛拱被缅军击败,仅剩二十七名骑兵,阿桂就劝说,你赶紧接受缅甸的投降吧。说是受降,其实是议和,就是好听一点,其实清军很难彻底击败缅甸,因为那时候缅甸已经装备了从欧洲传来的火器,在装备上已经超过清军了,很难打。但是傅恒不听,回来以后还参劾阿桂,弄得两人关系非常不好。相对来讲,阿桂的将才确实还是比较厉害的,毕竟缅甸战场他获得了局部性的胜利。据说在行军打仗的时候,他经常在帐中独坐饮酒,还吸淡巴菰(就是烟草),"秉烛竟夜,或拍案大呼,或春然长啸,拔剑起舞",第二天必有奇谋。[1] 这个人感觉还有点像关云长,就差拿一本《春秋》了。阿桂手底下有个人叫海兰察,后来受封超勇侯,作战特别勇敢,立功特别大。海兰察瞧不起其他统帅,觉得他们都是饭桶,但唯独很尊重阿桂,甚至阿桂辱骂他,他也唯命是从,因为他觉得阿桂是有

---

[1] 参见《清代名人轶事》将略类卷三。

真本事的人。

阿桂真正开始飞黄腾达是在第二次打大金川。在付出特别惨重的代价后，阿桂终于在乾隆四十年（公元1775年）八月攻下了大金川的重要据点勒乌围，红旗报捷，耗时仅七天就将捷报从现在的川西送到正在木兰围场打猎的乾隆手中。至第二年正月，索诺木朋楚克跪捧印信，与兄弟、妻子及其大头人、喇嘛、大小头目二千余人出寨投降，历时四年半的大、小金川之战终告结束。将军阿桂为平定金川的第一功臣，封为头等诚谋英勇公，副将军明亮封为一等襄勇伯，参赞大臣海兰察封为一等超勇侯。金川之战还涌现了一颗灿烂的新星，傅恒之子、年仅二十一岁的福康安，他被封为三等嘉勇男。

据说，阿桂在打金川的时候，曾经率领数十名骑兵去侦察敌营。金川人发现后，将他们整个围在一个小山坡上，非常危急。如果统帅阵亡，这次征伐金川就会彻底失败，之前就发生过类似的事情。阿桂临危不乱，命令骑兵全部下马，把衣服撕碎了放在树上，被风一吹，好像有伏兵，他们就趁着迷惑敌军的机会跑了出来。阿桂还是挺足智多谋的，所以将士特别服他。

乾隆四十六年（公元1781年）夏天，西部发生叛乱，乾隆又派阿桂出征。当时他正在指挥围堵黄河决口，不能及时前往，乾隆就让大学士和珅先去，也想让和珅立军功。没想到和珅根本打不赢，每一次召集军事会议，众将根本就不服他，根本不为其所用。阿桂来了以后，和珅就打小报告，说这些将领十分傲慢，不为吾用。阿桂说如果是这样的话，我立即把他们全部斩掉。第二天，阿桂召集众将集合于辕前，让和珅坐在旁边，看他如何调兵遣将，大家都很听话，没有人不听调遣，执行命令一点也不含糊。部署完了以后，阿桂问和珅："诸将初不见其慢，尚方剑不知诛谁之头也？"和珅战栗无人色。[1] 和珅既没有军事才能，又没有威望，当然无法令将领们心服口服了，所以阿桂就嘲讽和珅，现在有人不听我的话吗？到底谁不听呢？我不知道要杀谁？言下之意就是，你和珅打仗一塌糊涂，留在这儿也没用，还是赶紧走吧。以后两人的关系就变得非常糟糕了。

台湾林爽文起义的时候，乾隆派福康安去镇压，但整个作战方略，怎么打，都是阿桂在后方筹划，运筹于帷幄之中，决胜于千里之外，所以位列功臣之首。

乾隆末年的时候，阿桂是首辅大学士、领班军机大臣，和珅是他的下属。两人天天都在军机处，但是阿桂每次与和珅都相隔几十步，和珅想要和阿桂谈话，他就点点头，随便应付，根本就不想理他。嘉庆元年（公元1796年），阿桂对来探视的军机章京管世铭说："我年八十，可死；位将相，恩遇无比，可死；子孙皆已佐部务，无所不足，可死。所忍死以待者，实欲

---

[1] 参见［清］昭梿：《啸亭杂录》卷十。

俟犬马之意得一上达，死乃不恨。"[1]他想弹劾和珅，但是那时候太上皇乾隆还在，弹劾了也没用。他想等着嘉庆皇帝亲政以后再弹劾，但没想到嘉庆二年（公元1797年）阿桂就去世了。

乾隆对阿桂非常尊重，在他七十、八十大寿的时候两次赐联。阿桂图像一共绘于紫光阁四次，两个儿子、四个孙子都是一二品大员，"真所谓出将入相，福寿全归者也"。不过，他本人身材短小，并无龙威燕颔之相，这样一个小老头建立了这么大的军功，成为领班军机大臣，确实令人称奇。道光三年（公元1823年），道光皇帝下令让他配享太庙。

---

[1]《枢垣记略》卷二十八。

傅恒：乾隆皇帝的胖"卫青"

傅恒是乾隆最宠幸、最刻意提拔的一个人，他并不是电视剧上痴情的公子哥，而是乾隆皇帝一手打造的肥胖版的"卫青"。

乾隆事事都学汉武帝。举个例子，北京颐和园有个昆明湖，以前叫瓮山泊，因为湖边有座山叫瓮山。乾隆为什么要改叫昆明湖呢？汉武帝曾经在长安西南郊的上林苑中凿了一个巨大的昆明池练水军，乾隆也利用瓮山泊练八旗水军，把它改名叫昆明湖，很明显就是模仿汉武帝。其实历朝历代想立大功大德的皇帝，特别想开疆拓土的皇帝都以汉武帝为榜样，包括唐玄宗也是如此。汉武帝有一个特别有名的大将军卫青，既是皇后的弟弟，又是立了大军功的一个人。乾隆也想培养一个这样的人，这个角色当然就落到傅恒身上了。他是皇后的弟弟，而且是乾隆最宠爱感情最深的孝贤纯皇后的弟弟。

与卫青出身低贱不同，傅恒，富察氏，满洲镶黄旗人，父亲李荣保、祖父米思翰、伯父马齐都是康熙、雍正时期的重臣。米思翰是在康熙朝坚决主张撤藩的，马齐是康熙的顾命大臣。傅恒走的是满洲权贵最容易的道路，先当侍卫，然后当了户部侍郎。但是卫青之所以能位极人臣成为大将军，是因为他的军功，并不仅仅因为他是汉武帝的小舅子。因此乾隆也模仿汉武帝，让傅恒不断统率大军出征，以期成功。

机会终于来了。乾隆十三年（公元1748年），金川战事进展不顺，清军死伤惨重。乾隆命押解讷亲回京，在途中又命其以祖父遏必隆遗刀自尽。乾隆下手特别狠，可以说是清朝皇帝里面下手最果断的，比他父亲狠多了。讷亲死后，乾隆就命令傅恒代为经略，授予他保和殿大学士，此时傅恒才二十多岁。金川被平定之后，傅恒、岳钟琪凯旋，乾隆亲自到北京郊外的黄新庄迎接，行抱见礼。大家还记得吧，皇太极笼络人心的很重要的一个手段就是抱见礼，对孔有德、祖大寿都是这样。这是满洲人最隆重的礼节，不是当作君臣来看待，而是当作兄弟。论功行赏，封傅恒为忠勇公，赐双眼花翎、四团龙褂、宝石顶、紫缰辔。

讷亲死后，领班军机大臣的位置就空了出来。他觉得自己的小舅子为人也比较踏实，又是至亲，就下令傅恒为领班军机大臣。但是乾隆是个人事大权独揽的人，傅恒就很小心谨慎，什么事都听乾隆的，他自己没什么主张。有一天到达御门的时候，傅恒走得比较慢，没来得及跟上，就一路小跑跟跄而入。一个侍卫看到了就说，宰相你太胖了，跑不动，喘成这样。乾隆冷冷地说了一声"岂惟身肥，心亦肥也"。明显是警告傅恒，上班时间我都已经到了，你居然比我晚到。傅恒吓得立即免冠叩首，不停地谢罪。就在傅恒当了军机处首辅以后，军机处的制度也发生了一些变化。以前讷亲在的时候，都是领班军机大臣一个人和皇帝见面，皇帝口授，领班拟旨。讷亲这个人记忆力很好，但文墨不通，每传一旨，都让汪由敦代拟，而且一看写得不对，又要重新修改，反复这样，弄得效率很低。傅恒当了领班军机大臣以后，他就说，我这个人知识水平很有限，其实就是文笔很差，如果皇帝召见的时候只有我一个人，担心传达旨意会不完整，不如我们所有军机大臣一起接受皇帝召见。于是，此后清朝皇帝见军机大臣都是一起见，并成为惯例。以前草拟谕旨都是军机大臣本人写，后来招了一批军机章京，让他们这些人负责草拟，军机大臣就从这种工作中解脱出来了。

军机大臣最怕和外朝的人，尤其和地方督抚交接，所以张廷玉在的时候完全是不接待客人的，讷亲的时候也是这样，傅恒更是如此。他变成首席军机大臣以后，虽然对人非常亲近，但是也不同外朝大臣交往。乾隆执法很严，两淮盐政高恒因为贪污太多，被刑部判了斩首，报给皇帝朱笔勾决。高恒是大学士高斌之子，他的姐姐慧哲皇贵妃是乾隆第二深爱的女人，仅次于孝贤皇后。傅恒就想替他求情，"愿皇上念慧哲皇贵妃之情，姑免其死"。乾隆一听，说了一句"若皇后弟兄犯法，当如之何？"警告傅恒。就是说现在皇贵妃兄弟贪赃枉法，你不让我杀，那如果你以后贪赃枉法，我该怎么办呢？这个警告就非常严重了。

当时，著名史学家赵翼是军机章京，他很贫穷，冬天戴着一顶貂帽，已经用了三年，貂毛都缩得像刺猬一样。有一天，傅恒在隆宗门外小值房，把赵翼叫了过去，从怀里掏出五十两银子，说你去买一个新帽子。当时正好是要过年的时候，赵翼就没舍得去买帽子，而是用到了其他地方。第二天又去入值的时候，傅恒见到他还是戴着个旧帽子，就笑了笑。其实傅恒也知道赵翼生活拮据，但如果直接给五十两银子，可能会伤他自尊心，所以才说让他买顶新帽子，很善解人意。

乾隆二十年（公元1755年）准噶尔叛乱，乾隆想要趁机彻底消灭它，满朝文武都反对出兵，说雍正朝就跟它打过一次，弄得全军覆没，何必打这个仗呢，我们现在日子过得挺好的，不要打。只有傅恒一个人支持出兵。乾隆称赞他说，你真是我的张华、裴度啊，把他比作西晋和唐朝的名相。清军最终顺利攻克了伊犁，俘获了准噶尔自立的大汗达瓦齐。傅恒虽然没有亲至前线，但还是受封一等公，图像入紫光阁。乾隆亲自写了赞词，"世胄元臣，与国休戚。早年金川，亦建殊绩。定策西师，唯汝予同。酂侯不战，宜居首功"，将他比作汉代萧何。

乾隆三十二年（公元1767年）十二月，由三千满洲兵、两万多绿营兵组成的清朝大军兵分三路，进攻缅甸，由于轻敌，遭到惨败，将军明瑞自杀。乾隆皇帝只得起用他的王牌，大学士傅恒为经略，阿里衮、阿桂为副将军，拒绝缅甸求和的要求，于乾隆三十四年（公元1769年）七月再攻缅甸。清军在取得一些胜利后,因气候、环境极度恶劣,士兵染病者众多,进攻阿瓦无望,屯兵于军事要塞老官屯下,但也久围不克。此时,傅恒身染重病,副将军阿里衮病故。因"缅地气候恶劣,徒伤人众,断难深入",清政府只好与缅甸和谈撤军,持续四年的征缅之役结束。清军伤亡惨重,军费消耗达一千三百多万两白银,却一无所获。不久,傅恒病亡。

  乾隆亲自去他府上酹酒祭奠,命令按照宗室镇国公的标准举行丧礼,谥号"文忠"。乾隆对他的几个儿子格外照顾,进行栽培,特别是对福康安,更是宠爱甚过自己的皇子,大家都觉得非常奇怪。嘉庆元年(公元1796年),福康安征苗的时候去世,傅恒因为他儿子的原因,被推恩为郡王。父子两人都被允许配享太庙。

福康安：身有"十三异数"的乾隆宠臣

福康安的身世是个疑案，从正史的记录看，福康安的父亲是傅恒，但是从清末开始就一直有人怀疑傅恒并不是福康安真正的父亲。清末民初有个人叫吴士鉴，是著名的藏书家、金石学家，他写过一本书叫《清宫词》。这本书讲的是从顺治皇帝开始的清宫秘史，相当于八卦故事合集，书中都是一些正史里边绝对不会出现的内容，靠着人们口耳相传留下来的。怎么写的呢？"家人燕见重椒房，龙种无端降下方。丹阐几曾封贝子，千秋疑案福文襄。""丹阐"是满语，意思是皇后家。"福文襄"指的就是福康安，他死后谥号"文襄"。这首诗就提出了很多疑问，皇帝的儿子怎么会降生在普通大臣家呢？皇后的家人又怎么会被封为贝子呢？因为贝子是爱新觉罗皇族才有的爵位。

乾隆皇帝本人在悼念傅恒的诗中也留下一个谜团，写得有点暧昧，说"汝子吾儿定教培"。意思是说，傅恒你现在去世了，我感到很痛心，你的儿子就是我的儿子，我一定把他教育好。乾隆自己也说过，"福康安由垂髫豢养，经朕多年训诲，至于成人"[1]。乾隆这里说的是，福康安就是他亲自抚养长大的。这个问题是非常大的，因为清朝皇帝本人处理朝政都特别忙，他自己的皇子都未必亲自抚养，怎么有闲工夫去抚养自己亲戚的儿子？雍正就经常扬扬得意地说，我得位很正，我父亲本来就要传位给我，因为我从小是康熙皇帝亲自抚养的，其他兄弟都没有这样的荣幸，所以我很特别。

1916年的《清朝野史大观》开始出现这样的记载，说乾隆和孝贤皇后表面恩爱，其实关系非常糟糕，为什么呢？主要就是因为乾隆和傅恒的妻子私通。不过福康安是乾隆私生子的确切说法，要等到燕北老人（易孁之笔名）于1919年刊行的《满清十三朝宫闱秘史》才出现。后来的历史小说多喜欢这个说法。1955年，金庸先生在《书剑恩仇录》中就讲到福康安是乾隆的私生子；历史小说家高阳（本名许晏骈）在1978年写过一本《乾隆韵事》，绘声绘色地描写了乾隆皇帝和傅恒妻子私通并生下福康安的整个过程；作家二月河在二十世纪九十年代出版的六卷本长篇小说《乾隆皇帝》中也采用了这样的传说。在此之前，蔡东藩的《清史通俗演义》，还有许啸天的《清宫十三朝演义》，都有过这样的叙述。直至现在流行的电视剧《延禧攻略》中，福康安也充当了一个重要的角色，是女主角之一、痴情帅哥傅恒的夫人尔晴与乾隆皇帝的私生子。

---

[1]《清高宗纯皇帝实录》卷一二九六。

高阳的家世很厉害，仁和许氏，钱塘望族，家里出过很多京官，最重要的是他的曾叔祖父许庚身曾在晚清军机处工作四十多年，和恭亲王奕䜣是好朋友，对晚清的事情了解太多了。家学渊源很重要，就像司马迁写《史记》，为什么写得这么精彩，这么生动？因为他本人就是太史令，国家的秘密档案他都能看到，晚年又成为中书令，直接参与军国大事，所以他写历史就完全不一样了。高阳写的历史小说就特别真实，有一种现场感、画面感，他对清宫的掌故，包括习惯用语，都非常清楚，这确实不是现在靠读纸面上的材料就能得到的。在《清朝的皇帝》这本书里，高阳提及了和珅固宠的手段——"和珅得以固宠的另一因素，即为厚结福康安弟兄"，就是认为和珅是因为结交福康安兄弟几个才被乾隆看中的。书中还说，乾隆皇帝贵为天子，富有四海，国势极前朝未有之盛，但一母一子，都不得公然享受名分上的尊荣。晚年对福康安的舐犊之情，尤为强烈，一则由子及母，对傅恒夫人的一段情，只能厚遇福康安以为寄托。高阳甚至认为福康安是乾隆皇帝心目中最好的接班人，应该当太子，可惜是个没名分的私生子。

人们对福康安身份的这种怀疑，也不能说完全没有道理。福康安的大哥福灵安是多罗额驸，迎娶了宗室郡王之女为妻；二哥福隆安为和硕额驸，迎娶了乾隆皇帝的第四位皇女和硕和嘉公主为妻。既然福康安是乾隆最宠爱的一个人，还从小养在身边，为什么不把自己的女儿嫁给他呢？是因为没有年龄合适的人选吗？不是的，乾隆皇帝最宠爱的皇七女固伦和静公主生于乾隆二十一年（公元1756年），刚好比福康安小两岁，可谓天造地设的一对。但是很奇怪，乾隆皇帝并没有把他纳为自己的女婿，包括亲王、郡王的格格也没有指婚给他。所以这就在某种程度上坐实了大家的猜测——因为他是乾隆的私生子，所以乾隆才不会把自己的女儿嫁给他。

还有一点，福康安的一大异数是竟然生前获得皇族爵位贝子，死后更是追赠郡王，要知道清朝封爵严格，连皇子也未必能获得郡王爵位，更何况是一个异姓？完全打破了清朝入关一百多年来的惯例。乾隆六十年（公元1795年）九月二十八日，福康安晋封为贝子。起初乾隆考虑到他的军功，准备让其世袭罔替，但他只是孝贤皇后的侄子，毕竟不是宗室，就改为三世之后再照例降等。清初的时候，孔有德、尚可喜、耿仲明泛海来归受封定南王、靖南王、平南王，吴三桂因为军功封平西王，扬古利以世臣故追赠武勋王，孙可望来归封义王，黄芳度以殉节赠忠勇王。但是这些都不能世袭，后代不能承继爵位。以异姓封王，而能够按照宗室的待遇降袭的，只有福康安一人而已。

后世给福康安总结出的"异数"十三，具体是什么呢？"初以领队大臣随征金川，攻克得楞山，赏嘉勇巴图鲁，后即以嘉勇二字，迭为封爵佳号，异数一也。索诺木就缚，金川平，封三等嘉勇男，班师，上幸良乡，行郊劳礼，赐御用鞍辔马一，旋御紫光阁饮，至诏图形阁中，上亲制赞，异数二也。甘肃逆回田五等滋事，授参赞大臣，擒贼首张文庆等，晋封嘉勇侯，异数三也。台湾逆贼林爽文围嘉义，诏以为将军，驰驿往剿，立解县围，捷闻，封一等嘉义公，赐宝石顶四团龙服，异数四也。生擒林爽文，槛送京师，台湾平，赐金黄带、紫缰、金黄辫、珊瑚朝珠，又命于台湾郡城及嘉义县各建生祠，再图形紫光阁，上制赞如初，异数五也。廓尔喀贼匪窜后藏，诏以为将军，迭克贼寨，奏入，御制《志喜》诗，书笺以赐，佐以御用佩囊，异数六也。甲尔古拉集寨之捷，酋惧乞降，诏许班师，晋大学士，加封忠锐嘉勇公，会十五功臣图像成，上复亲为制赞，时大学士阿文成以未临行阵，奏让首功，异数七也。寻赏一等轻车都尉，命照王公亲军校例，给六品蓝翎三缺，赏其仆从，异数八也。由川督移云贵，会黔苗石柳邓围大营，嗅脑营、松桃厅三城，楚苗石三保围永绥厅，逆渠吴半生附之，有旨命督师进剿，未匝月，立解三围，赏戴三眼花翎，异数九也。屡毁贼营，夺贼卡，降七十余寨，诏晋封贝子衔，仍带四字佳号，照宗室贝子例，给护卫，异数十也。吴半生降，赏其子德麟副都统衔，授御前侍卫，异数十一也。积功无可加，赏晋公父文忠公贝子爵，异数十二也。逮公薨，特旨赏郡王衔，赏库银万两治丧，并于家庙旁特建专祠，以时致祭，其父傅恒追赠郡王衔，子德麟袭贝勒，丧入城，亲往赐奠，御制诗哭之，配飨太庙，并入祀贤良、昭忠二祠，复奉谕德麟承袭贝勒后，其子袭贝子，孙镇国公罔替，异数十三也"[1]。

乾隆四十一年（公元1776年）四月，在紫禁城午门举行盛大的受俘礼，乾隆特命福康安率将校押解俘虏，当时他才二十一岁。一个年轻的将军押解敌酋，乾隆就在上面看着，不管是养子还是私生子，这种感觉肯定特别爽，这也是福康安本人的高光时刻，此后的封疆大吏，就这样崛起了。

无论福康安多受乾隆的宠幸，无论多少揣测演绎，可以肯定的是，福康安并非乾隆皇帝的私生子。依据是什么呢？因为福康安的一个儿子、两个女儿都是在乾隆皇帝去世前就和爱新觉罗皇族定亲，并且完婚了。诸多八卦可以休矣，乾隆皇帝怎么可能让他"私生子"的儿子、女儿，也就是自己的孙子、孙女，跟爱新觉罗家族联姻呢？这是绝不可能的，同姓不婚，更何况是亲属。另外，福康安领兵在外打仗，常年不在京城，甚至他的母亲去世了，乾隆都不想让他回京奔丧，说你在军前服丧就可以，不用跑回来，最后还是在福康安的哀求下他才勉强同意。所以私生子的传说怎么可能是真的，如果真是那种关系的话，起码也应该让私生子回来吊丧才说得过去啊。所以福康安就是傅恒的儿子。福康安所谓的身世之谜造就了很多的小说、电视剧，大家看着很过瘾，但是并非事实。

那么，福康安既然不是乾隆皇帝的私生子，为什么有这么

---

[1]［清］陈康祺：《郎潜纪闻二笔》卷十二。

多不寻常的事情？高阳先生说乾隆觉得自己对不起福康安母子，所以给福康安爵位，不断地让他立功，封他为贝子。如果这些都不成立的话，那真正的原因是什么呢？我觉得一个重要的原因是，福康安是傅恒的儿子，傅恒又是乾隆最爱的孝贤皇后的弟弟。傅恒从缅甸回来后身染重病死在了天津，乾隆也觉得有点对不起他。傅恒辛辛苦苦在宫内当差，又在外面领兵打仗，鞍前马后，虽然战功没有卫青那么显赫，但最后也算是殉国了。乾隆总还是有点愧疚的，所以就把傅恒儿子收养在宫中，这样的话肯定也有感情，这是毫无疑问的。因此，福康安的仕途特别顺利。他十多岁的时候就当上了乾隆的头等侍卫，天天在皇帝身边站着，对他养父乾隆的安全当然也是一个保证了。十八岁的时候，他就从头等侍卫被提拔为户部侍郎、镶黄旗满洲副都统。乾隆如果想要进一步提拔他，也不是不可能，比如当个尚书，再当个大学士，这样上去也可以。不过乾隆还是比较看重军功的，傅恒二十多岁就是保和殿大学士、领班军机大臣，很重要的一个原因就是在第一次征金川的时候立下过战功，虽然是惨胜。清朝相对来说还是看重军功的，这一点比较像西汉，不像宋朝、明朝过于注重文治。乾隆一直都在模仿汉武帝，傅恒被培养成了他的"卫青"，那么福康安被培养成了谁呢？肯定是霍去病。因此乾隆刻意地培养他，他很年轻就被派出去打仗历练。第二次征金川，就让福康安上前线了。这个历练不是说镀个金待几个月就可以了，福康安在金川前线一

福康安：身有"十三异数"的乾隆宠臣

待就是四年，而且也不是在大营当参谋，他是亲自领兵打仗的。大家如果有机会去川西的金川县、小金县，可以看到当地还有很多的碉楼，在没有现代火器的条件下，想攻克这样的堡垒，是极其困难的，特别是在道路又十分崎岖难行，大炮、给养都很难运过去的情况下。福康安"夜率兵八百冒雨逾碉入，杀贼，毁其碉"，因功被封为三等嘉勇男，图形于紫光阁，被授正白旗满洲都统，吉林、盛京将军职位，成为正一品武将。所以乾隆对福康安的历练是正儿八经地让他顶到前线亲自上阵打仗的，后来福康安在献俘礼上押解敌酋，是他一生中的高光时刻。此后，福康安历任云贵、四川、陕甘、闽浙、两广总督，还跟随阿桂镇压甘肃"回乱"，亲自督军攻破石峰堡，晋封为嘉勇侯，转任户、吏二部尚书，协办大学士。

乾隆五十二年（公元1787年），福康安三十多岁，率几千人马渡海至台湾，镇压林爽文起义，因功封为一等嘉勇侯，还被立生祠，表明他确实有点军事才能。他最辉煌的战绩是击退了侵略西藏的廓尔喀军队，并且是翻越了喜马拉雅山，深入对方国境反攻，迫使廓尔喀称臣纳贡，因功被授为武英殿大学士。后来，因镇压湖南、贵州的"苗乱"有功，被破格封为宗室爵位贝子。嘉庆元年（公元1796年），福康安在镇压"苗乱"的军中染病身亡，年仅四十二岁，被追赠为郡王，配享太庙。

虽然乾隆皇帝对福康安宠爱超常，超过别的人，他们之间确实有如同父子之间的那种深厚感情——因为福康安是被乾隆从小抚养长大的，但福康安犯错时乾隆仍会予以处罚，并非一味纵容，福康安的高官厚爵也是来自于战功，而非仅凭家世。乾隆还是比较讲究赏罚分明的，他一生都学汉武帝，就像汉武帝的卫青、霍去病，虽然是外戚，但这种关系只是让他们得到被赏识的机会。福康安率领八百人攻打碉楼，霍去病第一仗也是率领八百人，难道是偶然吗？这怎么看着有点像是乾隆刻意而为的呢？所以我觉得乾隆就是想培养打造自己的"卫青""霍去病"，他自己则俨然是汉武帝，千古一帝。这就很明确了，家世只是提供了一个初始机会。福康安的大半生都在各地奔波、征战，足迹遍及高原、山地、海疆、丛林，是乾隆朝后期表现最为突出、战功最为卓著的武将，俨然是乾隆皇帝的"霍去病"。当然，乾隆皇帝会给他配备最好的军队，这是一定的，就像汉武帝给霍去病配置的是最优良的骑兵一样。这里面很重要的就是海兰察。海兰察唯一信服的就是阿桂，但是福康安对他特别尊重，皇帝如此宠幸的人，对海兰察能特别尊重，这很难得。平定"回乱"、镇压台湾林爽文起义，击败廓尔喀的入侵，都是两个人一起。

　　福康安本人特别喜欢学诸葛亮，他不喜欢骑马，打仗的时候坐轿子，让三十六名轿夫抬着，轮替值役，轿行若飞。同时，轿夫每人须良马四匹，凡更役时，辄骑马以从，这样下来就得一百多匹良马。可见，福康安的生活还是很豪奢的，因为他毕竟是贵族公子出身，对这种花费毫不在意，而且皇帝对他也特别信任,没有任何掣肘。但乾隆对他也比较严厉,在镇压台湾林爽文起义的时候,他想包庇宗室恒瑞,就被乾隆痛斥,福康安"战栗失色,花翎动摇竟日",显然是很惧怕他这位养父的。

  福康安受到乾隆皇帝特别宠幸的原因,一个是乾隆有强烈的汉武帝情结,以及对富察皇后、傅恒有很深厚的感情,这是根本原因;另一个则是福康安本人也非常争气,二十年如一日充当清朝的救火队队长,征战全国,立下赫赫战功,甚至翻越喜马拉雅山,这在中国古代军事史上应该是第一例。因此,我认为福康安和霍去病有点像,因为外戚的身份和皇帝结成了深厚的私人关系,但是最关键的还是福康安本人有能力、有功劳。

和珅：少年得志，火箭升迁，迅速败亡

说起和珅和中堂，现在基本上是无人不知了。首先要归功于通俗文化，尤其是各种清宫电视剧。和珅、刘墉、乾隆三人的关系，大家喜闻乐见，觉得非常有趣，像一个轻喜剧。其中王刚饰演的和珅这个角色深入人心，似乎和珅就是像王刚这样的一个人，非常有喜感，是不是这样呢？有点真实，但并不完全。

和珅其实不姓和，虽然大家称他为和中堂。他是满洲正红旗人，钮祜禄氏，康熙、咸丰的皇后也是钮祜禄氏，和讷亲应该属于一家。清代满洲人只称名不称姓，因为姓太长，不会称钮祜禄和珅，所以现在电视剧里一口一个富察傅恒，也是不可能的，非常可笑。和珅出身于中等武官家庭，少年时候家境一般，想参加乡试也没考上。乾隆三十四年（公元1769年），他承袭了父亲三等轻车都尉的爵位。这是很重要的，因为满洲人入仕主要就是两个途径，一是当侍卫，还有一个是科举，当然科举相对来说可能性比较小一点。和珅当了侍卫以后，就到了乾隆的身边，六年后被皇帝赏识，提拔为御前侍卫兼副都统，成为正二品的大员，过了一年又被提拔为户

部侍郎、军机大臣、内务府大臣，一跃成为乾隆最宠幸的大臣。当时他才二十六岁。这和傅恒有的一比了。乾隆时期最受宠幸的大臣，前期是傅恒，二十多岁进入军机处；后期是和珅，也是二十多岁入值军机处。随后和珅又兼任步军统领，还有崇文门税务监督、总理行营事务。不过，和珅的官运还未到头，乾隆四十五年（公元1780年），在查办云贵总督李侍尧贪渎案回京后成为户部尚书、领侍卫内大臣、理藩院尚书，他的儿子丰绅殷德与乾隆皇帝最宠爱的幼女固伦和孝公主订婚，他和乾隆成为亲家，实际上和珅比乾隆小近四十岁，完全是两代人。乾隆四十六年（公元1781年），和珅赴甘肃镇压"回乱"，虽未立功，但回京后却兼署兵部尚书，管理户部三库；乾隆四十九年（公元1784年），升为协办大学士、吏部尚书兼管户部，两年后升为文华殿大学士，仍兼吏部、户部事，爵位从一等男、三等伯、一等伯，直至升到最高的一等公。

和珅到底是怎么发迹的呢？他出身也不太高，不是皇亲国戚，为什么乾隆就看中他？清朝有很多笔记说乾隆中叶的时候，和珅是满洲官学生，在銮仪卫当差，有一次乾隆要出门，突然发现黄色的伞盖找不见了，乾隆就说了一句"是谁之过欤？"底下人目瞪口呆，不知道说什么好，和珅在边上答了一句，"典守者不得辞其责"，意思是管理黄盖的人负这个责任。乾隆一看，他风度很好，长得也好，声音又清亮，一问是官学生，虽然没什么学问，但四书五经都还知道。这样一路走，乾隆就一路问，对答挺让皇帝满意，就看中了他。这就相当于一场面试，如果长得容貌猥琐，又没有特别大的才华的话，就很难被看中。类似的事情还有另外一种记录，说是乾隆有一次有感而发，说了一句《论语》中的典故："虎兕出于柙，龟玉毁于椟中，是谁之过欤？"和珅正好在边上，就回答"典守者不得辞其责"。乾隆一看这个人长得又帅，声音又好听，而且能对得上自己说的典故，非常不错，不久就提拔他做御前侍卫。和珅这个人非常聪明，读书虽然不多，家世也不怎么好，但是记忆力特别出色。据说乾隆有次出门，在车辇上默诵朱注《论语》，偶尔还问一问御前大臣，就像考试一样，大家答不上来，唯有和珅能够回答。而且和珅知道自己学问底子薄，还请了当时著名的学问家吴省兰到家中授课，诗文也请彭元端、纪晓岚为他润色。

和珅进入军机处以后，非常会来事，他说所有的奏折要先弄一个副本。奏折是康熙的发明，一开始都是秘密报告，点对点，并不是所有大臣都有上奏折的权利，一般人只能上题本到内阁，公事公办。雍正时期，军机处设立之后就和皇帝一起处理奏折，但是和珅规定，奏折要写两份，正本仍然送呈皇帝御览，副本要送到军机处。这样一来大家就不敢说他坏话了，因为奏折的内容他能够看到，甚至比皇帝还早看到，所以他就把言论给控制住了。

和珅这个人到底长得帅不帅？当时没有照片，只有画像，看画像，确实长得眉清目秀的。当然也有人目睹过，说他中等身材，脸比较白，很注重仪表，不太端架子，言语很诙谐。所以乾隆晚年非常喜欢他，在宫中不加拘束，他想干什么都能干。当时真正的首席大学士、领班军机大臣是阿桂，但他常年奔波在外，不是打仗，就是治河，很少待在北京，这样一来军机处的实权就被和珅给垄断了。福康安也是乾隆晚年非常宠幸的人，他和乾隆的关系可能比和珅和乾隆还要密切，但是福康安常年在外打仗，各地总督轮着做，也很少在北京，连母亲去世，都要再三哀求才被允许短期回京，不久又被派遣出去。渐渐地，和珅就垄断了乾隆的宠幸。

乾隆五十一年（公元1786年），御史曹锡宝弹劾和珅的家奴刘全"藉势招摇，家资丰厚"，都不敢弹劾他本人。即便如此，最后查勘竟然"以风闻无据覆奏"，而曹锡宝也因妄言被诘责。内阁学士尹壮图上疏说各个省的府库里边都空虚了，和珅就让他去各省查验，并且让满洲人庆成跟着。庆成每到一省都提前泄露消息，说这个人要来查了，你们赶紧做些手脚，瞒骗过去。最后尹壮图也因为妄言被罢官。

乾隆朝，有朝鲜使者经常到北京、热河去朝见乾隆皇帝，留下了大量关于和珅的目击材料，并且秘密汇报给朝鲜国王。朝鲜使者说，有一次去朝见，乾隆皇帝乘马经过，问左右这是朝鲜使者吗？有个穿黄色衣服的人就回答，没错，这是朝鲜使者。这个人是谁呢？就是吏部侍郎和珅。从这个材料可以看出，和珅就站在乾隆边上，乾隆什么事都先问他，他也先回答。而且朝鲜使者还观察到，和珅、阿桂都是军机处大员，但阿桂只是"充位而已"，还描述和珅"为人狡黠，善于逢迎"，"性又阴毒，少有嫌隙，必致中伤，人皆侧目"。另一批朝鲜使者过来看到的也是这样，说"和珅自殿角出，引臣等二人，至御床下，行叩头礼"，皇帝问使者的姓名、爵秩，都是和珅手指着一一说明，皇帝还让和珅给这些使者介绍圆明园、颐和园。非常明显，和珅几乎垄断了所有的言论，上情下达、下情上达，都要通过和珅一人。朝鲜使者甚至还观察到一个惊人的细节，当时乾隆八十多岁了，经常咳嗽，和珅就直接抱着痰盂去乾隆身边让他吐痰。按理说这种事情应该是太监做的，这就说明了和珅与乾隆之间的关系极度密切。一直到乾隆退位成了太上皇，朝鲜使者李秉模去朝见，乾隆竟然让和珅宣旨告诉朝鲜国王，说我虽然归政了，但大事还是我来办，意思是大权还是在我手上，还实际执政。这么隐秘的事情他都不避讳和珅，让他去宣布，这给朝鲜使者传递出一个信号，他对和珅非常信任。因此，一批又一批的朝鲜使者回国后，都报告说"和珅、福长安之用事，日甚擅弄威福，大开赂门，豪奢富丽，拟于皇室，有口皆言，举世侧目"。[1]

---

[1] 参见《朝鲜王朝实录》第45、46册。

和珅：少年得志，火箭升迁，迅速败亡

可能大家会觉得奇怪，和珅既没有显赫的家世，也缺乏惊人的功绩，但升官晋爵速度之快，整个清朝基本没有人能超过他，而且他能获得一向以英察自诩的乾隆皇帝的赏识，必定有过人之处。我觉得，乾隆皇帝对他的儿子均不太满意，而和珅的忠诚、聪明、机智、能干与趣味足以与一向自视极高的乾隆皇帝相匹配，只有和珅才能揣摩透乾隆皇帝的心思，这才是他深得宠信的根本原因。乾隆皇帝本人博闻强记，学识渊博，爱好诗词、文艺，政治能力超强，精通骑射，并通晓汉、满、蒙、藏、维吾尔五种语言，有效统治着拥有众多民族、辽阔版图的大清帝国，他的兄弟、皇子、皇孙以及大臣在才能的全面性上都难以企及。而和珅居然也通晓汉、满、蒙、藏四种语言，同样记忆力惊人，多才多艺，还精通骑射，所以乾隆皇帝觉得只有这个人和我的才情趣味比较匹配，而且对我特别忠诚，又比我年纪小，长得很漂亮，做事特别到位。这是他被乾隆皇帝宠幸的很重要的原因，乾隆和自己的儿子们不能交心，也不能随意谈话。有和珅这么一个才情出众，记忆力超群，体力又特别好，长得又漂亮的人跟在他身边，乾隆心里也很愉悦，所以朝鲜使者多次来都是和珅引着面见皇帝，皇帝的问话也由和珅转达，这就不奇怪了，因为他们俩确实相互欣赏，这一点必须承认。

乾隆五十八年（公元1793年），英国马戛尔尼使团打着为乾隆皇帝祝寿的名义，前来拜访乾隆皇帝，实际是想谈判通商

贸易的事宜，当时负责接待马戛尔尼使团的就是和珅。

在承德避暑山庄，和珅第一次接见了马戛尔尼。马戛尔尼说和珅住的房屋非常大，有很多的客厅，但是屋中的陈设并不怎么华丽。"相国之颜色则蔼然可亲"，但跟着一起去的史但顿勋爵却说，和珅这个人对我们的态度和以前判若两人，也不知道是什么原因。马戛尔尼这样描述和珅，"相国年事约在四十至四十五岁之间。容貌端重，长于语言，谈吐隽快纯熟"。容貌端正、谈吐很好，这也是乾隆欣赏他的原因。马戛尔尼也发现了，和珅身边有个三十出头的少年贵胄，就是福长安，还有两个老人，分别是礼部尚书和吏部尚书，似乎不是满洲人，在朝中没什么权力。对于他所介绍的西方各国的情况，和珅很耐心地听，也非常开心，临别的时候还起身与自己握手，说现在皇帝马上要过生日了，有很多的事情需要准备，时间不多了，没办法详谈，等以后回北京圆明园再说。

马戛尔尼怎么见的皇帝呢？当时，乾隆皇帝住在一个御用的帐篷里，马戛尔尼手捧英国国王的亲笔书信，拾级而上，呈书信于皇帝的手中。这封信装在一个木匣中，外面还镶嵌了钻石。乾隆接过书信，并没有打开看，可能也不懂英文，就随手交给了和珅，而且让和珅带着英国使团游览避暑山庄。

游园的时候，"和中堂状貌最为恭恪，无一时不注意于礼节，无一时不保守其大臣之威仪"，但马戛尔尼说感觉我们两人之间并不相投，他仅仅是表面上对我特别有礼貌。和珅口才特别好，领着使团一行人参观，对园中景物指东画西娓娓道来，跟个导游一样。当马戛尔尼想要同他谈中英通商贸易的事时，他就把话全部堵上，介绍各种景色，不让马戛尔尼有任何插口的机会。反正马戛尔尼在中国时间是有限的，和珅就东拉西扯当导游，但是坚决不给他谈正事的机会。如果马戛尔尼正式提出了通商的一些要求，他就坚决不答应，说现在很忙，以后到圆明园再谈。当时，马戛尔尼也有意想向和珅展示一下，让他知道欧洲多么发达，英国物资上多么丰富。确实，十八世纪晚期的时候已经进入工业革命了，欧洲确实处于一个大爆发的时期，发明创造特别多。马戛尔尼说，古人都认为人是不可以飞到天上的，但是我们现在发明了气球，可以飞到天上，而且说中堂大人想试试的话，回北京就弄一个热气球给他。马戛尔尼觉得，如果是别人的话，一听到这么稀奇古怪的事情，可能就会喜形于色，非常好奇，但是没想到和珅反应非常冷漠，根本不当回事。几乎谈到欧洲的所有那些新奇发明，和珅都是这样的态度，完全不当回事，"冷热几同冰炭"，反倒是跟着陪同的其他大臣挺感兴趣的。所以马戛尔尼也纳闷，到底是和珅这个人没见识、知识比较浅薄呢，还是他就故意摆出这种样子，显得完全没兴趣？

还有一件事，马戛尔尼在游览避暑山庄的时候，提到避暑山庄是康熙大帝建造的。避暑山庄确实是康熙营建的，为了接见蒙古人，就造了个热河行宫，俗称避暑山庄。和珅就很奇怪，你们怎么知道康熙皇帝呢？马戛尔尼马上就说大清国威名远扬，全世界都知道，而且我们英国也是文明国家，每个人上学的时候都会了解这些知识。和珅非常吃惊。马戛尔尼也感慨，说当年康熙的时候很重视科学，西洋传教士来华做官的也有很多，没想到康熙去世后情况大变。虽然宫中还有传教士，但是大家对这些人越来越不重视。对他们介绍的科学知识，乾隆皇帝也没兴趣，和珅更没兴趣，而且刻意抹杀欧洲的物质文明进步。在英国人眼中，和珅是这样的人：对整个外来世界，对十八世纪西方文明的大发展、大爆发，一无所知也就算了，而且毫无兴趣；甚至对英国人居然知道康熙皇帝感到很惊讶。他是不是认为英国人应该和他一样，对整个外部世界完全一无所知呢？

那么乾隆皇帝到了晚年，为什么特别信任这样一个对外部世界几乎一无所知的和珅呢？因为乾隆到了晚年的时候，身体、头脑也大不如前了，甚至健忘到刚吃完早饭又要吃早饭，完全忘了刚刚已经吃过。但是他又不愿意大权旁落，清朝皇帝都是乾纲独断的，所有的奏折都要他先看，再朱批给军机处，然后廷寄，发出去执行。他如果不看不批的话，政府就彻底停摆了，所以他非常需要一个很信任的代理人——当然这个人智力水平、记忆力水平也要一流——帮助他处理这些日常的政务。

另外，从中年开始，乾隆皇帝就志得意满，四处征讨，有所谓的"十全武功"，生活起居也逐渐变得奢侈，大兴土木，营建宫殿、园林，四处巡游的费用十倍于康熙皇帝，这些钱从正常的政府财政开支中是支不出来的，和珅就帮忙做这个事。比如乾隆最后一次南巡花的钱是以前的十多倍，这些钱并不是从国库中出，也不是从内务府皇帝的钱袋子出，他舍不得。和珅就想法子，让沿途各地的盐商出钱报效，说他们之所以发财致富是因为皇帝的恩典，现在要报效皇帝了。而且乾隆借着自己与太后万寿的机会，极尽奢华之能事，大办庆典，要群臣进贡奇珍异宝，与此同时他必须恪守祖制，永不加赋，这些花费就必须依靠和珅出众的敛财能力了，一般的大臣不肯为，不能为，也不被信任。乾隆需要和珅做一些不太光彩的事，和珅也打着皇帝的旗号中饱私囊，相当于他们是相互利用的关系，尤其在钱财方面。

但实际上乾隆有没有将和珅看作是自己的股肱之臣呢？其实并没有。和珅曾经揭发超勇公海兰察在甘肃打仗的时候收受皮张等物，行为不检点。乾隆就说了，海兰察能打仗立功，收几张皮毛御寒，何必要责怪他呢？你自己不是既不能打仗，也不能避免贪污吗？和珅一下被顶下去了，说明乾隆对和珅这个人其实也都清楚。还有一件事，过去军机处寄信给各省督抚，满汉军机大臣的名字都要写在上面，阿桂死后，就变成和珅一个人的名字列在上面。乾隆当时是太上皇，就召见和珅，说以前阿桂有功,他列在前面是很正常的,现在阿桂去世你变成领班军机大臣了,你自己度量一下,廷寄上面写你的名字合不合适?乾隆的语气非常严厉,从此以后军机处廷寄都不列大臣名字。所以实际上乾隆皇帝既把和珅当作事业上的伙伴,尤其是捞钱的伙伴,又把他当成一个弄臣,并不真的看作是股肱心腹之臣。

乾隆皇帝处理贪污官员不可谓不严厉,整个清朝因贪污被处死的二品以上高级官员共四十一人,而被乾隆皇帝处死的就高达二十七人,占了三分之二。在乾隆皇帝的意识里,天下属于他一人,他是国家的唯一所有者,绝不会容忍臣下的贪腐行为,因此皇帝反贪腐是真心诚意的。乾隆帝也承认"各省督抚中廉洁自爱者谅不过十之二三"[1]。由于乾隆皇帝拥有的绝对权威,他关注的反腐案件最终一定会高效破案。但是以天下之大,情况之复杂,官员之多,手段之高明,再英明、再能干的君主也无法烛照一切,必然会存在灯下的阴影——甘肃贪污案的主审官、乾隆皇帝最宠信的和珅,恰恰就是古今中外最大的贪污犯,这真是莫大的讽刺。

乾隆晚年生活特别奢侈,从正常的财政税收途径没法解决这个问题。清朝的财政体系特别刚性,人口增长了两三倍,财税也不能增长,因为人头税不能增加,土地税也不能征了,

---

[1]《乾隆朝上谕档》乾隆六十年八月初七日。

还经常赦免天下的土地税，以显示皇帝的仁德。皇帝的开销怎么解决？只能是让各级官员报效，借着各种各样的机会拍乾隆皇帝的马屁送礼，这些送礼的钱还是要从老百姓头上来。而且最关键的是，和珅当了中介，当了代理人，利用第一宠臣的身份与大学士、军机大臣以及兼管众多事务的地位公开索贿、卖官，又利用内务府总管大臣的身份截留天下进献给皇帝的贡品。因此他成为乾隆朝也是整个清朝的第一大贪官，并且形成了以他为首，自上而下，有组织、有系统的贪腐食物链，层层贪腐，索贿行贿，败坏了整个官僚体系。这一切的成本最终要落在广大民众身上，明为"永不加赋"，实为以贪腐加赋。更可怕的是，因贪腐官员日益增多，担心反贪会清除贪腐的食物链，和珅创立了"议罪银"制度，即贪腐犯案的官员只要上交一定数量的白银就可赎罪，而且获得了乾隆皇帝的批准，议罪银直接交往皇帝的私人银库——内务府广储司，成了皇帝敛财的工具，这是变相将贪腐合法化，甚至是鼓励贪腐。到了晚年，乾隆皇帝的反贪也逐渐改变了性质，变成了他敛财的手段，乾隆甚至有意纵容官员贪腐，等到一定程度再用议罪银、抄没家财打击，起到了不加赋而聚财的目的，既保持仁君的形象，又因反贪而获得民心，这真是一举两得的好事。但这种手段看似机巧，实际却损害了整个帝国的肌体。

和珅在乾隆皇帝亲自导演的这场游戏中扮演了主角。在这场游戏中，贪官实际上成了皇帝的投资公司，和珅是大大小小投资公司集团的总裁，是乾隆皇帝捞钱的"白手套"。在当时，贪腐的钱财没有各种"巧妙"的技术手段隐匿，更无法转移国外，因此贪官无处可逃，只是一群待宰的肥羊。章学诚评论："自乾隆四十五年以后，迄于嘉庆三年而往，和珅用事几三十年（当为二十年之误。——编者注），上下相蒙，惟事婪赃渎货，始如蚕食，渐至鲸吞。"[1]《清史稿》认为，"和珅继用事，值高宗倦勤，怙宠贪恣，卒以是败"，乾隆皇帝则因"耄期倦勤，蔽于权幸，上累日月之明，为之叹息焉"。章学诚与《清史稿》在评价这段历史时将乾隆晚年的吏治败坏归于和珅，最多认为乾隆皇帝因年老被和珅蒙骗，均仅及表面，未触及实质，没能指出乾隆皇帝晚年荒政、敛财、自以为是地操弄权术才是贪腐的根本原因，这是他们的历史局限性导致的。以乾隆皇帝的英察，他怎会不知在他眼皮底下和珅的所作所为？只是和珅的贪腐烈度之强，危害之大远远超过他的想象，他一向自以为是，志得意满，以为一切都在他的洞察、掌控之下，因此他对和珅始终宠信不衰。乾隆朝诛杀的贪官不可谓不多，手段不可谓不烈，这些贪官只是太过于肆无忌惮，超过皇帝的容忍底线才被清除，而实际上当时几乎已经是无官不贪，乾隆皇帝为了政局的稳定以及敛财的目的特意加以纵容。当然，以当

---

[1][清]章学诚:《章氏遗书》卷二九。

时的技术手段，皇帝一个人的精力、能力毕竟有限，即使如乾隆皇帝早期那样对贪腐深恶痛绝，没有普遍的、低成本的舆论和民众监督制度，仅仅依靠少数人，想要彻底清除贪腐也是不可能的。

和珅唯一的后台就是乾隆皇帝，他其实也没什么太多的党羽，和朝中大臣的关系都很僵。既没有兵权，也没有党羽，要说他有什么大逆不道的想法，是绝无可能的。

嘉庆四年（公元1799年）正月初三，乾隆皇帝将近九十高龄，因为受了风寒，突然驾崩，成为中国历史上活的时间最长也是实际执政时间最长的皇帝。没想到，第二天和珅就被御史广兴、给事中广泰、给事中王念孙等人弹劾。和珅为官几十年，没有一个人敢弹劾他，因为大家都知道他真正的后台是乾隆皇帝，惹不起。而乾隆皇帝死后第二天立即遭到弹劾，这是不是嘉庆皇帝本人透露出了什么信号呢？我觉得非常有可能。

说和珅特别贪婪，是古今中外第一大贪污犯，家财也是古今中外第一多的人，比所谓的罗斯柴尔德家族还要多几十倍，这几乎成了一个定论。和珅的钱有多少呢？他的家财先后被抄出的共被编了一百零九个号，被估价的有二十六个号，已经两亿两千万两白银，剩下还有八十三个号没有被估价。按这个比例估计，和珅的家产大概有八百兆两（八亿两）。甚至有人说更多，达到十五亿两。数字是越吹越大，不断膨胀。他真的有那么多钱吗？大家想一想，甲午、庚子两次赔款，是清朝最大的两笔赔款，其总金额才当得起和珅一个人的财产。乾隆朝每年财政收入是七八千万两，和珅做了二十年的军机大臣，他的积蓄就相当于整个清朝全盛时期的十年的财政收入。即使是法国最强盛时期的太阳王路易十四，其私有财产也才两千多万两，仅为和珅的四十分之一。

那么和珅的财产到底有多少？是不是真的有七八亿两或者十几亿两呢？其实没有那么夸张。为什么呢？清朝，在抄家治罪的时候，经常会把所抄没的东西往高处折价。比如查抄到一颗大东珠，折价一千五百万两，有价无市。很多的折价都是随便说的，有夸大的成分。按照查抄清单里列出的，还有他们家的房产、当铺，加在一块，估计在两三千万两左右。这也足够惊人的了，相当于清朝一年财政收入的三分之一，确实称得上富可敌国，但你要说他有几亿两，那是绝无可能的。

那么和珅为什么被赐死呢？

起初，直隶总督胡季堂弹劾他，说他在冀州城外给自己修的坟茔"前有石门楼，石门前开隧道，正屋五间，称曰飨殿，东西厢房各五间，称曰配殿，大门称曰宫门，外围墙二百丈，围墙外设堆拨，土人称曰和陵"，都高过亲王的规制了，逾制，请求皇帝依大逆律将他凌迟处死。当然，清朝有一个惯例，皇帝叫大臣讨论某个人犯什么罪，大臣一定是顶格算的，以便给皇帝留有开恩的空间。嘉庆就没有把和珅凌迟处死，也没有砍头，直接让他自杀了。

嘉庆皇帝给和珅列了二十条罪状。

第一条是"先期预呈如意，泄机密以为拥戴功"[1]。乾隆晚年册立永琰（即位后改名为"颙琰"）为皇太子，和珅提前一天向永琰呈上玉如意，暗示自己拥戴之意。被定这条罪状，可以说是和珅活该。为什么呢？对嘉庆皇帝而言，和珅是父皇的第一红人，并不把皇子看在眼里，现在知道这个信息了，居然提前泄露，这是国家最高的机密，虽然大家隐隐约约都猜到谁会是皇太子，包括朝鲜使者都有类似猜测，但是在皇帝公布之前提前一天告诉自己，是要自己念和珅这个人情吗？难道说自己之所以能成为皇太子，是因为和珅的功劳吗？是因为和珅在自己父皇面前说好话吗？嘉庆皇帝肯定觉得自己的人格受到了极大的侮辱。另外，嘉庆还会想到，现在自己父皇快要死了，你和珅这是准备改投门户了？是怕将来被自己处置吗？所以我觉得和珅这个人特别精明强干，但是却犯了这么大的一个错误，真的是利令智昏。清朝谁当皇太子，谁继承皇位，这只有老皇帝本人才能宣布。旁人即使知道，也绝对不能说出来。张廷玉、鄂尔泰早就知道弘历被雍正立为皇太子了，但是他们绝对不会泄露出来。这种恩情卖错了，反而让人极其反感。一来泄露了

---

[1] [清] 梁章钜：《归田琐记》。

最高机密，二来有改投门户的嫌疑，表明这个人既不保密，也不忠诚。所以这是非常愚蠢的。

第二条罪状是"圆明园骑马，直入左门，过正大光明殿，至寿山口"，第三条是"肩舆出入神武门，坐椅轿直进大内"，第四条是"娶出宫女子为次妻"，第五条是延搁军报不递，不让太上皇看，等等，就不一一列举了。这些罪名，我觉得都不算大罪，最根本的大罪就是第一条，提前透露册立太子的事情。

当然，僭越这个罪名也是非常严重的，和珅的陵墓规格甚至超过亲王。在他府邸还发现珍珠手串二百余串，皇宫里也才六十余串；他有一颗大宝珠，比皇帝御用冠顶上的珠子还要大。这些哪儿来的呢？肯定是各地官员报效太上皇，献给太上皇的时候，被和珅给扣下了。和珅家人在被审讯的时候，还供出和珅有一挂朝珠，"往往灯下无人时，私自悬挂，对镜徘徊谈笑，低声自语，人不得闻"[1]。这是皇帝才能戴的东西，他竟然敢私底下佩戴，还很自恋，对着镜子自我欣赏。还查出，其所盖楠木房屋，僭侈逾制，并有多宝阁及隔段样式，皆仿照宁寿宫安设。宁寿宫是紫禁城中最奢华的宫殿，全是金丝楠木，因为楠木在清朝已经是十分罕见的材料了，其他的宫殿一般都是松木建造，不怎么值钱，只有这一处是

---

1 [清] 梁章钜：《归田琐记》。

金丝楠木。现在居然发现和珅家也有这么一处宅子，样子也同宁寿宫类似，和珅供认是打发太监胡什图偷绘的样式，自己采买楠木所建。这些僭越的举动，怎能不让嘉庆皇帝愤怒？抄家的时候发现和珅钱也特别多，夹墙藏赤金二万六千余两，私库赤金六千余两，地窖埋银百余万两，通、蓟地方当铺钱铺资本十余万。[1]

还有一些罪行，是他在乾隆去世前后犯下的。比如乾隆死后，把他的遗体放在景山的寿皇殿，也是个大罪，因为里边已经挂着皇帝的画像了，供奉了御容了，就不能再安置在这里。还有在乾隆病重期间，将宫中秘事与外廷人员叙说，还"谈笑自若"。军机处的人口风必须很严，陈廷敬、张廷玉、刘统勋，包括讷亲、傅恒、阿桂这些人，为什么深受皇帝的信任，有一条就是严把口风，宫廷里发生的事情，一句话都不可以讲。皇帝最隐秘的私生活，是顶级的机密，你随意跟外人谈起，皇帝还不恨死你了，把你杀掉都是轻的。

和珅把宝全部押到乾隆一个人身上了，但乾隆也是人，他也不可能永远活着，未来天下是属于嘉庆的。他没有提前烧冷灶，在乾隆已经要公开皇太子的前一天，送了柄玉如意，又深深地刺伤了嘉庆的自尊心，完全是偷鸡不成蚀把米。

嘉庆四年正月十八日，和珅自尽。他的一个死党，福康安

---

[1] 参见《清仁宗睿皇帝实录》卷三十七。

的弟弟福长安，被判了斩监候，朝廷让他跪在那里亲眼看着和珅怎么上吊，福长安被吓得半死。和珅自尽后，人们从其衣带间发现一首绝命诗："五十年前幻梦真，今朝撒手撇红尘。他时睢口安澜日，记取香烟是后身。"[1] 意思是说自己活了这五十年，就像大梦一场。刑部将这首诗奏闻，嘉庆御批，"小有才，未闻君子之大道也"[2]。什么叫"大道"？就是你要谨守自己的本分。虽然权倾朝野，但你所有的权力都是来自我父皇对你的宠幸，没有人可以活到几百岁、几万岁，迟早轮到我当皇帝，你对我不够尊重，我为什么要给你这么多权力？而且你僭越霸道了那么久，我做皇子的时候，就看在眼里了，冷眼看着，你对我也不怎么样，只会拍我父皇的马屁，我上台以后当然要整你，这是一定的，一朝天子一朝臣。

有人说乾隆有一个这样的心思，就是把和珅当作摇钱树，让他积攒那么多的家产，然后让自己儿子来抄家发财。我觉得这可能想得有点多了，乾隆都八十多岁了，整天稀里糊涂的，连刚吃过早饭都记不起来，怎么可能想这么多。他也就是把和珅当成一个工具，或者说捞钱的伙伴，用得顺手而已，真感情也谈不上。

实际上和珅是乾隆和嘉庆的替罪羊。虽然所谓的康乾盛世

---

1 梁章钜：《浪迹丛谈》卷六，《睢工神》。
2 《艺风堂杂钞》卷三。

到嘉庆年间已经开始衰败，但嘉庆就公开宣称这一切事情都坏在和珅身上，因为他贪污腐败得那么厉害，把整个官场风气都破坏掉了，而且军队也参与腐败，前线将领在打仗的时候拼命贪污军费。和珅确实在这方面罪大恶极，但也只是替罪羊，是乾隆授意他这么做的，当然乾隆可能没有料到他能做到这样大的规模。这是和珅的悲剧。

王杰：乾隆皇帝破格钦点的状元

清朝近三百年历史中，陕西出的唯一的状元，就是乾隆皇帝破格钦点的王杰。

王杰的家乡在陕西韩城，跟著名史学家司马迁是同乡。因为父亲很早去世，王杰家里很穷，就给人当文字秘书以奉养母亲。他历任尹继善、陈宏谋的幕僚，很受器重。尹继善是乾隆时期的两江总督，是个旗人，却通过科举考试走上仕途，一步步成为督抚。陈宏谋则是乾隆时期著名的理学家。王杰给他们两个人做幕僚的时候，非常受器重，这很重要。因为陈宏谋本身是个学问很好的理学家，王杰的学问都是从他那里学来的。清朝官制中没有秘书、幕僚，官员需要自己花钱聘用幕僚，帮助自己写各种材料，处理各种事务。很幸运的是，王杰的幕主学术水平很高，他反倒从主人这里学到了很多本领，"及见陈宏谋，学益进，自谓生平行己居官得力于此"[1]。

乾隆二十六年（公元1761年），王杰考中进士，后参加殿试，获得第三名，这是非常不错的成绩，他绝对可以直接进翰

---

[1]《清史稿》卷三百四十，列传一百二十七。

林院，以后完全有可能入阁拜相。但是，因为王杰以前经常帮助尹继善誊写奏折，乾隆皇帝一看试卷，字迹给认出来了。奏折在康熙、雍正年间基本都是官员亲笔书写。随着奏折像题本那样成为例行的公文，不再具备秘密的性质以后，官员们就开始让幕僚誊写。乾隆认出了这个字迹，他非常欣赏这个人的书法，看得赏心悦目，马上就问大臣这人是谁。大臣回答，是陕西韩城王杰，以前是尹继善的幕僚。人品怎么样？乾隆接着问。大臣回答，这个人的人品非常不错。等到接见一甲三名的时候，乾隆一看王杰风度翩翩，更加喜欢，字写得好，文章写得好，人又长得帅。正好乾隆二十四年（公元1759年）清朝平定了西部的"回乱"，整个版图得到巩固，乾隆就问周围，我朝历史上陕西出过状元没有？大臣回答，到目前还没有。于是乾隆就破格把王杰从第三钦点为第一，成为陕西有清一朝第一位也是唯一一位状元。这不仅是因为乾隆非常欣赏王杰，还因为他把这件事看作是平定西部叛乱后的一个好兆头，叫偃武修文，是天意，正如他自己御诗所说，"西人魁榜西平后，可识天心偃武时"。

不过，著名史学家赵翼对这个故事有他自己的阐述，写得非常详细。当时赵翼是军机章京，阅卷大臣是他的上司刘统勋和刘纶。刘统勋和刘纶号称"南北二刘"，都是大学士兼任军机大臣。因为历来都是军机大臣阅卷，而军机章京经常有人考中进士，而且名次还特别好，有一届，状元毕秋帆与榜眼诸桐屿都是军机章京,于是大家开始流言蜚语,有"历科鼎甲皆为军机所占之说",怀疑军机大臣有意偏袒自己的下属。身为军机章京的赵翼也想在考试中拔得头筹。当时的领班军机大臣傅恒就很为他担心,说之前已经有章京当状元了,如果你再被点成第一,阅卷的军机大臣压力会特别大,恐怕他们不会让你高中。但是赵翼很聪明,他说没问题,我会两种字体,就是两种笔迹,平时我誊写稿子学的是刘墉的字体,他们自然很熟悉,那我就换一种笔迹。其实刘纶事先就担心,说我们选的前十名都要送给皇帝过目,他再选出前三名,赵翼的水平这么高,是不是会混在里面呢?刘统勋还特意又看了一遍,说没事儿,赵翼的字迹就是化成灰我也认得,他不就是学我儿刘墉的字体吗,我检查过了,没问题。于是赵翼居然就这样骗过了刘统勋和刘纶这两个军机大臣,卷子混进去了,还被列为前三。恰好那一年大将军兆惠凯旋,乾隆为了表示恩宠,破例让兆惠当阅卷官。兆惠很苦恼,说我是个满洲人,不懂汉文怎么阅卷呢?乾隆给他支了个招,说你挑卷子上面打圈最多的不就行了,打圈就是表示答得好。赵翼的卷子上有九个圈,九个主考官都觉得很不错,于是被兆惠选为第一,送了上去。到皇帝御前一拆,赵翼第一,胡豫堂第二,王杰第三。赵、胡都是江南人,而且都是军机章京。这反映出当时确实选拔了一批才华横溢的年轻人去担任军机章京,因为每天要写大量的奏章,头脑不好、下笔不快的人真的干不了这活。乾隆得知陕西没有出过状元,就说"赵翼文自佳,然江浙多状元,无足异。陕西则本朝尚未有,今当西师大凯之后,王杰卷已至第三,即与一状元亦不为过"[1],于是御笔一挥,把王杰改为第一,赵翼就变成第三了。

赵翼的这个记述有点酸,他之后的仕途也确实不顺。"及授镇安府,赴滇从军,调广州,升贵西道,无一非奉特旨,上之恩注深矣。向使不归田,受恩当更无限。寻以太恭人年高,乞归侍养,凡五年。丁艰又三年。在家之日已久,服阕赴补,途次又以病归,遂绝意仕进。"[2]总之,因为时运不佳,一直提拔不上去,最后整个仕途就中断了。

王杰被钦点状元后立即入值南书房,升迁五次成为内阁学士。乾隆三十九年(公元1774年),被授刑部侍郎职位,调吏部,擢为左都御史。从考中状元到当上御史,王杰前后花了十三年,而和珅几年内便从侍卫变成军机大臣,说明满汉有别。虽然王杰是状元,科举第一名出身,但和珅是旗人,升迁会特别快。乾隆四十八年(公元1783年),王杰因母亲去世回家守孝。正好乾隆南巡,王杰跑到邢台去谢恩,因为他丁忧在家的时候被提拔为兵部尚书了。可见乾隆确实对王杰非常宠幸。乾隆就说,我也很想念你,但你是个读书人,我不能夺你的情,你还是回去继续服丧。乾隆五十一年(公元1786年),王

---

1 [清]赵翼:《檐曝杂记》卷二。
2 同前注。

杰被任命为军机大臣、上书房总师傅。第二年，拜东阁大学士，管理礼部。由于在平定台湾、廓尔喀的过程中赞画有功，两次图形于紫光阁，加太子太保衔。

王杰个子不高，有几根白须，对人很亲切和蔼，而且刚正不阿。他进入军机处的时候，和珅势头正隆，甚至另一个军机大臣梁国治都经常被和珅奚落嘲笑，但是他坚决不与和珅有什么交情，除了议政时坐一起，其他时候都离得远远的，有点像阿桂，不搭理和珅。和珅想和他聊天，他也是随便应付快点结束，不想与之有任何的交集。有一天，和珅抓住王杰的手，说你的手怎么这么好看，像美人的手那样好看。王杰就回答，王某的手虽好看，但我不会要钱。这让和珅非常羞愧。乾隆对王杰十分信任，破格点他为状元，和珅也对他没辙。

嘉庆皇帝继位以后，王杰就备受宠幸了，成为首席军机大臣。川楚白莲教起义被平定以后，王杰也被记功，因为他提出了一个平定白莲教起义的建议。他认为，应该就地招募乡勇——有点像后来的湘军那样，因为当时交通不便，要从外省调兵的话，一路上耗时非常长，而且非常劳累，口粮浪费也特别多。若在当地招募青壮年，这边多一个人白莲教那边就少一个人，青壮年的总数是有限的。这个建议被嘉庆采纳，起到了很大的作用。乾隆死后，也是王杰提议将和珅迅速抄家收押。嘉庆对他特别尊重，他屡次要求辞职，但都被嘉庆挽留。嘉庆甚至把乾隆用过的拐杖赐给了王杰，还题了一首诗，"直道一身立廊庙，清风两袖返韩城"。朝鲜使者向国王汇报，说清朝新皇帝继位后，并用满人与汉人，"如刘墉之清谨，王杰之醇确，素所倚毗"[1]。

嘉庆九年（公元1804年），王杰八十多岁了，嘉庆皇帝让陕西巡抚拿着他的御制诗和其他的一些珍宝到韩城赐给他。王杰就动身去北京谢恩，这一点就比张廷玉强多了。张廷玉被乾隆勉强批准退休后居然不到皇宫去磕头谢恩，而王杰还以八十岁高龄从韩城老家亲往京城向皇帝答谢。第二年正月，王杰在北京去世，嘉庆派皇二子去祭奠，谥号"文端"。

王杰与和珅都是乾隆皇帝喜爱宠幸的大臣，但是这两个人在嘉庆亲政后的结局大相径庭。王杰被嘉庆继续宠幸，而和珅却被迅速处死。中国有句俗语叫"一朝天子一朝臣"，王杰却打破了这一规律。为什么？因为他为人清廉、谨慎、正直，对同事不卑不亢，而且不群不党。

---

[1]《朝鲜王朝实录·正祖实录》卷五十二，正祖二十三年七月十日。

纪晓岚：公众形象令人大跌眼镜

大概因为电视剧《铁齿铜牙纪晓岚》的风靡，纪晓岚成为大家非常熟悉的人物，因而纪晓岚给大家的印象，基本上就是演员张国立饰演的纪晓岚，仪表堂堂，聪明诙谐，善于插科打诨，和乾隆皇帝的关系特别好，同时又是和珅的死对头。但真实的情况与电视剧塑造的形象大相径庭。

他的名字叫纪昀，字晓岚，但是他以字行，就是大家都喜欢称他的字，比较顺口。他很长寿，生于雍正二年（公元1724年），一直活到嘉庆十年（公元1805年），活了八十多岁。他的家乡是直隶河间府献县，就是现在河北省沧州市献县，所以他不是所谓的江南才子，是北方人。乾隆十九年（公元1754年），三十岁的纪晓岚就考中进士，进入翰林院成为庶吉士，这是非常不容易的。他一直在京为官，没有到外面去做过地方官。有一年吏部已经授予他贵州都匀府知府，但乾隆认为他不适合当地方官，学问又特别高，还是把他留在京城在翰林院当侍读学士，主要是发挥他博览群书、文字功夫非常强的特点，以编纂各种大型的丛书，其中最重要的就是《四库全书》。

他确实与和珅同朝为官，电视剧里我们看他们好像年龄相近，但其实纪晓岚比和珅要大二十六岁，高出一个辈分。他们之间确实有些相互嘲笑的事，但不是很重要，因为和珅的地位远远高于纪晓岚。和珅二十六岁就入值军机处，然后是大学士，而纪晓岚在乾隆朝最高官职也只是礼部尚书，根本没有入过阁，连协办大学士也不是，更不要说入值军机处进入权力和政治决策的核心圈。所以电视剧上的那些都是艺术创作，和实际相差太远。不过他确实非常幽默，喜欢嘲讽，这和电视剧表现的相同。有个笔记中就记录，有一次纪晓岚给和珅的亭子题字，叫竹苞。和珅还挺开心。后来乾隆到和珅家一看，说纪晓岚在嘲笑你，你都不知道。和珅问为什么，乾隆就说了，竹苞拆开来就是个个草包的意思。

纪晓岚的文笔确实很好，这一点是大家公认的。鲁迅先生在《中国小说史略》中说纪晓岚"隽思妙语，时足解颐；间杂考辨，亦有灼见。叙述复雍容淡雅，天趣盎然，故后来无人能夺其席，固非仅借位高望重以传者矣"。评价非常高。

另外，纪晓岚还有一点与电视剧中塑造的形象不同，他其实算不上清正廉洁的人，还犯过一些政治错误。乾隆三十三年（公元1768年），两淮盐运使卢见曾因为到处送礼行贿导致亏空很大，被抓了起来。清朝最有名的三大肥缺，一个就是两淮盐运使，另外两个是南河总督、漕运总督，都在江苏扬州一带。当时大家在朝堂上讨论如何处置，乾隆说要把他的家财全部给抄没了。古代抄家最怕的就是消息提前泄露，因为这样有可能会导致财产转移，被藏起来。纪晓岚跟卢见曾是儿女亲家，他在现场听到了这个决定，但他不敢直接告诉卢见曾，不能留下证据，就想了一个办法，命人将一点茶叶放在空信封里，外面用面糊和盐封好。卢见曾也非常聪明，拆开信封，说这不是"盐案亏空查抄"六个字吗，于是赶紧把财产转移。但这个事情被和珅告发，乾隆问纪晓岚是不是他泄露了消息。纪晓岚说我没有给他带话啊，没有写过一个字。乾隆很生气，说现在人证确凿，不用再掩饰再狡辩了，还不如实招来，到底是用什么方法传递的消息？纪晓岚于是实话实说，然后叩头谢罪，说"皇上严于执法，合乎天理之大公；臣倦倦私情，犹蹈人伦之陋习"，吹捧皇帝英明，同时痛贬自己。乾隆一听，觉得有些道理，而且文辞对仗工整，确实很有才能，于是就从轻发落。其实也不轻，从北京贬到新疆乌鲁木齐。两年之后，大学士刘统勋保荐他修《四库全书》，就给放了回来，让他任总纂官，从乾隆三十八年（公元1773年）一直干到乾隆五十二年（公元1787年）。由于《四库全书》卷帙浩繁，一般人看不完，就让他编了一个《四库全书总目提要》，相当于一个简明目录。所以纪晓岚可以说是当时看书最多的人，恐怕到今天也是如此，看了几万种书。《四库全书》收正式入库书三千四百六十余种、存目书六千七百九十余种，这是纪晓岚对文化事业的巨大贡献，也是他最主要的政绩。纪晓岚在学术上喜欢汉学，就是那种实证考据的学问，非常厌恶性理之学，就是经常讨论一些空泛概念的宋明理学，所以他攻击宋明理学不遗余力。余英时先生就说他是"乾嘉时代反程、朱的第一员猛将"。虽然当时程朱理学是清朝的官方意识形态，但纪晓岚对它极其厌恶，所以在《阅微草堂笔记》里对理学家也极尽丑化之能事。

纪晓岚在左都御史的任上还干了一件很不光彩的事。乾隆五十年（公元1785年），有个旗人海升打死了自己的妻子吴雅氏，却谎称是妻子自尽身亡。刑部审理后发现吴雅氏不是自尽，不肯画供结案。刑部侍郎景禄与左都御史纪晓岚被派去复查此事。纪晓岚汇报说确实是自缢身亡，但吴雅氏的亲属坚决不服，认为根本不是自杀。再派曹文埴、伊龄阿彻查，没有发现自缢的痕迹。随后审讯海升，他才供出自己将吴雅氏殴踢致死。海升还被揭发是首席大学士阿桂的亲戚，刑部因此有包庇的嫌疑。乾隆说阿桂虽然没有授意嘱托刻意回护海升，但还是罚俸五年。对于纪晓岚，乾隆说了一句话，无意间表露出内心的真实想法："纪昀本系无用腐儒。原不足具数，况伊于刑名事件，素非谙悉。且目系短视于检验时，未能详悉阅看，即以刑部堂官所言，随同附和。其咎尚有可原。"[1]虽然表面上是乾隆骂纪晓岚，说他是个腐儒，本来就没什么用，对于审案也不熟悉，何况又是一个近视眼，看不清楚，就不用认真处理了，其实是为他解套，但也暴露了纪晓岚在乾隆心目中的真实地位，

---

[1]《东华续录（乾隆朝）》，一百〇一卷。

就是一个无用的腐儒。所以他一直没有担任实际的掌握权力的工作,既不是军机大臣,也没有进入内阁。乾隆五十一年(公元1786年),顺天府报告,说纪晓岚经常向顺天府借用一个叫王全的仵作,而且还要将他开除,原因不明。最后这事闹到乾隆那里,他就斥责纪晓岚,说你一个左都御史,为什么偏偏跟一个仵作过不去?是不是因为这个王全去年验出吴雅氏并非死于自缢,拆了你的台,所以现在要挟私报复?"纪昀,读书人也,而鳃鳃下与仵作为仇。不甚鄙乎?"[1]我们在电视剧上看到纪晓岚的形象十分刚正廉洁、大公无私,但其实在真实的历史中,他是个心胸狭隘的人。乾隆五十二年,乾隆在一道提拔官员的上谕中评价纪晓岚"属中材",同时却破格提拔了王杰为大学士,管理礼部。在乾隆眼中,纪晓岚就是个没什么大才的人,有点小心思,经常干点小坏事,完全不同于和珅、王杰这些人。

另外,电视剧中纪晓岚能言善辩,其实他文笔一流,但口才一般。朱珪在《知足斋诗集》里曾经有诗描述:"河间宗伯姹,口吃善著书。沉浸四库间,提要万卷录。"他是一个很喜欢读书的人,但大家可能想不到,他同时又是一个非常好色与非常喜欢吃肉的人。吃肉当然是没什么问题了,大家都喜欢吃肉,但最大的问题是他每天要吃几斤肉,甚至到十几斤肉,从

---

[1]《清高宗纯皇帝实录》卷一二五六。

来不吃一粒饭。礼亲王昭梿就在《啸亭杂录》中记录说，纪晓岚"今年八十犹好色不衰，日食肉数十斤，终日不啖一粒谷，真奇人也"，还提到他"日御数女"。曾经有一次，纪晓岚因为编《四库全书》在内廷住宿，没有女人，最后就"两睛暴赤，颧红如火"了。乾隆看到大为吃惊，问他是不是生病了？纪晓岚倒也有意思，如实汇报，说我好几天没有碰女人了。乾隆大笑，把两个宫女赐给他做妾。纪晓岚很得意，还说这叫奉旨纳妾。

嘉庆元年（公元1796年），纪晓岚升为礼部尚书，上了一个著名的奏章，说妇女如果遭遇强暴而反抗被杀了，朝廷要表彰。过去道学一般认为既然被玷污了，被强暴了，虽然抵抗被杀，朝廷也不应将其当作烈女来表彰。纪晓岚说这个毫无道理，人家已经抵抗了，还付出了生命的代价，朝廷再不表彰就非常不合理。嘉庆十年（公元1805年），纪晓岚终于被任命为协办大学士，同年病逝。生前他还给自己写了副挽联，"浮沉宦海如鸥鸟，生死书丛似蠹鱼"。写得还是蛮贴切的。纪晓岚还有一个非常朴素的人生观，因为他看书太多了，觉得天下的道理学问古人已经全部说了，所以自己没有必要再发表什么新见解了，所以他一辈子就写一些笔记小说、神怪故事。

刘墉：操办文字狱起家的大学士

和电视剧塑造的非常正面、幽默、轻松的形象不同，真实的刘墉可能出乎很多人意料。他本人宦海沉浮，几十年的仕途也是历经了波折，而且靠文字狱发迹，非常不光彩。

刘墉，字崇如，他有一个大名鼎鼎的父亲刘统勋。因此，刘墉拥有一个特权，即恩荫。他在乾隆十六年（公元1751年）以恩荫举人的身份考中了进士。普通老百姓如果要考到进士的话，首先要考中秀才，这就很难了，然后是举人，就更难了，再接下来是考进士，可谓难上加难，都是万里挑一的人才。但是刘墉不一样，他有恩荫，不用先考秀才再考举人，他的起点就是举人，直接考进士。当然考得也相当不错，以他的才学，即使按照惯例一步一步考，也能考中进士，但毕竟由于恩荫，他的起点和别人就不一样。

刘墉的考试名次非常靠前，进入了翰林院，但是他的官场生涯并不是特别顺利，比他父亲差远了，与和珅、王杰这些人就更不用比了。他首先担任了知府，这就非常糟糕了。因为清朝的时候如果从翰林院下放到知府开始干起的话，那就很难再提升了，非常难。这就不如一直在中央待着，在皇帝身边，比如入值南书房之类的,就能很快升上去。他的开局很不好,当了山西太原府知府。按理说这个还不错,起码是个省会。但很不幸,他由于下属贪污受贿,被以失察罪革职。当时刑部给出的初审结果是判处死刑。清朝有个特点,大臣犯罪后三法司会审给出的结果都是很严重的,动不动就是死刑,皇帝则可以从宽赦免。当然如果皇帝本来就瞧你不顺眼,就可能直接处死了,如果皇帝不想杀你,哪怕是判了斩监候,过几年也能翻身洗白。乾隆说,刘墉是大臣之子,如果查实跟底下那些贪官污吏有"馈送情事",那就罪不容诛。皇帝话说得很严厉,但留有转圜的余地,最后也是从轻发落,发往军台效力。这是刘墉在乾隆三十一年(公元1766年)栽的一个大跟头。其实在此之前还有一次,乾隆二十年(公元1755年)征准噶尔的时候,他父亲刘统勋因为逃跑被处置,他也被抓起来了。后面乾隆又赦免了刘统勋,他也被释放,重新回到翰林院当编修。总的来说,刘墉的宦海其实不是太成功,乾隆十六年中的进士,十五年后还是个知府,基本上想入阁成为大学士那是无望了,但没想到他活得很久,连乾隆都给熬死了。乾隆四十一年(公元1776年),那时候刘统勋已经去世了,乾隆非常怀念他,就想到他的儿子刘墉。乾隆说刘墉"学问尚优,人亦似有出息",就让他"服阕来京,着以内阁学士用,遇缺即补"。这就非常厉害,当了内阁学士,只要有缺了立马就补上。这在清朝是非常难得的,因为当时人多缺少,可能三四十人就等着一个位置，而刘墉相当于有了优先权了。乾隆让他在南书房行走，后来又任命他为江苏学政。学政在清朝不算是正式官职，相当于皇帝的钦差，以内阁学士的身份兼任江苏学政，管理江苏科举的事情。

乾隆四十三年（公元1778年），刘墉来到江苏金坛，有一个叫殷宝山的人给他送了一篇诗文。乾隆年间文字狱兴盛，刘墉政治敏感度高，觉得这诗文有问题，有怀念明朝的句子，立马揭发。起初要判殷宝山死罪，后来乾隆开恩，把他流放到东北去了。非常巧的是，就在同一个月，江苏东台有一个监生蔡嘉树，唆使如皋民人童志璘（蔡嘉树家的总管）向刘墉告发东台举人徐述夔。当时徐述夔已经去世多年，生前是个蛮有名的诗人，在他的诗集中，有两句诗，"大明天子重相见，且把壶儿搁半边"，"明朝期振翮，一举去清都"。什么叫"大明天子"，是明朝皇帝吗？"壶儿"，是骂满洲胡人吗？"明朝"本来是指明天，诗中说像公鸡一样振翅，飞到都城，是寓意科举成功的意思。但这个看你怎么解释了，如果深文周纳，把"明朝"理解为明代，"一举去清都"，还要一举打到清朝的都城，那就严重了。所以文字狱这个东西就是罗织罪名，胡乱附会。乾隆一看，可能当时心情也不好，非常生气，要求严厉查处。

蔡嘉树为什么要告徐述夔呢？因为他和徐家有田地纠纷。起初他们家将一处田地以两千两卖给徐家，因为里边有祖坟，过了几年想要赎回。按理说，赎回的话要么原价，要么加点价。

以前是两千两，现在他却只肯用八百两赎回，徐述夔两个孙子当然不乐意，就闹纠纷了。最后蔡嘉树气急败坏，告发徐述夔有反动言论，从县里一直告到江苏巡抚，都没人理他。为什么呢？因为一来大家很清楚，土地闹纠纷，你很明显没有理，所以想要用文字狱整人；二来徐述夔都死了好多年了，那些个诗都是几十年前写的，这文字狱一旦兴起，追究起来的话有失察之罪，所以大家要大事化小，小事化了，不要折腾。但是没想到刘墉非常警觉，马上把这个事情报告给乾隆。这个奏折现在还保留在《清代文字狱档案》中："臣在金坛办理试务，有如皋民人童志璘投递呈词，缴出徐述夔诗一本，沈德潜所撰徐述夔传一本，并称徐述夔已故，既见此书恐有应究之语，是以呈出等情。臣查童志璘是否挟嫌，有无教唆之处，应行地方官究问。其徐述夔诗语多愤激，而沈德潜所作传内有伊弟妄罹大辟之语，或者因愤生逆，亦未可定。其所著述如有悖逆，即当严办；如无逆迹，亦当核销，以免惑坏人心风俗。"此案最后判徐述夔"锉碎其尸，枭首示众"，两个孙子也被斩首。

　　整个案件就是刘墉一个人揭发的，这是乾隆皇帝自己说的。他指责江苏的地方官员思想迟钝，让这些反动诗文，包括沈德潜的反动传记，流传了几十年，没人管，若非刘墉据实奏报，就成漏网之鱼了，所以功劳最大的就是刘墉。这是乾隆朝非常有名的一个文字狱，刘墉在当中立了首功。乾隆开始信任他。两年后，他被任命为湖南巡抚。刘墉在任内倒还政简刑清。乾隆四十六年（公元1781年）担任都察院左都御史，后又到了南书房，管理国子监事。在左都御史任上，因为与和珅等人查办山东巡抚国泰贪污及纵容下属一案有功，被授予工部尚书职务，充任上书房总师傅。乾隆四十八年（公元1783年）署直隶总督，两年后被授职协办大学士。但是没想到，乾隆五十四年（公元1789年），因"诸皇子师傅久不入书房"被降为侍郎衔。本来他作为协办大学士都已经入阁了，离大学士也就一步之遥，没想到又被降职为侍郎，所以他的仕途非常不顺。一直到乾隆五十六年（公元1791年）才又被任命为礼部尚书，署吏部尚书，不久实授。

为什么他经常不去上书房呢？为什么会有懈怠呢？这可能跟乾隆五十二年（公元1787年）刘墉的一次挫折有关。清朝内阁有协办大学士、大学士，大学士出缺的话一般都让协办大学士补授。当时刘墉任协办大学士已经很多年了，他听闻大学士嵇璜、曹文埴有告老回乡的想法，但不被皇帝应允，可能他想让这两个人赶紧退休，好让自己补缺，于是就在里面传话，把乾隆讨论这个事情的一些话给泄露了出去。乾隆知道了以后，就说"似此言语不谨，此时岂可即以刘墉实授，以遂其躁进之私耶"[1]。意思是像你这样不谨言慎行的人，我怎么可能让你补缺升任大学士呢？最后乾隆让他非常喜欢的陕西籍状元王杰担任

---

[1]《清史列传》卷二十六。

大学士，而且没有经过协办大学士这一级，直接破格晋升。这件事可能让刘墉受到相当大的打击，对于上书房的事就有点懈怠了，被乾隆降为侍郎，来回打击，非常惨。到乾隆晚年的时候，刘墉就有点不思进取了。有一次，乾隆召见新选知府戴世仪，他感觉这个人稀里糊涂的，不胜任，就问刘墉的意见。刘墉心不在焉，说"也好"，惹得乾隆大为恼火。

刘墉几次被乾隆打下去，早年的时候还差点被杀头，就有点不想干了。但是没想到他活的时间非常长，身体特别好，比他爹好多了。礼亲王昭梿也见过刘墉，说他"年八十余，轻健如故，双眸炯然，寒光射人"。到了嘉庆年间，刘墉终于当上大学士，八十五岁去世。

这就是刘墉的一辈子。电视上的刘墉非常正直、善良、幽默，与和珅进行激烈的斗争，其实不是这样。他私心非常重，还是一个操办文字狱案的黑手，用别人的脑袋换来自己的顶子，不过他的仕途也不顺畅。

董诰：任职最久的军机大臣

从雍正七年（公元1729年）开始，军机处变成了清朝最重要的中枢机关。在康熙朝的时候，内阁和南书房掌握了真正的决策权。内阁大学士在清朝号称"相国"或"丞相"。虽然乾隆皇帝很反感这个称呼并且认为大学士只是我的秘书，但实际上大家还是普遍地称大学士为"相国"。其实，如果大学士不挂军机大臣的职衔，不入军机处的话，就不是真宰相，仅仅是一个荣誉，只能处理一些日常的行政事务，而由中枢决策的那种军国大事，尤其是机密的事，是不入内阁的。因此，从雍正朝开始，军机大臣变成了清朝最重要的一个职位，以前还有议政王大臣，但逐渐被康熙、雍正、乾隆三个皇帝给边缘化了，最后乾隆索性取消了议政王大臣，军机处越来越重要。

那么在清朝任职时间最长的军机大臣是谁呢？他就是浙江富阳人董诰。

董诰当了四十年的军机大臣，又当了二十三年的大学士。他的军机大臣任期是整个清朝两百多年内最久的，大学士的任期也排在前几位。他前后跨越了乾隆和嘉庆两朝，这就更不容易了。因为不同的皇帝，尤其是乾隆、嘉庆父子，他们的个性、爱好很不一样。乾隆特别跋扈、嚣张、高傲，嘉庆则非常谦和，待人很有礼貌，总的来说是一个温和的人。父子俩反差非常大，能够让他们同时欣赏，是很难得的。

董诰的父亲是尚书董邦达。他的仕途可谓一帆风顺，乾隆二十八年（公元1763年）中了进士，年仅二十三岁，很年轻，殿试的时候排在一甲第三。乾隆看到以后，觉得他是大臣的儿子，如果进了一甲，传出去不太好听，就改为二甲第一，叫传胪，相当于第四名，也不错，马上即可成为翰林院庶吉士。他有一个特长，善于画画，他父亲就是著名的画家，算是家传。乾隆也很喜欢书画，虽然我们都嘲笑他是"盖章狂魔"，在流传下来的唐宋字画上盖满了他的章。一般认为乾隆的艺术水平不如宋徽宗，但也不能说很低劣，他对保护中国的书画还是有很大的贡献的，形成了系统性的内府藏书画传统。因此，乾隆很欣赏董诰，认为他文笔又好，又会画画，二人有共同语言，经常一起鉴定书画，关键是董诰工作勤勤恳恳，特别认真、谨慎、小心。乾隆就让他入值南书房，成为文学侍从。他后来又升为内阁学士，正式进入大员行列了；乾隆四十年（公元1775年）提升为工部侍郎，充任《四库全书》副总裁官；乾隆四十四年（公元1779年）为军机大臣，一干就是四十年，非常了不得；乾隆五十二年（公元1787年）加太子少保，升为户部尚书。他又由于在平定台湾、廓尔喀的过程中赞画有功，两次图形于紫光阁。

到了嘉庆元年（公元1796年），突然出了一件事。当时大学士出缺，需要挑选人补缺，这件事拖了好几个月，因为乾隆是太上皇，真正的大权还在他手中，嘉庆皇帝说的不算。符合条件的有三个人，分别是刘墉、纪昀和彭元瑞，而且刘墉已经是协办大学士了，不出意外的话肯定就是他补缺。但是乾隆对这三个人都不满意。他认为刘墉不肯实心做事，办事非常潦草马虎，不能让他当这个大学士。彭元瑞这个人约束自己很糟糕，已经被处理过好几次，也不行。那么只剩下纪晓岚了，读书多，文笔也很好，但乾隆说，纪晓岚读书多却不明理，就是一个书呆子，无法任事。最后，乾隆就提出，董诰在军机处行走很多年了，在懋勤殿做事也一直勤勤恳恳，就破格提拔他为大学士。另一个大学士给了王杰，但王杰因为腿疾很久都没有入值军机处。乾隆还自吹自擂，说"朕于用人行政，悉秉大公，考绩程材，无不权衡至当"[1]，意思是我有识人之明，人事安排都是大公无私的，特别能平衡恰当。而且还公开在上谕中斥责刘墉、彭元瑞、纪晓岚做事稀里糊涂，应该感到惭愧，要自我反省，让董诰与这三个人形成了鲜明的对比。可想而知，乾隆皇帝对董诰是多么宠幸。

不仅如此，乾隆去世之后，没想到嘉庆对董诰更加宠幸。礼亲王昭梿在《啸亭杂录续录》中记载："本朝宰辅罕有真加三

---

[1]《清仁宗睿皇帝实录》卷一。

公者,惟马文穆、年大将军、鄂文端、张文和、傅文忠五人及身加太保衔,至真为太傅者,惟董文恭一人而已。"清朝的三公是最高的荣誉称号,第一个是太师,第二个是太傅,第三个是太保,很难得到。昭梿认为整个清朝只有马齐、年羹尧、鄂尔泰、张廷玉、傅恒五个人生前加了太保衔,连太傅都不是,太师就更不是了。真正加太傅衔的只有董诰。其实这个说法是错误的,虽然昭梿是当时人,又是礼亲王,甚至还认识董诰,但他还是犯了一个错误。董诰也是生前加太保衔,死后才被追赠的太傅。这提醒我们,对于回忆录要保持足够的警惕,因为回忆录有一个系统性的偏差,有个通病,就是喜欢吹嘘,隐恶扬善,只说好话不说坏话,这导致很多回忆录的说法是不可信的。当然,有些则是无心之过,即使是当事人也可能会犯错误。清朝生前加三公的真实名单是这样的:"谨考本朝满汉大臣生前以太傅加衔者,如金文通之俊、洪文襄承畴、范文肃文程、鄂文端尔泰、曹文正振镛、长文襄龄,不过六人,余如马文穆齐、佟端纯国维、佟忠勇国纲、奉文勤宽、谢清义升、杨敏壮捷、顾文端八代、王文恭顼龄、张文端英、朱文端轼、钱文端陈群、蔡文恭新、董文恭诰,皆由身后赠太傅衔,其由太子太保越赠太傅者,则惟刘文正统勋一人。"[1]

董诰为什么能受两朝皇帝器重与宠幸?他有个非常大的特

---

[1] [清]梁章钜:《浪迹丛谈》。

点，为人特别谦虚，不得罪人。甚至他的家奴偷了他的朝珠也毫不介意，找回来后也只是训斥一顿，还说你干出这样的事，如果把你撵走，你以后怎么生活？家奴感激涕零，在董诰死后还去身殉。

乾隆皇帝退位以后，形成父子两个皇帝的局面，董诰夹在两个人中间，很难做事。比如，有一次嘉庆想把他师傅朱珪从两广总督任上调到内阁做大学士，还写诗寄贺。和珅就到乾隆面前挑拨，说太上皇你看皇上是怎么回事啊，是不是想卖个好处给自己的师傅？乾隆一听脸色大变，说朱珪调入内阁是我同意的，你居然写诗寄贺，难道要朱珪感激你在我面前说了好话吗？由此可以看出，父子皇帝同朝是一个特别别扭的事情，嘉庆提拔了自己老师，写一首诗寄贺，有什么不行！这样还被和珅挑拨，所以和珅以后被杀也是活该。乾隆心里很生气，就问董诰，你在军机处、刑部很久了，这件事从法律上、从制度上该怎么办？这是个非常棘手的问题啊，如果说错一句话，不是得罪乾隆，就是开罪嘉庆。董诰叩头说了一句"圣主无过言"。什么意思？皇帝不会说错误的话。乾隆沉默良久，思考这句话，然后说你确实是大臣，以后要好好地辅佐我的儿子嘉庆皇帝。最后降旨，朱珪不用入京了，还是留任两广总督。乾隆的心眼特别小，本来朱珪就要入阁做协办大学士了，下一步就是大学士，但就是因为嘉庆的贺诗坏了事。不仅如此，后来朱珪还被降职为安徽巡抚。当时在场的人吓得脸色都变了，因为这是乾隆父子之间的一种激烈的政治斗争，都为董诰捏把汗，但董诰从容应对，还把这个圣旨给写了，让朱珪不要进京。董诰游走于乾隆父子之间确实小心谨慎，这和他特别谦和的个性有很大关系。

嘉庆二年（公元1797年），董诰母亲去世，皇帝特赐陀罗经被，还派御前侍卫、额驸丰绅殷德去祭奠。董诰回乡守孝后，乾隆特别想念他，每次见到大臣就问董诰什么时候回来。等到董诰母亲下葬之后，乾隆就说你赶紧回来，现在有军务，要夺情，不要在乡守孝三年了。董诰回京后，和珅为了争宠，没有将此事告诉乾隆。直到有一次乾隆驾出宫门，发现董诰跪在路边谢恩，乾隆很开心，说你已经到了，怎么我不知道啊，于是命董诰暂时署理刑部尚书，穿着丧服工作，但朝中的庆典就不用参加了，等于是让董诰忠孝两全了。和珅伏诛后，董诰又进入军机处，被授文华殿大学士职位，掌管刑部。嘉庆十四年（公元1809年），担任上书房总师傅，三年后进为太保。

嘉庆十八年（公元1813年），天理教教徒攻入紫禁城，后被平定。很多人主张将那些天理教的教徒全部抓起来，杀掉或流放。董诰就说，不要这样，烧香祈福是无知百姓的一种常态，是一个很正常的事情，那些真正造反的要追究，但这些信教的人就算了吧。嘉庆也听从了他的意见。可见董诰是非常宽厚的。他在军机处四十年，见到所有人都和颜悦色，礼貌周到，甚至对儿童都非常好。他丁忧回家乡富阳的时候，村子里的小孩子不懂事，就大叫董诰来了。古代人是不能随便称呼名字的，而且那时候董诰年纪也很大了，这样叫也不礼貌。董诰也不生气，对小孩子说，我的名字只有父母、皇帝和我的老师可以叫，我们都是亲戚，以后你叫我老表兄就可以了。

天理教教徒闯入宫的时候，有人写了一副对联，"庸庸碌碌曹丞相，哭哭啼啼董太师"，因为发生这种宫变，大家都很害怕，很多人都吓哭了，董诰当时正好是太子太师，不就变成对联里的"董太师"了吗？这个形象是很糟糕的，非常犯忌讳，因为东汉末年谋反的董卓就被人叫作"董太师"。董诰就笑着自嘲，我的姓也太不好了，其原话是"贱姓不佳之至"，气度非常大。

嘉庆二十年（公元1815年），董诰因病请假，但皇帝不许，还让他管理兵部、刑部。他直到嘉庆二十三年（公元1818年）才正式退休，这年十月去世，被赠太傅，谥号"文恭"。嘉庆皇帝亲自去祭奠，还写诗[1]称赞他，说董诰和父亲董邦达历事三朝，家里边没增加一亩的土地，没造任何的新屋子，非常清廉，并且命人将这首诗刻在他的墓前，以为表彰。

---

1 嘉庆皇帝祭董诰诗："世笃忠贞清节坚，先皇恩眷倍寅虔。骑箕仙苑九秋杪，染翰枢廷四十年。只有文章传子侄，绝无货币置庄田。亲临邸第椒浆奠，哀挽荩臣考泽宣。"

朱珪：嘉庆皇帝精神上的慈父

朱珪这个人不为大众所知，因为他没什么奇闻逸事，也不怎么出现在各种通俗作品中，但他确实是嘉庆皇帝一生中最重要的一个人。

前文讲过，乾隆皇帝是非常高傲自大的一个人，他生命中比较在乎的人一个是他祖父康熙皇帝，一个是他的结发妻子富察皇后。他总觉得其他人差得太远，瞧不上。因此他做事雷厉风行，特别严厉：杀大臣眼都不眨，最宠幸的讷亲说砍就砍了；张廷玉七八十岁了，也被他不断地羞辱，勒令其检讨够不够资格配享太庙。乾隆对自己的儿子也非常严苛，与嘉庆的感情也并不亲密，因为他对嘉庆也有点瞧不上，他是没有什么选择了，最后无奈才把皇位传给嘉庆的。乾隆本来心心念念想把皇位传给富察皇后生的两个嫡子，但他们都不幸夭折，这才让才能平庸的庶子成为继承人。那种严父般的高压让嘉庆缺少父爱，这是毫无疑问的。嘉庆快四十岁时才成为储君，虽然乾隆晚年的时候大家都看得出来继承人肯定就是他了，但官方一直没有宣布。而且嘉庆一直住在紫禁城中，乾隆不让他在北京有单独的院子，他整天和严厉的父亲住在一个屋檐下，你想想是什么感觉。同样是四十多岁继位，但雍正很早就独立门户了，自己在雍亲王府住着，日子过得挺好，很自由。宫中唯一让嘉庆感到亲近的，就是他的师傅朱珪，师生两人的感情很深厚。

朱珪，字石君，顺天大兴人，祖籍浙江萧山，因父亲朱文炳做官而迁到顺天府。朱珪和他兄长朱筠都是神童，一家出了两个天才。乾隆十二年（公元1747年），他参加顺天府乡试，主考官是阿桂的父亲阿克敦。阿克敦是通过科举入仕的旗人，对朱珪很欣赏，说他年纪虽然很小，但魄力很大，很像自己的老师李光地。刘统勋也把他招到自己家，让他与刘墉相识。当时朱珪题了一首诗，其中有一句"东龙西龙斗赤日，白髯老蛟碎玉斗"，让刘统勋十分赞赏。刘统勋认为他的文采很好，没有问题，若还能留心实务，将来必成伟人。乾隆十三年（公元1748年），朱珪考中进士，虚岁才十八，然后进入翰林院当了编修。刘统勋把他推荐给乾隆皇帝，说北直隶这个地方的人比较粗鲁，没有什么文化，现在朱珪兄弟、纪晓岚、翁方纲这些学问渊博的人都出自北方，是因为我们躬逢盛世，所以才扬眉吐气。乾隆非常不以为然，他说纪晓岚、翁方纲都是普通的文士，但是朱珪不仅文笔很好，而且品行很端正。乾隆对他评价非常高。

乾隆三十二年（公元1767年），朱珪升任湖北按察使，然后被调到山西当布政使，署理山西巡抚，成为一方大员。

但是朱珪被按察使弹劾，说他就是个书呆子，整天喜欢读书，行政事务处理得不好。乾隆说那就算了，不要让他当山西巡抚了，就回京当侍讲学士，入值上书房，做嘉庆的老师。不久，朱珪被外放福建学政，临行前，他告诉嘉庆十个字，说这十个字你一定要记牢。这十个字是：养心，敬身，勤业，虚己，致诚。乾隆非常严厉、苛刻，他对嘉庆也不怎么满意，让嘉庆待在紫禁城里，就是为了观察他，看他有没有犯错，一旦犯错，可能就会废了他这个太子。所以朱珪让嘉庆陶冶身心，养好身体，严格自律，待人要谦虚和蔼，另外要讲诚信，对乾隆这样英明的人一定不能欺骗，乾隆是最痛恨别人欺骗的。嘉庆做得很好，一直牢记朱珪的叮嘱。乾隆去世以后，他自己亲政了，还让人将这十个字刻下来当作自己的座右铭。

乾隆五十一年（公元1786年），朱珪被提拔为礼部侍郎，主持江南乡试，然后外放浙江学政。乾隆五十五年（公元1790年），朱珪主持会试，然后被任命为安徽巡抚。当时安徽北部遭遇水灾，他带着几个仆人，和村民同舟共渡，考察灾情，指挥救灾，最后没有出现一个流民，善后工作做得特别好，是个做事极其认真的人。各地巡抚每年都要把死刑案上报皇帝勾决，朱珪是个比较宽厚的人，就觉得不要这么严厉，对人犯的死罪能免则免。对此，乾隆训斥道："朱珪本系书生，尤好为此迂阔多活人积阴德之见，遇事从宽，所谓妇寺之仁，实属非是。"[1]乾隆认为他就是个书呆子，遇事一味从宽处理，是妇人之仁，这是不对的。最后将朱珪交部议处。

马戛尔尼访华的时候，带了大量的礼物送给乾隆。其中有很多哔叽褂料，因为英国纺织业非常发达，布料很好。乾隆就将这些东西赏赐给他喜欢的大臣，接到赏赐的大臣要谢恩。有个人叫蒋兆奎，他在谢恩的折子里只提到了乾隆赏赐给他布料，但没有说这个布料是英吉利国王送来的贡品。这让乾隆非常恼火。乾隆把他训斥了一通，说你这个人稀里糊涂的，连这个是贡品都不知道，果然是从州县官升上来的，文理荒疏，肯定是让什么庸劣幕友代笔写的，还是朱珪学问更好，措辞比你蒋兆奎强太多，非常得体。乾隆平时喜欢炫耀自己的学术造诣多么深厚，他看四书五经经常会有一些自己的解释，还会刊刻成书，赏赐给大臣，让大家一同品鉴。乾隆五十八年（公元1793年），朱珪就写了一篇《御制说经古文》读后感，吹捧乾隆这本书写得如何好。"刊千古相承之误，宣群经未传之蕴；断千秋未定之案，开诸儒未解之惑。"简直把乾隆吹捧到天上去了，可见朱珪其实也不是情商低的书呆子。乾隆倒是有自知之明，说你这个吹捧有些过头了，我怎么可能完全超过历代那些大儒呢？！不过，你说我敬天法祖、勤政爱民，这些事情倒没有说错，我确实是这样优秀的一个君主。乾隆对朱珪的吹捧很

1《清高宗纯皇帝实录》卷一九三六。

是受用，还把自己用的笔墨赏赐给了他。

乾隆五十九年（公元1794年），朱珪被提拔为代理两广总督。这是很罕见的，清朝的两广总督是非常重要的，因为当时广州是唯一合法的外贸港口，很富庶，这个肥差一般都是满洲人担任，掌管着皇帝的钱袋子，号称"天子南库"。嘉庆元年（公元1796年），朱珪正式升为两广总督，兼广东巡抚。

乾隆皇帝一死，嘉庆就迫不及待地让朱珪回京。朱珪到北京的时候，还处在乾隆皇帝的丧礼期间，嘉庆见到朱珪就抓住他的手，放声痛哭。一个四十多岁才当皇帝的人，在老师面前大哭，其内心肯定是非常孤寂，非常胆战心惊的。所以乾隆皇帝刚死没几天，他立马就把和珅给抓了，抓了以后迅速处死，就是要一吐心中的郁闷之气。朱珪就是他的亲人，是整个朝廷中他唯一可以信任的人。嘉庆让朱珪入值南书房，管理户部三库，还把他的房子赐在西华门外，方便他随时入宫。两个人经常单独关在一个屋子里面谈话。

嘉庆皇帝执政初期以施仁政著称，就是受到朱珪的影响。朱珪还有一个很大的德政，就是让文字狱销声匿迹。清朝文字狱从康熙初年庄廷龙案开始，愈演愈烈，到乾隆年间达到高峰。朱珪对嘉庆说，用诗文诋毁我们大清朝，就像狗在乱叫一样，作为皇帝，大公无私，何所不容？他们若是骂你，你就当作是疯狗在乱叫，不要管了，如果严加禁止的话，反而有利于这些反动诗文的传播。嘉庆一听，觉得很有道理，从此基本上就没有什么文字狱了。

朱珪操守非常好，为官多年，从不贪污受贿，家里十分清贫。有一次他去同僚裘日修家做客，穿着一身棉袍。裘日修说你怎么穷成这样啊？要赠给他一件皮貂裘。朱珪坚持不收，他说你是我好朋友，你对我特别好，我非常感动，但是朱某平生从来没干过这种收礼的事，而且皮貂裘对我来说太过奢华，仅仅是为了御寒的话，棉袍就足够了；你看北京城里还有很多人快要冻死在路边，你不如将皮貂裘卖掉换成钱救济这些人。天理教教徒攻入紫禁城被镇压后，抓了一百多个人，全部在菜市口砍头。朱珪劝嘉庆，虽然这些人谋反，该死，但毕竟也是一百多条人命，还是建个坛给他们超度一下吧。可见，他是一个非常讲究德政、仁政的人，嘉庆被称为仁宗，其施政风格就是受到朱珪的影响。

朱珪去世后，谥号"文正"，这是极高的殊荣。嘉庆亲自去他家吊唁，到了门口，碰到了跟乾隆吊唁刘统勋的时候同样的问题，门太小，轿子进不去。嘉庆和乾隆的处理方式就很不一样，乾隆是让人把轿盖去掉，抬着进去，而嘉庆则是落轿，步行进去。刚走到门口嘉庆就放声痛哭，而乾隆是回到紫禁城乾清门外才痛哭流涕。

清朝皇帝大权独揽，高高在上，跟臣下的关系是泾渭分明的，所以很少有皇帝去给大臣上坟的，乾隆也只给礼亲王代善上过一次坟，这还是因为他是皇太极的哥哥，是长辈，而且死了一百多年了。但嘉庆就亲自跑到朱珪的墓前去祭扫,这是极其罕见的。嘉庆还曾在给山东学政黄勤敏的朱批中写道:"朱锡爵才胜于德,汝应念石君师傅之旧恩,时加训诫,毋忽。"[1]嘉庆让黄勤敏感念朱珪对他的知遇之恩,好好照顾朱珪的侄子朱锡爵。嘉庆称朱珪不直呼其名,而是称表字石君,表示尊重。而且他还在石君两字之前空一格,这是中国古代公文一个很重要的格式,即碰到天、祖,或者讲到自己先辈,提到皇帝的时候,前面都要空一格,表示对天地祖宗皇帝的尊重。嘉庆居然在石君两个字前面空一格,完全把朱珪当作自己的师长,当作自己的长辈了。

---

[1]〔清〕陈康祺:《郎潜纪闻二笔》卷十六。

曹振镛：多磕头少说话的文正公

清朝第四个谥号为"文正"的人叫曹振镛，虽然皇帝给他上了"文正"的谥号，但这个人一点都不正。他为官多年，历经乾隆、嘉庆、道光三朝，最大的原则就是"多磕头、少说话"。张廷玉也说过，讲一万句话，虽然都非常恰当，还不如一句话不讲。

"文正"这个谥号为什么在清朝非常特殊呢？因为一般大臣去世后，谥号都是由内阁给拟好，让皇帝圈定的，但只有"文正"是皇帝本人亲赐，只有他有这个权力。

曹振镛是安徽歙县人，他的父亲曹文埴乾隆年间当过顺天府尹，和刘墉还打过官司，就是吴雅氏被殴打致死的那个案子，刘墉还因为糊涂办案被乾隆训斥。乾隆四十六年（公元1781年），曹振镛考中进士，被选为庶吉士，进入翰林院。曹振镛进入翰林院以后，就开始沿着汉大臣最顺利的那条路径往上走，先后任内阁学士、侍郎、尚书，嘉庆十八年（公元1813年）当上协办大学士，不久又官拜体仁阁大学士。嘉庆去世，道光皇帝即位，由于遗诏的问题，引出了乾隆皇帝到底出生在避暑山庄还是出生在雍和宫的争论风波。道光趁机罢免了几个军机大臣,曹振镛由此补入军机处,一干就是十四年,而且是领班军机大臣。曹振镛是汉人领班军机大臣中在位时间最长的,超过了第一个汉人领班军机大臣刘统勋。

道光元年(公元1821年),曹振镛晋为武英殿大学士。道光八年(公元1828年)平定新疆张格尔之乱,因功图形于紫光阁,还晋为太傅,三公之一。这是非常难得的,要知道被嘉庆皇帝当作精神慈父的朱珪都没有在生前晋为太傅。整个清朝,满汉大臣生前就得到太傅称号的只有六个人,先有金之俊、洪承畴、范文程(开国之初的时候,这种公爵名号相对来说比较容易得),接着是鄂尔泰、曹振镛、长龄。这是极难得到的一种荣耀,连曾国藩生前都没有得到太傅,都是死后追赠的。

曹振镛和道光皇帝的意见特别投合,实际上他就是附和道光,皇帝的一切意见他都认为是好的,极少反对。八十岁的时候,年纪很大了,他被特别允许在紫禁城内乘坐车轿以示优待,寿辰的时候还获赐御制诗章、御书扁联福寿字以及珍玩文绮。道光十五年(公元1835年),曹振镛去世,享年八十一岁。道光皇帝非常哀痛,专门下了一道上谕,总结曹振镛光辉的一生,称赞他"学问渊博,献替精醇,公正慎勤,老成持重",担任领班军机大臣十四年来"一德一心,深资启沃,丝纶首掌,巨细毕周,夙夜在公,始终如一","服官五十余年,历事三朝",是朝廷的股肱之臣。道光甚至还要亲自去吊唁,最后被大臣劝阻，改派自己的弟弟去了。[1]然后又下诏，"前大学士刘统勋、朱珪，于乾隆、嘉庆中蒙皇祖、皇考鉴其品节，赐谥文正。曹振镛实心任事，外貌讷然，而献替不避嫌怨，朕深倚赖而人不知。揆诸谥法，足以当'正'字而无愧。其予谥文正"。[2]

曹振镛死后得到的评价相当之高，但他一生没做过任何地方官，尽管在宫中当了十四年的首席军机大臣，工作却基本都是编纂书籍，充任总裁官。那么道光皇帝为什么这么信任他呢？朱克敬在《暝庵二识》中记载："曹文正公晚年，恩遇益隆，身名俱泰。门生某请其故，曹曰：'无他，但多磕头，少说话耳。'"

我们看道光的画像，瘦得跟干柴一样，身体不太好，体力也不济，年纪也大了，但是日常公务很多，尤其是奏折，必须亲自批，否则下面无法执行。曹振镛就对道光皇帝说，我们现在天下太平，根本就没什么事，都是一些大臣为了沽名钓誉，整天危言耸听，但你又不能把这些人都抓起来，拒绝纳谏那是昏君才做的事情，怎么办呢？曹振镛就给皇帝出了一个主意说，你不用多看，一封奏折动不动两三千字，年纪大了，头晕眼花，看不清楚，但又不能不批，那你就专门看他奏折里边有

1《清宣宗成皇帝实录》卷二六二。
2《清史稿》卷三百六十三，列传一百五十。

没有错别字，有没有不妥的地方，有的话就盯着这些批驳他，痛骂他一点也不认真，严加处置。这样的话，大臣就会很害怕，以为你明察秋毫。结果导致朝中没人敢说真话。道光去世后，咸丰皇帝刚继位，就发生了太平天国起义。起初也没人敢汇报，都说只是个小土寇，等过了几个月闹大了，实在按不住了，消息才传过来，才重视起来，就已经迟了。

曹振镛其实开了一个欺上瞒下、吹牛拍马的坏风气，而且他心眼特别小。蒋襄平以直隶总督召值军机处，皇帝对他很赏识，曹振镛就很生气。有一次皇帝问，两江总督很重要，应该让谁去当呢？曹振镛说那彦成可以，那彦成是阿桂的孙子。马上皇帝又问，西口正多事，应该派什么人去呢？曹振镛不说话，过了一会儿，道光就指着蒋襄平说，你久历封疆，这个差使非你莫属了。蒋襄平后来对别人说，"曹之智巧，含意不申，而出自上旨，当面排挤，真可畏也"。意思是说，曹振镛这个人真是狡猾，当面排挤你，还让你无话可说，因为他借力打力。阮元也不被曹振镛所喜，有一次皇帝说起阮元，说他当督抚已经三十年了，年纪轻轻就是二品大员，速度真是快啊。曹振镛就说，那是因为他学问很好。道光很奇怪，你怎么知道他学问好啊？曹回答说，阮元在云贵总督任内日日刻书谈文。皇帝一想，这是怎么回事？总督这么重要的位置，你竟然像个书生一样整天玩弄诗词歌赋，于是迅速将阮元撤职。曹振镛心眼小，但是做得特别巧妙，他拿捏得非常精准，利用皇帝的力量，把潜在的政敌都给压制住，这个就很厉害。

　　道光继位后写过一道声色货利谕，提倡节俭，所以他执政期间像个叫花子一样，裤子膝盖破了，还弄个补丁，大家都效仿皇帝这么节俭，也弄许多的补丁在衣服上。有一次曹振镛的衣服补丁被道光发现了，他说你也打补丁了，花多少钱？曹振镛回答说花银子三钱。道光很惊讶，外边的物价怎么这么便宜，我这个补丁花了足足五两。这就是明显给人骗了，因为皇帝他本人也不去买东西，根本就不知道真实的行情。还有一次，道光问曹振镛说，你吃鸡蛋需要多少钱？曹振镛回答说我患有一种疾病，不吃鸡蛋，所以不清楚鸡蛋的价格。他为什么不敢实话实说呢？怕得罪内务府，也怕皇帝知道真相后会感到痛苦。可见，曹振镛确实非常狡猾，非常善于揣摩道光皇帝的心思，投其所好。

　　科举制度是中国一千多年以来最重要的人事制度，虽然明清八股取士已有点流于形式了，但到了道光年间流于形式才真正达到了极点。曹振镛曾多次主持科举考试，他的录用原则是你的试卷中千万不能出现违背天朝祖制的话。他喜欢看文章的细枝末节，导致真正有才华有创见的人都没法录取。由于道光喜欢楷书，当时的殿试专尚楷法，不问策论之优劣，甚至有抄袭前一科鼎甲策仍列鼎甲者，结果导致末学滥进，豪杰灰心。[1]

---

[1] 参见［清］陈康祺：《郎潜纪闻二笔》卷十一。

总之，在曹振镛的"带领"下，大臣们都变成了多磕头少说话的庸碌之辈，上的奏章都是语多吉祥，凶灾不敢言及，他成为整个道光年间官场风气败坏的罪魁祸首。他去世以后，继任的穆彰阿也是这样的人，"在位二十年，亦爱才，亦不大贪，唯性巧佞，以欺罔蒙蔽为务"[1]。所以说，曹振镛这样一个庸碌无为、老于世故的官僚，居然也被赠"文正"，简直就是对刘统勋这些人的侮辱，我觉得这也是乾隆与道光祖孙之间的一个差异。道光虽然有可能是乾隆默许隔代指定继位的，年轻的时候还打死过几个闯入宫中的天理教教徒，但中年以后竟变得庸碌无为，表面勤俭节约，实际花的钱更多，成了很荒唐的一个皇帝。他选择继承人，选择了一个貌似老实可靠、听话孝顺的咸丰，把锐气逼人、才气横溢的奕䜣压下，但又觉得对不起他，遗诏中又将其封为亲王，将兄弟俩的矛盾直接大白于天下。兄弟一直不和，也导致了以后的祺祥政变。正所谓君臣相得益彰，有什么样的君才有什么样的臣。

---

[1] 汪士铎：《汪悔翁乙丙日记》。

穆彰阿：亦爱才，亦不大贪，唯性巧佞的权臣

穆彰阿是道光后期的权臣。

穆彰阿，郭佳氏，满洲镶蓝旗人。他们家以前是汉人，后来入旗满洲化了。嘉庆十年（公元1805年）考中进士，选为翰林院庶吉士。但是他在嘉庆年间总的来说仕途并不太顺，一直就做侍郎，做了十五年，直到道光初年才担任内务府大臣，提拔为左都御史，然后担任理藩院尚书，前后两次任命为署理漕运总督，后又提拔为工部尚书。道光七年（公元1827年），进入军机处，军机大臣上学习行走。第二年，他就正式成为军机大臣，又入值南书房，并兼任翰林院掌院学士，历任兵部、户部尚书。道光十四年（公元1834年），晋为协办大学士。两年后，充任上书房总师傅，拜武英殿大学士，管理工部。道光十八年（公元1838年），又晋升为文华殿大学士，成为道光朝后半期的首辅，大学士排名第一，军机大臣也是领班，成为一个权臣。道光皇帝倒是很"专情"，前十几年专门宠幸曹振镛，中间潘世恩过渡一下，然后又专门宠幸穆彰阿。

道光年间发生的最重大的事情就是中英鸦片战争。穆彰阿是力主与英国和谈的，对林则徐非常不满意，觉得是林则徐在

广州挑起边衅，和英国打起来，然后还得给他善后，很生气。他力主将林则徐撤职查办，最后林则徐被流放到新疆伊犁。当时军机大臣中还有一个东阁大学士王鼎，他特别痛恨穆彰阿，和军机处另一个大臣祁隽藻都不主张谈和。虽然王鼎、祁隽藻也深受道光信任，但道光还是偏向穆彰阿，因为穆彰阿总能投其所好，这两个人性格与价值观比较相似，多一事不如少一事，怕一旦战事扩大无法收拾。一开始道光也是雄心万丈，派林则徐到两广处理鸦片事务，最后在广东、福建与英国开战，也觉得没问题，没想到后来英国舰队打到天津，而且英军猛攻镇江，扼住大运河漕运的命脉，所以他很害怕。道光同意签订和约的时候也很痛苦，据说退朝之后背着手在那里踱步，走来走去，徘徊了一夜，边上人都能听到他的叹息声，一直到早上五更天了，用朱笔草书一纸，封好，让太监立即送到军机处给穆彰阿，并嘱咐不要让祁隽藻知道。道光之前，清代的所有皇帝都立有神功圣德碑，但自道光皇帝开始，就没有再建神功圣德碑了。

林则徐在流放伊犁的途中，经过河南开封府祥符县，当时大学士王鼎正在指挥堵塞黄河决口，林则徐被命令前去效力。王鼎一见到林则徐，就觉得这个人是一个英才，说等他回朝一定给他把这事平反了。但是工程结束后，道光居然命令林则徐继续前往新疆，不肯赦免他。王鼎力荐林则徐，但道光不听，说他惹下这么大的祸，让我签了这么耻辱的条约，恨死他了。

王鼎非常耿直，他知道是穆彰阿构陷林则徐，见面的时候厉声痛骂穆彰阿，但是穆彰阿却笑而避之。在道光皇帝面前的时候，王鼎斥责穆彰阿是秦桧和严嵩，但是穆彰阿默然。这说明当时的朝政风气还是可以的。道光也是个好脾气，笑着对王鼎说，你喝醉了，命太监把他扶出去。第二天，王鼎上朝的时候还是力荐林则徐，痛骂穆彰阿，道光就有点生气了，拂袖而去。王鼎胆子也很大，拽住皇帝的袖子不放，道光确实是好脾气，换作乾隆谁敢这样。王鼎最后在家中自杀，以死相谏，在衣服里有遗疏给皇帝，弹劾穆彰阿。第二天早朝的时候，发现王鼎没来，穆彰阿的门生、军机章京陈孚恩特别机警，赶快跑到王家。当时王鼎家人束手无策，尸体还没解下来，因为大臣自杀，必须等皇帝派人检视，不能擅自放下来。陈孚恩劝王鼎家人赶紧把尸体解下来，发现遗疏内容对穆彰阿很不利，就忽悠王鼎的儿子说，现在皇帝很生气，如果这个事情被皇帝知道的话，不仅王鼎死后的恩典没有了，你的仕途也堪忧。这时候，穆彰阿另一个门生、军机章京张芾也跑来，他是王鼎同乡，一同劝说。最后陈孚恩说，这个遗疏肯定不能交上去，我给你再写一份，就说因病突发身亡。道光接到报告后，很惋惜，命成郡王奠茶酒，晋赠太保，入祀贤良祠。穆彰阿当然开心死了，陈孚恩、张芾把他从危机中解救出来，以后陈孚恩一路顺利地当上军机大臣，就是穆彰阿提拔的。王鼎的儿子却为蒲城诸门生及陕甘同乡所鄙弃，亦自愧恨，遂终生不复出。但是，非常有讽刺意味的是，王鼎的墓志居然是穆彰阿写的，对王鼎反对议和的事情不提一字。

穆彰阿与潘世恩都是领班军机大臣，但潘世恩是汉人，虽然年纪、资历都比穆彰阿老，但整个军机处还是穆彰阿一个人专权。总督巡抚要奏事，一般都先写信询问，我们这样写行不行。得到穆彰阿肯定后再写给皇帝看。"自嘉庆以来，（穆彰阿）典乡试三，典会试五，凡覆试、殿试、朝考、教习庶吉士散馆考差、大考翰詹，无岁不与衡文之役，国史、玉牒、实录诸馆，皆为总裁，门生故吏遍于中外，知名之士多被援引，一时号曰'穆党'。"[1]当时罗惇衍、张芾、何桂清三个人同年登第进入翰林院，都是少年英才，一起去拜见座师。罗惇衍先见了潘世恩。潘世恩就问他见过穆中堂没有啊，他说没有。潘世恩就说完了，你先见我，以后就没有什么前途了。罗惇衍年轻气盛，说我不信，就不去见了又会怎么样。当时罗惇衍已经被派差使了，但突然又撤销了，说是因为他年纪太轻，不能胜任。其实他的年纪比张芾、何桂清都大，完全就是穆彰阿在捣鬼。

道光去世，咸丰皇帝继位，立即为林则徐昭雪，穆彰阿整个仕途就彻底完了。咸丰痛斥穆彰阿的罪状，说穆彰阿任军机大臣的时候，事无巨细都托于机密，往往秘而不宣，一切都是国家机密，越保密越好，这样言官就没法弹劾他了，而且还不学无术，以为一切兵戈盗贼都是不祥之事，不到万不得已不对

---

[1]《清史稿》卷二百六十三，列传一百五十。

外宣示，即使打败了，也说得跟大胜一样，饰以美名。

穆彰阿是摸透了道光皇帝的心理。其实道光是个比较简单的人，身体不好，年纪比较大，认为多一事不如少一事，不愿意生事。他虽然知道自己有责任要处理各种政务，但又处理不好，没这个精力也没这个能力，因而希望诸事就不要告诉他了，期待安安稳稳度晚年。穆彰阿当军机首辅的时候，道光已经六十多岁了，就怀着这样一种心态。而且道光喜欢自我标榜崇尚实务反对虚言，穆彰阿就抓住别人奏章里的一些小毛病，在道光面前说坏话，道光一听就很讨厌那个人，那人前途就被毁了。穆彰阿就是这样子，慢吞吞地，非常阴柔地整人，让你仕途中断。这样一来大家都害怕了，觉得皇帝只听穆彰阿的话。但穆彰阿也不是那种特别大奸大恶的人，他是很平庸的恶，这种人在我们日常生活中可能更常见，那种大奸大恶的，像董卓那样的人，在清朝不太可能出现。

"穆党"中有一个著名的人物是曾国藩。道光十八年，曾国藩参加会试，列为三甲第四十二名。曾国藩这个名次很靠后，赐同进士出身，按理说是没戏了，进不了翰林院。但是穆彰阿对他很欣赏，在朝考的时候，把他列为一等第三名。道光皇帝又由于穆彰阿的力荐，将曾国藩改为第二，其立即进入翰林院当了庶吉士。这是曾国藩一生的重要转折点，否则他的仕途完全起不来。道光二十年（公元1840年）散馆考试，曾国藩名列二等十九名，授翰林院检讨。道光二十三年（公元1843

年）升侍讲。同年，出任四川乡试正考官。道光二十五年（公元1845年）升侍讲学士。道光二十七年（公元1847年）升任内阁学士加礼部侍郎衔。道光二十九年（公元1849年）授礼部右侍郎。不久署兵部右侍郎。曾国藩在家书中说："由从四品骤升二品，超越四级，迁擢不次，惶悚实深！"又说，"湖南三十七岁至二品者，本朝尚无一人。"他是湖南籍中当上二品大员最年轻的人，穆彰阿的举荐非常重要。他以后就是以侍郎的身份丁忧回家的，碰到太平军起事，咸丰皇帝当时命令在家的人可以办团练，他就办了湘军，因为他有品级有身份。穆彰阿还处处指导曾国藩，怎么和道光皇帝谈话，怎么获得道光皇帝的欢心。道光和曾国藩谈话以后，觉得曾国藩这个人很上路，对清朝历代帝王的圣训非常熟悉，其实这都是穆彰阿让曾国藩复习过的，因为穆彰阿了解道光，知道他喜欢别人谈他祖先的那些丰功伟业。道光就对穆彰阿说，"汝言曾某遇事留心，诚然"，就觉得曾国藩这个人不错。曾国藩的仕途兴起是从穆彰阿的提携开始的。当然后来曾国藩也报恩了，穆彰阿去世后曾国藩还送钱给他儿子。

道光三十年（公元1850年）十月二十八日，当时咸丰已经在位九个多月了，因为道光是正月去世的。咸丰亲自用朱笔写诏书，"今天下因循废堕，可谓极矣。吏治日坏，人心日浇，是朕之过"，其实不是他的过错，是道光的责任。为什么天下变成这样呢？全是穆彰阿的过错，他说穆彰阿"小忠小信，阴柔以售其奸；伪学伪才，揣摩以逢主意"，说得十分贴切。然后说穆彰阿在自己亲政后"遇事模棱，缄口不言"——这大概是沿袭了曹振镛的作风，多磕头少说话，但是"迨数月后，则渐施其伎俩。如英夷船至天津，伊犹欲引耆英为腹心，以遂其谋，欲使天下群黎复漕（遭）荼毒，其心阴险，实不可问。潘世恩等保林则徐，则伊屡言林则徐柔弱病躯，不堪录用。及朕派林则徐驰往粤西剿办土匪，穆彰阿又屡言林则徐未知能去否，伪言荧惑，使朕不知外事。其罪实在于此"。就说穆彰阿反复阻挠起用林则徐，好像和林则徐天生有大仇一样。而且"穆彰阿暗而难知"，一般人还看不出他的坏，他是那种非常阴柔、暗戳戳的坏。但念在"穆彰阿系三朝旧臣，若一旦置之重法，朕心实有不忍"，于是将穆彰阿从宽革职，永不叙用。咸丰三年（公元1853年），穆彰阿捐军饷，咸丰给了他五品顶戴。又过了三年，穆彰阿去世。[1]

死前三天，穆彰阿把亲友、门生故吏全招到家中，说我马上要死了，定于某日某时辞世，到时候摆下盛宴，要同大家话别。这些人如期而至，吃到一半，穆彰阿说差不多了，我要去沐浴更衣，跟大家作最后的诀别。回到卧室，过了很久，穆彰阿朝服蟒衣出，据坑南面坐，拱手向众说道，"少陪少陪"，说完就闭上眼睛，鼻涕流了五六寸长，一看已经死了。

---

[1] 参见《清文宗显皇帝实录》卷二〇。

穆彰阿：亦爱才，亦不大贪，唯性巧佞的权臣

穆彰阿是一个非常典型的阴柔、模棱两可、阿谀奉承的大臣。刘统勋、和珅等，没有一个是这样的，他们要么正直敢言，要么嚣张跋扈，好也罢，坏也罢，都是明面上的。而道光年间的曹振镛、穆彰阿，说他们是坏人，好像也不算太坏，说是好人，但也没有做什么好事。还是那句话，有什么样的皇帝就有什么样的大臣，君臣相得益彰。比如乾隆，不管有什么样的毛病，但他的政治才能是非常高超的，像曹振镛、穆彰阿这样的人他肯定是看不上的。他的眼里不能揉沙子，模棱两可是不行的，所以他欣赏的人，要么才华横溢，正直忠诚，像阿桂、王杰、刘统勋这样，要么像和珅这样穷心尽孝，但也极端聪明。道光则不行，本身就很平庸，平庸之主遇上平庸之人，干不出什么可称道的政绩。

杨遇春：道光皇帝为之呜咽良久的"福将"

杨遇春是嘉庆、道光年间第一名将，也是一员福将，活了七十七岁。

杨遇春，字时斋，四川崇庆（今崇州）人，武举出身。因为家里比较穷，读不起书，就从军，被福康安所赏识。乾隆六十年（公元1795年），杨遇春跟着福康安镇压苗民起义。他作战特别勇猛，身先士卒，率敢死队四十人为先锋，直接纵马冲入敌营，大喊："大兵至矣！降者免死！"简直就是孤胆英雄，最后数千人跪地投降，当然对方也是临时杂凑的队伍。因为解永绥围有功，被授予劲勇巴图鲁。但之后又跟着额勒登保攻茶山，率壮士冲击，所向披靡，福康安在大营里望之惊叹，这个人太勇猛了，立即把他破格提拔为参将。福康安特别喜欢他，又觉得杨遇春学的兵法可能还不够，让他跟着海兰察学兵法。海兰察是乾隆年间第一勇将，是福康安的左右手。乾隆想让福康安当霍去病，但是说实话，他本人未必有霍去病那么勇猛，所以乾隆给他配了第一勇将海兰察。因此，杨遇春一生都非常心折海兰察，海兰察算是他的老师，福康安则是他的恩人。乾隆末年，白莲教起义，负责镇压的统帅是威勇侯额勒登保，他跟皇帝奏报说，杨遇春已经四十多了，头发斑白，但他特别擅长追击，足穿草履，缒绳而上，所以手下的将士都非常拼命。他曾一天之内追击敌人跑了一百多里路，很厉害。因为他胡子很漂亮，是个美髯公，军中称呼他为杨胡子。他的部下大多数是投降的盗匪，腰佩长刀，形貌凶猛，但是大家都非常服他，因为他身先士卒，作战特别勇猛，威信特别高。杨遇春进京陛见的时候，嘉庆皇帝问他，以前湖北、陕西、四川三省军务延至十数年之久，现在你平定河南天理教起义为何如此迅速？杨遇春回答"有专责则事易集"，意思是平定河南是我一个人负责，而过去平定三省白莲教起义政出多门，相互推诿，把责任推给对方，自己揽功劳，所以问题很难解决。嘉庆听完觉得很有道理。

确实如此，天理教教徒李文成在河南滑县起事，陕甘总督那彦成（阿桂的孙子），率军进剿，杨遇春是他的副手。作为副手，按说也是个统帅，但他却只率亲兵八十人，沿着运河一路突进，这就有点像当年皇太极那样，率领二百骑兵，碰到从锦州来驰援大凌河的七千明军，居然纵马冲杀过去，击溃了明军，一直追到锦州城下。杨遇春也是如此，八十人冲击几千人，擒斩二百多人，非常勇猛。因剿灭李文成被封为二等男爵，赐黄马褂。

到了道光年间，杨遇春更是被道光皇帝赏识。道光五年（公元1825年），杨遇春以固原提督署理陕甘总督。这是非常罕见的事情，因为明清两朝武官的品级实际不如文官"货真价实"，提督为正一品，总督是从一品，但实际上提督是总督的下属，武将出身的人能当上督抚是极其不容易的。而且陕甘总督是清朝特别重要的地方职务，辖区包括陕西、甘肃及新疆东部、北部。当时杨遇春的儿子杨国桢是河南巡抚，父子二人，一个是总督，一个是巡抚，也非常罕见。道光七年（公元1827年）杨遇春平定张格尔叛乱，凯旋的时候被正式任命为陕甘总督。他请假去河南看望儿子，道光皇帝许可了，让他在河南多住几天，还让他告诉杨国桢，好好为朝廷出力，将来继承他的家声，对他非常信任。

杨遇春最大的军功就是平定张格尔叛乱。张格尔是大和卓的孙子。大、小和卓在乾隆二十四年（公元1759年）被清军追击至巴达克山，当地人杀了他们献给清军，但是大和卓的儿子逃到了浩罕汗国（位于现在的费尔干纳盆地）。嘉庆二十五年（公元1820年），在英国支持下，张格尔不断侵入新疆，煽起南疆西四城叛乱。道光六年（公元1826年），张格尔占领了南疆西四城，引发边疆的大危机。杨遇春率陕甘兵五千人驰赴哈密，后又与扬威将军长龄在阿克苏会兵进剿。清军一路克敌，追击至距离喀什噶尔十余里处，碰到大风沙，前面的队伍迷路，长龄打算退兵十余里，等风沙过后整军再战，杨遇春反对，说这是天助我也，风沙漫天，对方不知道我军虚实，而且我们是客军，长途跋涉至此，宜速战速决。于是派一千人去下游吸引叛军注意，主力乘晦雾骤渡上游，炮声与风沙相并，乘

杨遇春：道光皇帝为之呜咽良久的"福将"

势冲入叛军阵营，叛军大败，清军乘势收复喀什噶尔。不久，英吉沙尔、叶尔羌、和阗渐次被收复，张格尔逃到帕米尔高原。道光皇帝宣杨遇春先回内地。道光八年（公元1828年）正月，杨遇春手下的一个大将杨芳擒获张格尔于铁盖山，道光十分高兴，赐杨遇春紫缰辔，实授陕甘总督，图形于紫光阁，还在画像旁题诗："少年从征，进不知退，拍马横矛，善穿贼队。参赞戎机，克城贼溃，畀以封疆，无惭简在。"

杨遇春在陕甘总督任上的执政风格是"务持大纲而不涉烦琐，恪守成宪而不议更张"，抓住重要的事情，不管烦琐的小细节，尊重过去的规制，不折腾。道光皇帝屡次下旨称赞他为股肱之臣。他在退休的谢恩折上说感谢皇帝把他看作手足腹心，道光在旁边朱批"诚然，诚然"，意思是确实如此，我是把你当作自己的手足腹心。

由于杨遇春平定了西域叛乱，所以他在西域的威望十分高。道光十一年（公元1831年），有个回部首领伊萨克入京觐见，这个人派头十分大，而且诱擒张格尔有功，十分骄纵，带的随从和马匹特别多，入关以后还嫌清朝的地方官对他招待不周。正好杨遇春是陕甘总督，布政使想去郊外迎接，他说没必要。第二天入城的时候，伊萨克单骑前来，进入辕门下马步行，弯着身子不敢仰视。杨遇春穿着便服，身边两个童子，阵仗特别小，就像随随便便见一个普通的客人一样。伊萨克进来以后，还没到门槛便摘帽叩头，杨遇春让一个小童把他扶起，给个小板凳坐，但伊萨克只顾叩首不敢坐。杨遇春就问他，我已经老了，你看我与当年的时候比怎么样啊？实际上是提醒他，你要知道我当年在新疆作战是很勇猛的，要回想一下我的英姿。伊萨克拍马屁说，你现在更加精神了。杨遇春又说，你现在也老了，须发都白了，我们受到皇帝的厚恩，为了子孙计不要生其他的妄想，一定要记住这一点。皇帝还念着你，稍微住几天就走吧，随从就不用带那么多了，没有必要讲这个排场。伊萨克吓得叩头受教，走的时候已经汗流浃背了。因为杨遇春战功卓著，所以有很高的威望，当地的这些首领见到他都十分惶恐。

道光十七年（公元1837年），杨遇春在家中去世，享年七十七岁。获赠太子太傅、兵部尚书衔，赐金治丧，入祀贤良祠、乡贤祠，谥"忠武"。道光还写了祭文："忆苍髯之矍铄，音容犹在目前；报黄发以馨香，眷念弥增身后。"[1]道光对他确实是非常感念的。

杨遇春虽然身先士卒，但是大小二百八十余战，从来没受过伤，所以嘉庆皇帝叹为"福将"。他曾经对大儿子杨国佐说，打仗之法，务在迅速，随机应变，不可迟疑，将领身先士卒，人人奋勇前进，一鼓作气，断无不胜之理。杨遇春去世以后，其子杨国桢入京觐见，道光皇帝面谕："朕望尔父亲多活几年，

---

[1]［清］王之春：《椒生随笔》卷三。

如国家有事,他虽不能亲战阵,我问问他,也得主意。他殁时并无大病,这就算无疾而终。尔父亲忠勇,朕深信不疑,尔总要体贴尔父亲,实心报国,他在地下,也喜欢的。"[1]说完之后,哭了很久。这段话非常珍贵,这是道光的原话。

---

1 [清]陈康祺:《郎潜纪闻二笔》卷四。

杨芳：清朝唯一的汉人御前大臣

杨芳与杨遇春齐名，也是道光年间的名将，他还参与并指挥过第一次鸦片战争中对抗英军的军事行动。除此之外，杨芳还有一个特殊的身份，他是清朝唯一的汉人御前大臣，掌管皇帝的贴身警卫，这说明皇帝对他极为信任。

杨芳，字诚村，贵州人。小时候也读过书，但是科举考试没考上，就去参军了。古人入仕，尤其是明清时代，首先要去考秀才、举人、进士，考不中没辙了才去行伍。杨遇春见到他，觉得这个人很了不得，就提拔他为把总，和自己一起去平定苗疆的起义。当时的统帅是福康安。有一次，杨芳和他的上级孙清元守一个寨子，当时孙清元想放弃，但杨芳坚决反对，他说咫地寸土都是为天子所守，怎么能委之于贼呢！没想到守了半天没成功，还被福康安以不听调度的罪名给抓了起来。福康安就问，你怎么不听我的命令，一定要坚守那个寨子呢？杨芳就说了，我自小读圣贤书，虽然没考上秀才，也知道忠孝二字，寨子虽然小，但这是天子所托付的，我不能轻易把它放弃，这是有违君命，而且我想打一仗，以扬士气，至于胜利与否，自有主事者，与我无干。如果放手让我一战，我也就实现军人当马革裹尸而还的愿望了。他说完还长啸一声。福康安一看，这个人确实是个壮士，于是提拔为自己的亲军。杨芳和杨遇春的关系特别好，杨遇春一直是他的上级。杨芳善谋，杨遇春善战，两个人如同左右手。嘉庆五年（公元1800年），南山绿营兵变，杨遇春奉旨讨伐。当时叛军攻破数个城寨，气势十分盛，但杨遇春认为事出有因，按兵缓动，已经担任总兵的杨芳单骑入叛军军营招抚，居然成功了，叛兵蒲大芳率四千人将首犯捆起来交给了二杨。这种传奇的故事在乾隆年间也只发生过一次，就是岳钟琪率领十几个骑兵到大金川招降。

嘉庆皇帝对杨芳特别信任，任命他为御前大臣。满文gocika音译为"戈什哈"，是清代大臣所属亲随、亲丁护卫的总称，但只有皇帝身边的"戈什哈"能译为"御前"。御前侍卫、御前行走、乾清门行走并没有固定的编制，但是按照惯例，宿卫之臣都是满洲人，满洲人才能被授乾清门侍卫职，贵戚或异材擢入御前。明珠、隆科多、福康安、和珅都是侍卫出身，这是满人被提拔的捷径，当然你要当上乾清门侍卫或御前侍卫，一般都要是上三旗，皇帝的亲军。普通汉人只能当大门上侍卫。以乾清门为断，紫禁城分外朝与内廷，内廷当差的一般都是满洲人，也有一些蒙古人，汉人只能在外朝当差，由领侍卫内大臣率领。但杨芳是特例。他在嘉庆年间被特授国什哈辖职，而且被提拔为汉国什哈内大臣。"国什哈辖"满文为

gocika hiya，汉译为"御前侍卫"。杨芳在嘉庆和道光年间两度任御前侍卫，至于所谓"汉国什哈内大臣"，即御前大臣，更是空前绝后的殊荣，这是侍卫系统最高首脑，其地位高于正一品的领侍卫内大臣，因御前大臣从无汉人担任，故此在"国什哈内大臣"前加一"汉"字。当然，有些方志或笔记、野史会记录某某汉人担任御前侍卫或乾清门侍卫，其实这些都是大门上侍卫，无一例外。因为方志的编纂者多半都是州县的学究，秀才或举人出身，对清朝的侍卫等级缺乏了解，往往将汉侍卫（即便是最低等级的汉蓝翎侍卫）误认为御前侍卫或乾清门侍卫，以为在东华门、西华门、太和门、午门等处站岗值班的都是御前侍卫，其实并不是这样。杨芳不仅当上了御前侍卫，还是御前侍卫的头领——御前大臣，这说明嘉庆对他特别宠幸。这跟乾隆真的很不一样，乾隆从来不掩饰自己的重满轻汉，但在嘉庆年间，汉人还能当上领班军机大臣、御前大臣，这在以前是很少见的。

道光初年，杨芳跟着杨遇春平定了新疆张格尔叛乱，连战连捷，收复了被张格尔占领的喀什噶尔、和阗等地。杨遇春被召回内地后，杨芳继续追击叛军，在铁盖山生擒叛军首领张格尔，红旗报捷。这是道光皇帝一生中的高光时刻。他坐在午门城楼上，张格尔在下面被凌迟处死。因为即使是他爷爷乾隆皇帝时也没有生擒张格尔的爷爷大和卓，也没有生擒小和卓，但张格尔居然被生擒活捉了，所以杨芳立了大功。道光大喜，封杨芳为三等果勇侯，赐紫缰辔、双眼花翎，晋御前侍卫，图像入紫光阁。

道光十年（公元1830年），浩罕又一次袭扰喀什噶尔、叶尔羌，长龄再次出征，杨芳成为他的参赞，但是兵还没到，敌军就已经逃跑了。新疆在乾隆二十四年（公元1759年）被平定以后仍不消停，浩罕是个心腹大患。浩罕汗国最后在十九世纪七十年代被俄国人给灭了，被灭之前还派阿古柏侵入新疆，再次窃据了大量土地，直到左宗棠收复新疆。

道光十三年（公元1833年），四川一带少数民族反抗，杨芳率军平定，没想到第二年战乱复起，因此被降为二等侯，御前侍卫也被褫夺。被降为二等侯以后，杨芳仅仅担任甘肃总兵候补，他觉得没什么意思，就称病不干了。道光十六年（公元1836年），他被起复为湖南镇筸总兵，后来又相继担任广西、湖南提督。

道光二十一年（公元1841年）正月初七，道光皇帝下令正式与英国宣战，命宗室奕山为靖逆将军，杨芳为参赞大臣，去广东讨伐英国人。当时广东提督关天培已经在虎门炮台战死，大学士琦善也被撤职拿办，完全战败了，因此大家听说这次杨芳前来，都欢呼雀跃，觉得道光朝第一名将终于来了，打败英国人好像没什么问题。实际根本不是这样，武器、战术各方面都有一个时代的差异，差别太远。清军当时主要还是火绳枪，而英军已经装备来复枪了。清军和英军的大炮也相当悬殊，起码有二百年的技术差距。英国还拥有当时世界上最强的海军，掌握了战场的主动权，清军根本不是其对手。因此，当时就有一个非常流行的传说，称杨芳摆了一个"阴门阵"，就是收集并利用粪桶及秽物来帮助作战，让敌方的枪炮不起作用。据说杨芳当时下令收集各种秽物，结果还没用就签订了《广州和约》，议和了。当时还有好事者讽刺道，"杨枝无力爱南风，参赞如何用此公？粪桶当年施妙计，秽声长播粤城中"。梁廷楠《夷氛闻记》记录得十分详细，也流传最广："芳之始至，道佛山口入，民耆其宿将，望之如岁，所到欢呼不绝，官亦群倚为长城。入城，即发议，谓：'夷炮恒中我，而我不能中夷。我居实地，而夷在风波摇荡中。主客异形，安能操券若此。必有邪教善术者伏其内。'传令甲保遍收所近妇女溺器为压胜具，载以木筏，出御乌涌，使一副将领之。"这也成为杨芳昏聩愚昧的一个证据，那时候他已经七老八十了，感觉是早已过时的人物。

但是，一位久经沙场精通火器的将军，竟然会用马桶和秽物作为作战工具，不可思议。为什么说杨芳精通火器呢？因为乾隆、嘉庆年间的作战基本上都是使用火器，尤其是在西域的作战，都是火炮、火枪。他的老师兼战友杨遇春曾经写过一篇《武备制胜编》，记录了一种叫作"五里雾"的"化学武器"，说在筒里面放上各种刺激性的物质，顺风发散出去，能够导致敌人流鼻涕流眼泪，这样的话就会影响作战水平。所以，实际也许是杨芳想模仿他老师的这个"化学武器"，而并不是什么厌胜之物，只是想借此降低英军的作战能力。

当时杨芳在战场和英军接触以后，觉得英军的武器太强大，清朝的与之代差太大。他基于现实条件，不愿意擅自出去浪战。但奕山认为，不出去作战的话军饷无由开销，你总在那儿守着，怎么报销军费呢？因为打仗是最容易报销的，武器损耗多少，人员伤亡多少，都是难以核实的。所以打仗也是一门生意。反正皇帝在数千公里之外，只看一个奏章，上面列出的项目都要实报实销，都得拨出银子来。说不定还能讳败为胜，说斩首英酋五千，实际上可能五个都没有——第一次鸦片战争英军在广东的伤亡也就是个位数，最多两位数。但是如果你连仗都不打，就连这个讳败为胜的机会都没有了。因此奕山瞒着杨芳，擅自派出水师去珠江上攻打英舰，杨芳听到后大怒，后来果然是一败涂地。所以杨芳其实是非常理智的，他知道这个仗因为差距太大非常难打。清军在水上大败以后，英国舰队就过来包围了广州城。杨芳非常英勇，坐在城楼督战，而且什么地方炮火最密集，他就去什么地方，谈笑"丑虏要击死老子耶"。奕山眼看广州要被攻陷，匆忙签订了《广州和约》，但这不是正式条约，道光后来也没有批准，第一次鸦片战争广东的作战就此结束。杨芳以老病请求解职，道光二十六年（公元1846年）卒于家中，谥

"勤勇"。

杨芳是一个深受嘉庆和道光信任的汉人武将,破例当了御前侍卫,又成为御前大臣,他从乾隆盛世的末期一直活到了近代第一次鸦片战争,并且目睹了近代战争的残酷。

琦善：从禁烟强硬派摇身一变为软弱投降派

琦善是近代一个争议比较大的人。一听这个名字就知道他是个满洲人，但其实他属于元朝皇室后裔，是蒙古博尔济吉特氏，当然那个时候已经满洲化，变成了满洲正黄旗人。

在老电影《林则徐》当中，琦善是著名的反派人物，他和穆彰阿都是反林则徐的一方，也就是常说的投降派、软弱派。胡绳先生有本名著《从鸦片战争到五四运动》，基本把中国近代史给定调了。他说："琦善本人以及耆英、伊里布等一心一意宣传敌人的力量强大，曲意求和的大员们，何尝不是真正意义上的汉奸？这种戴花翎的汉奸，使中国丧失抵抗外来侵略的能力，在战争中实行失败主义、投降主义；他们的危害是那一些为敌军指引路径、刺探消息的小汉奸所无法比拟的。为什么封建统治者同造反的农民势不两立，而同他们也曾表示痛恨的'洋鬼子'终于妥协？这就是因为在封建统治者看来，前者公然有'异谋'，而后者并不'潜蓄异谋'的原故。"

我并不太同意胡先生的这个意见。琦善首先是满洲正黄旗人，还是一个袭得一等侯爵的贵族，属于清朝八旗权贵统治集团的上层。他的父亲做过杭州将军、热河都统。他有什么动机背叛自己的国家呢？而且他特别能干，十六岁的时候就被任命为刑部员外郎，可谓少年得志。琦善二十九岁任河南巡抚，因为督治河工失职被革职，但是他毕竟是统治者自己的人，后来又被起用为河南按察使。道光皇帝继位后开始重用琦善。琦善先后出任山东巡抚、两江总督兼署漕运总督，以后又担任直隶总督达十年之久。琦善勇于任事，敢于负责，同时也好大喜功，为人很傲慢，和道光晚年第一权臣穆彰阿的关系特别好，所以他官运亨通。

道光年间抽鸦片已经相当普遍，从老百姓到达官贵人，甚至爱新觉罗皇族，都有人在抽鸦片。英国人在印度种植鸦片，然后出口给中国换取大量的白银，导致中国白银大量外流。清朝前、中期，包括明朝的时候，都是白银大量流入中国，通过生丝、茶叶、瓷器等贸易换回大量的白银，所以从明代一条鞭法开始，政府收税都用白银计算。白银大量外流的直接后果就是银价越来越高，老百姓负担越来越重，因为老百姓不是交纳实物税，而是用白银计价交税。白银价格上涨就等于税提高了，整个财政非常紧张，因此道光皇帝坚决要禁烟，还是想有所作为的。

黄爵滋是当时禁烟的强硬派代表，他给道光写了一个奏折，说禁烟很简单，应该重治吸食者，谁吸鸦片就从重治罪。他认为可以给烟民一年期限去戒烟，基本上都能戒除，如果不能戒除，这些人就是不守法的乱民，从重惩处也没关系，即使烟瘾再大也怕死，而且要五家联保，如果邻居有人吸食鸦片大家一起治罪。黄爵滋的主张太极端，然后又来了一个更极端的——太常寺少卿许乃济。许乃济说鸦片再怎么严禁也不行，因为你没有办法完全禁掉，不如这样，我们按照旧制让鸦片贸易合法化，但是不能用白银购买，只能以物易物，因为我们物产丰富，这样的话既可以防止白银外流，又能让国家财政有所收益。这个方案遭到朝廷的一致反对，黄爵滋也弹劾他，最后他被撤职。

道光皇帝把黄爵滋的奏疏发给全国督抚一起讨论，琦善提出了一个意见，其实代表了大多数的总督、巡抚的看法。他说，禁鸦片是一个长久的问题，不是光靠杀人就能解决的。首先，禁鸦片过急会引起民众的反抗。鸦片吸食在中国已有数十年之久了，十八省之大不可能令出必行，大杀吸食鸦片者可能会造成很多不必要的麻烦，那些不肯俯首受缚者势必聚众抗拒。其次，吸鸦片者太多，其中有忠良后裔和簪缨世胄，也有幕友书役、贤媛、孀妇以及农工商贾，他们大都是安分守己之人，如果全将他们治以法网，中国社会问题就更加严重，万民父母的圣天子，"不能伤残自己的子民，而快遂外夷之毒计耶"。琦善也提出了解决办法：首先，对外要断绝鸦片来源，不许外商贩卖鸦片到中国；其次，在国内严禁吸食鸦片，要贩烟者另寻别业，要吸食者戒烟，一年半载自然会慢慢解决了。"总而论之，民命不可视为草菅，民心不可使之涣散，国宝不可常此偷漏，外夷不可久与通商，海疆不可疏于防御，自奉天、直隶、山东、江、浙、福建、两广沿海地方，必先重兵固守，常行巡警，对渡关洋，属内地者亦然，以为犄角之势。"[1]

琦善是道光皇帝禁烟政策的具体执行者，他在直隶省的禁烟行动中取得了一定的成效。道光十八年（公元1838年）九月，琦善被授任文渊阁大学士，同时担任直隶总督，在直隶进行了雷厉风行的查烟活动，八月至十一月共缴获烟土十五万余两，在天津、大沽一带洋船上就搜获鸦片烟土十三万一千五百余两，这一数字仅低于由邓廷桢主政广东时的二十六万余两，远高于林则徐主政湖北时的两万余两，居全国第二位。十一月八日，道光收到琦善奏折，得知天津查获鸦片十三万两，感到了问题的严重性，就于次日下令调林则徐入京，任命为钦差大臣去广东查禁鸦片。琦善天分极高，见事机警，刑名钱谷、吏治营务，都很熟悉，所以道光皇帝非常信任他。而且他写奏折都不假手秘书，自己亲自写，文笔也非常好。第一次鸦片战争打起来之后，连吃了几场败仗，道光皇帝有点慌了，觉得林则徐做事有点冒进，导致边衅，又打不过人家，怎么办呢？于是他让直隶总督琦善去广东，接替林则徐。其实林则徐和琦善都是道光皇帝非常信任的人，两个著名的封疆大吏，既然林则徐在广东禁烟弄出了战事，就换琦善去处理。

---

[1] 琦善：《遵旨复奏查禁鸦片章程折》。

琦善：从禁烟强硬派摇身一变为软弱投降派

琦善一开始信心满满，他两年前就提出来要预防英国的入侵，但是他在白河口见到英军船坚炮利，觉得这样打下去不行，就派广东人鲍鹏去穿鼻洋（虎门口外）向英军求和。那时候琦善第一次面见英军的统帅义律，穿着隆重的官服，摆下豪华的宴会，让一向被清朝藐视的英国人感到备受尊重，说"牛、羊肉绝佳，还有燕窝、海参、五香杂烩，其种类和数量皆予人新奇感受，真是大开眼界"。他很会玩外交，用盛宴去招待英国人，每一次都获得英国人的好感，义律也说琦善完全不装腔作势，很平和，是国家的第一流人物。这跟林则徐的做法不一样，林则徐是态度非常强硬的，他把英国商人住的地方给包围，不给水不给吃。琦善上疏弹劾林则徐，说他在广东缴烟，许以犒赏，洋人还很有期待，结果每箱烟才给人茶叶五斤，不及原来鸦片烟价格的百分之一，还让商人写保证书，如果再贩鸦片则就地正法，态度十分强硬。他还说林则徐"欲悉外情，多方购求渔利之人，造作播传，真伪互见，此时纷纷查探，适堕术中"，就是到处收买消息，四处传播，其实真假难辨，最后把自己也给糊弄住了。琦善认为，正是林则徐这样的做法导致边衅，同英国人打了起来，而且最后还失败了。道光皇帝于是将林则徐撤职，发配伊犁。林则徐在日记中也抨击琦善，说琦善整天夸耀英国人船坚炮利，说清朝水师不是其对手，到处散播投降主义、失败主义那一套。两人关系弄得很不好。

道光一开始还对战争抱有厚望，说我现在从湖南、四川、贵州等处调兵，陆续就要抵达广东。当时没有现代交通工具，从这些内地省份调兵到广东，真正能赶到战场的有多少人？赶到之后能作战的又有多少？而且我们不能简单地作人数的比较，因为英军掌握了战场的主动权，顺着中国的沿海，从广东到直隶、奉天，可以在中国漫长的海疆上到处出击，清朝水师根本无法抵挡，清朝地面部队难道跟着舰队跑吗？效率太低，即使赶上了也不是英军对手，根本没办法，所以英国舰队顺着长江口一直打到南京城下，攻克了镇江。道光皇帝当时还信心百倍，从内地调兵，"乘机痛剿，不留余孽。至淡水食物，必应断绝。该夷无可接济，不能久持，自己不战而溃"[1]。他在紫禁城里边，看不到英国的军舰，战场到底是什么样的也完全没见过，还沉醉在当年他爷爷平定准噶尔、平定回部的那种自豪中。他自己刚继位的时候也平定了张格尔的叛乱，觉得这些人不过一个是从陆地上来的，一个是从东南沿海来的，剿灭他们根本没问题。

道光二十一年（公元1841年）初，广东虎门外的沙角炮台、大角炮台都被英军攻陷，义律提出将沙角一地给英国人据守，以后办理贸易事务。琦善慌了，害怕道光得知沙角失陷，就致函义律，"准其就粤东外洋之香港地方，泊舟寄居"。为什么是香港呢？因为沙角靠近广州，如果英国人占领了沙角，不

---

[1]《清宣宗成皇帝实录》卷三四三。

好隐瞒，琦善和义律还有一点交情，就提出你可以将军舰停泊于香港岛，可以上岸居住，但只是"寄居"，不是割让给你，而且琦善说的香港地方指的是香港岛的西南一角，不是整个香港岛。义律提出要割占尖沙咀、香港两地，琦善说我只能出让一处，还是"寄寓一所"，因为我没有权力割让土地，这个要皇帝批准。所以这是琦善和义律私底下达成的一个协议，没有正式签署，但是他没想到，义律单方面公布了这个草约。这就是所谓的《穿鼻草约》。

1841年1月27日，义律和琦善在番禺莲花山举行秘密会议，争论点在于割让香港全岛还是香港仔的问题，最终会议没达成任何协议。2月10日，双方又于穿鼻洋蛇湾举行会议，史称穿鼻会议，琦善重申准令英方前来广州通商，并在"新安县属之香港地方一处寄居"，但义律不同意，坚持要取得香港全岛，最后会议再度没有任何结果。2月13日，义律要求琦善在草约上盖印，但琦善不敢，他向道光帝表示："若现全岛而论，东西约长五十里，南北约二十里。专就香港而论，东西约十里，南北约五里……今该夷图借全岛，是其得陇望蜀，狡诈成性。"[1] 事后，双方政府都不承认这项草约。但是道光接到了广东巡抚怡良的奏折，说英国人"盘踞香港。称系琦善说定让给，已有文据。并伪发告示，称该处百姓为英国子民"。道光震怒，说

---

[1]《筹办夷务始末》（道光朝）卷二十三。

我君临天下，所有的版图都是我的，所有的老百姓都是我的臣民，你怎么敢擅自割让土地，准予通商，这还了得。他说琦善实属丧尽天良，于是下旨将琦善撤职，锁拿进京，家产全部查抄。

1841年8月，战火再起，英军攻入长江口，吴淞炮台失守，一年后清政府被迫签订了第一个不平等条约《南京条约》。大家都把这个过错归结于琦善，但是道光其实也明白了，不是琦善的问题，不是林则徐的问题，也不是耆英的问题。林则徐、琦善、耆英这些人都变成了替罪羊，因为不能说皇帝指挥无方，用人不当，只能说这些大臣没用，说林则徐是滥战挑起了事端，琦善、耆英是投降派。

问题是当时的国人之中，谁能把英国人打败，我们要问这个问题了，但是道光皇帝会承认无解吗？那不就证明大清国的体制不行吗？整个统治机制也不行吗？技术也不行吗？他不愿意承认，只能找替罪羊，罪名叫奸臣误国，这是常用的一个逻辑。

道光皇帝自己也明白了，所以道光二十二年（公元1842年）秋授予琦善四等侍卫，到新疆莎车充当帮办大臣，后来又起复为驻藏大臣。道光二十六年（公元1846年）任命琦善为四川总督，两年后升为协办大学士，又调任陕甘总督，最后因为被言官弹劾到处杀人，被革职逮问。咸丰二年（公元1852年），琦善被发往吉林效力赎罪。他最后一个舞台是镇压太平军，率领江北大营驻在扬州，后死在军中。

蒋廷黻先生对琦善评价很高，说琦善与鸦片战争的关系，在军事方面，无可称赞，亦无可责备。在外交方面，他实在是远超时人，因为他审察中外强弱的形势和权衡利害的轻重，远在时人之上，但是他知道中国不如英国之强，却没有提倡自强——如同治时代的文祥以及曾、左、李等洋务派那样。他比洋务派要差一点，是一个从旧时代向新时代转变的悲剧性人物。

肃顺：重汉轻满的满洲皇族亲贵

　　肃顺，字雨亭，郑亲王乌尔恭阿第六子。大家可能觉得很奇怪，清朝的皇帝以及皇子的名字一般都是两个字，如玄烨、弘历，为什么郑亲王叫乌尔恭阿？因为清朝皇帝以及皇子的命名是从康熙皇帝开始规定的，而且他规定只有他的子孙按照这种排列方式起名字，比如他儿子都是胤字辈，再下面是弘字辈，再下面是永字辈，就这样一路排下来。第一代郑亲王济尔哈朗是努尔哈赤的侄子，传到咸丰年间已经是非常远的皇族了，但是还属于宗室。清朝吸取了明朝的教训，不是所有的皇子都封为亲王，而且清朝的亲王也没有领地，都住在北京城，最多给一个王府。而且这个王府属于官邸性质，如果传了两三代已经不是王了，降为郡王甚至再往下降为贝勒了，这个王府是要收回的，再转给其他的亲王。所以清朝的宗室管得是比较严的，待遇没有明朝好。郑亲王是世袭罔替的铁帽子王，一直传到乌尔恭阿，他的第六个儿子是肃顺，他哥哥端华承袭了亲王爵位。有些野史说肃顺的母亲是回部女子，其实不是这样，他和端华是同一个母亲，满洲人。作为闲散宗室，肃顺在道光年间通过考试封为三等辅国将军。到咸丰年间的时候，他被提拔为内阁学士，副都统，护军统领，就逐渐到了咸丰皇帝身边了。因为他敢于任事，确实比较有能力，皇帝非常欣赏他，到了咸丰四年（公元1854年）的时候，他被授予御前侍卫职，后又被提拔为工部侍郎、礼部侍郎。他的升迁之路和一个人的起落大有关系，这个人就是咸丰皇帝的弟弟，道光皇帝第六子奕䜣。恭亲王奕䜣在咸丰初年的时候是受到重用的，当了领班军机大臣。清朝一般很少用亲王领军机，在嘉庆年间短暂地出现过，以后还是普通大臣领军机。咸丰皇帝打破了这个惯例，怡亲王载垣、郑亲王端华全入了军机处。肃顺被任命为御前大臣，权力非常大，主管整个御前侍卫，后来他又被授予了领侍卫内大臣职务。

其实肃顺从来没进入过军机处，不是军机大臣，但是因为咸丰皇帝对他特别信任，而载垣、端华这两位老兄能力又很差，面对英法联军入侵、太平军和捻军起义这样内外交困的局面也没自己的主意，什么事都听肃顺的，所以肃顺实际上掌握了咸丰年间的政权。他大权独揽，专横跋扈，眼中只有咸丰皇帝一个人，而且他特别重汉轻满。清朝入关二百多年来一直都是重满轻汉，首崇满洲。同样的位置，比如六部，有一个汉尚书，还有一个满尚书，满尚书是排在第一位的。嘉庆年间稍微改了一点，有汉人领班了，但总的来说还是重满轻汉。尤其在军权方面，领兵的一定是满洲人或蒙古人，汉人不被信任。但是在当时的危机状态下，实际掌握政权的肃顺觉得满人没用，他见到满大臣，视为奴隶大呼其名，但是一见到汉人的官员就称其为先生。他也贪污受贿，但是只收满洲人的钱，不收汉人的钱，他要在汉人中保留一种良好的形象。因为他觉得在这种危急情况下，靠满洲人靠不住，八旗军太没用了，每战必败，从广西开始一路失败，太平军北伐甚至打到了天津。他重用的幕僚，王闿运、李寿蓉、高心夔、黄锡焘等都是汉人。

肃顺掌权的时候干过一件事，以泄露题目为由处死了顺天府乡试主考官、军机大臣、大学士柏葰，当时是把柏葰直接押到菜市口杀了。清朝极少有大学士被当街斩首的，柏葰应该是第一例，其他都是赐死。柏葰自己也认为不会被砍头，在菜市口的时候把行装全部准备好了，马车也套好了，以为皇帝一定会赦免他，把他发往军台效力，去宁古塔或者伊犁都有可能，没想到旨意传来，就是砍头。肃顺还有一个事情做得特别绝，他认为八旗兵没用，却还拿着那么多国家的钱吃皇粮（旗人属于体制内，男性一成年就得当兵，所以他们生下来就有一份俸禄），于是肃顺把这部分军饷砍掉好多，以缓解国家财政困难，所以旗人恨死了肃顺。

肃顺也有骄横的一面。他当户部尚书的时候，协办大学士周祖培也是户部尚书，而且周的资历比他老。一天，同堂处理公务，周祖培已经把公文处理好了，肃顺拿到处理好的文件直接用红笔全部勾掉，当众打周祖培的脸，周只有默默忍受。肃顺觉得周祖培就是个普通文官，没有什么用，所以不待见他。

镇压太平军的时候，他认为体制内的军队根本没有用，比如广西提督向荣，是杨芳的部下，一路尾随太平军，从广西到湖南湖北，到了江苏，驻在江南大营，最后被太平军消灭了。咸丰皇帝被逼无奈，要求各地兴办团练，有钱出钱，有人出人，曾国藩、李鸿章、左宗棠这些人开始兴起了。当时各地的私人武装很多，湘军是最有名的，肃顺就看中了，说胡林翼和曾国藩非常能干。但是咸丰皇帝心中有一个隐衷，他不愿意让汉人大臣领兵。当时国家财政几乎完全崩溃，湘军这种团练又不是体制内的军队，没有军饷，只能靠厘金来养。但是抽厘金需要一个前提条件，就是领兵的人一定要兼任地方督抚才可以，否则很难征收厘金。咸丰就迟迟不肯任命曾国藩为巡抚，导致湘军成为客军，幸亏湖北巡抚胡林翼倾力支持曾国藩，这是曾国藩在两湖打仗胜利的一个很重要的原因。后来两江总督何桂清弃城而逃，被治罪，咸丰想调胡林翼接任，肃顺劝阻道，"胡林翼在湖北措注尽善，未可挪动。不如用曾国藩督两江，则上下游俱得人矣"，极力推荐曾国藩继任两江总督。最终咸丰答应了，这是曾国藩事业成功的重要起点，因为不当两江总督无法保障后勤，也就无法最终打败太平军。

肃顺还帮了大名鼎鼎的左宗棠。曾国藩好歹是进士翰林出身，丁忧在家的时候已是侍郎，而左宗棠只是个举人，进士都没考上，在湖南巡抚骆秉章的幕府里当幕僚。但是骆秉章觉得左宗棠有经天纬地之才，不能当作普通师爷看待，就把一切政务交给左宗棠处理。左宗棠十分得意。巡抚给皇帝的奏折发出去的时候要鸣炮，表示对皇帝的尊重，左宗棠替骆秉章写好奏折，后者看都不看，直接就发了，马上鸣炮。左宗棠越发骄横跋扈，居然让永州镇总兵二品官樊燮向他跪拜。樊燮当然不干了，将这件事控告到了都察院。当时湖广总督官文是个满洲人，也极其痛恨左宗棠，就抓住这个事情大做文章，要将左宗棠就地正法。很多人就要救左宗棠——因为他对湖南的作用太大，一直说情，通过王闿运、郭嵩焘说到了肃顺这里，肃顺说必须有内外大臣同时上疏保荐，我才有机会开口。郭嵩焘当时入值南书房，就说动同僚潘祖荫——道光年间大学士潘世恩的孙子，上疏为左宗棠求情说，"天下不可一日无湖南，湖南不可一日无左宗棠"。与此同时，胡林翼也上疏力荐左宗棠，说名满天下的人容易招致各种诽谤。咸丰就问肃顺，左宗棠真的有这么大的本事吗？如果真是这样的话，有点小毛病就算了，正值国家多事之秋，需要用人。肃顺趁机就说了，左宗棠是骆秉章的幕僚，赞画军谋，骆秉章的功劳其实都是因为左宗棠，所以一定要重用他。不久，曾国藩推荐左宗棠以四品京官襄办军务。

曾国藩当上两江总督后在皖南被太平军击败，退守祁门，很多人就趁机落井下石，说这个人不行，干脆撤掉算了。肃顺力排众议，说胜败乃兵家常事，临阵换将是兵家大忌，不如让他戴罪立功。肃顺对清朝最大的功劳就是保了曾国藩和左宗棠。

没有曾、左二人，清朝的危机基本上度不过去，说不定就提前亡了。

咸丰十年（公元1860年），英法联军打到了天津大沽口，几万蒙古骑兵全军溃散，联军伤亡很小。当时肃顺已经被提拔为协办大学士兼步军统领，俗称九门提督。他和载垣、端华都劝皇帝赶紧逃跑，但是不能对天下讲，皇帝要逃跑了，连北京都不守。这得有个理由，说是骗敌人，实际主要是骗自己人，敌人也听不懂，看不懂。木兰秋狝，这是康熙年间创立的制度，每年夏秋的时候去热河避暑山庄打猎，接见蒙古王公，乾隆、嘉庆的时候还一直维系着，雍正很少去。道光的时候实际已经废除了，现在又给恢复了，是为逃跑作掩饰，欺骗天下人的一种宣传。到了热河行宫避暑山庄以后，载垣、端华、肃顺三个人围在咸丰皇帝身边，天下事就他们三个人决定。咸丰皇帝那时候身体不好，而且心灰意懒，和刚刚继位的时候扳倒穆彰阿的奋发有为完全不一样，彻底绝望了。刚当上皇帝太平军就起来了，没几年英法联军又打过来，每战必败，一直到咸丰皇帝死之前，同太平军的整个战事还没有什么起色。早知如此就不该同奕䜣争这个皇位了。一个人最痛苦的就是，明明能力不足，还要被顶到这个位置上，每一个举动大家都觉得是一个笑话，但是大家不敢笑，双方都很痛苦，耽误了事情。

到了咸丰十一年（公元1861年）七月，咸丰终于不行了，三十多岁就死了。这身体也是不能当皇帝的，清朝皇帝要特别勤勉，倒不是说他就真的想勤政，没有办法，清朝的体制决定了皇帝必须勤勉，奏折没有朱批就没法下发，政事就会停摆，军机大臣都在等着听命令呢。载垣、端华、肃顺等人到御榻前受遗诏立皇太子。咸丰只有一个儿子，也没什么选择，这将是整个清朝最糟糕荒唐的一个小皇帝。遗诏命以端华、肃顺、载垣三人为首的八大臣为赞襄政务大臣。赞襄政务实际是帮助辅佐的意思，但是小皇帝如此年幼，都没有行政能力，怎么帮助，怎么辅佐，完全不清楚。这和康熙幼年四大臣辅政还不太一样，四大臣辅政那就是代行皇权，因为幼年康熙根本处理不了政事，皇权实际上是由四大臣代为执行的，不需要小皇帝。后来清朝人非常忌讳辅政大臣这个说法，容易让人联想到多尔衮、鳌拜这些人，所以就弄出个赞襄政务大臣。什么叫赞襄政务？权力边界在哪儿？都没有说明，这确实是个问题。清朝头一次面临一个继承危机，因为从康熙开始一直到咸丰，清朝都没有小皇帝，都是成年继位，不存在这个问题。

　　御史董元醇上了一个奏折，说皇帝年纪太小，没法亲政，处理军国大事，还得请皇太后垂帘听政，近支亲王一二辅政。当时有两个皇太后，一个叫母后皇太后，是嫡母慈安太后，还有一个叫圣母皇太后，是生母慈禧太后，地位比慈安低。近支亲王是皇帝的叔叔辈，都是一家子，这样大家才能放心，才符合清朝二百多年的体制。董元醇的话确实击中了要害，皇帝本人是做不出任何决定的，所谓赞襄政务就变成代行皇权了。清朝最忌惮的就是大臣掌握皇权，那不就是多尔衮、鳌拜吗？怎么办？就让他两个母亲垂帘听政，再让叔叔来辅政，这样才行。但是这样的话，肃顺他们的权力就没有了，势必引起双方的矛盾。皇太后当然很开心，就召见八大臣说咱们来议一议董元醇的奏折吧。肃顺等人当场就闹起来了，说我朝从来没有垂帘听政这种事情，要驳回。

  皇太后其实也没有任何处理政事的能力，她需要一个有实际行政能力、有威望、有名分的人合作才行，这个人只能是恭亲王奕䜣。虽然都是亲王，但载垣、端华是从父亲那里世袭过来的，而奕䜣是道光皇帝遗诏里指定封为亲王的，这个含金量完全不一样，更何况他又是当今小皇帝的亲叔叔。恭亲王实际上和慈禧、慈安太后是有秘密联系的，并达成了一个默契：皇太后垂帘我来辅政。当然，光靠秘密通信还是不行的，光有默契不行，还要当面谈，因为脸上的表情会暴露细微的信息，这是比书面文字多出百倍的信息，对取得互信十分重要。但是八大臣不愿意奕䜣来避暑山庄，打算让他继续待在北京同英法联军议和，奕䜣就打出吊丧的旗号奔丧。之前，奕䜣刚与英法谈成了《北京条约》，虽然我们现在说这是非常屈辱的不平等条约，但毕竟把清政权保住了，把紫禁城保住了，对清朝而言他是有安邦定国的大功劳的，居然不在赞襄政务大臣的名单中，大家都为他抱不平。八大臣虽然想以叔嫂避嫌为由阻止奕䜣面见皇太后，但迫于公论，加上皇太后态度坚决，最后不得不同意。奕䜣请端华和他一起面见皇太后，端华看了看肃顺，肃顺很尴尬，说老六你们叔嫂见面我们跟着去算怎么回事，奕䜣得以独自觐见。一见到奕䜣，两宫太后泣不成声，控诉肃顺等三奸的罪行，密谋如何处置肃顺等人，并让鸿胪寺少卿曹毓瑛秘密草拟了拿办肃顺等人的旨意，到京就发，然后奕䜣星夜返回北京去安排相关事宜。

避暑山庄不能永远待下去，一则小皇帝要登基，二则咸丰的灵柩要运回紫禁城乾清宫。八大臣肯定是不愿意回京的，满朝大臣都在北京，回去以后就无法大权独揽了，但是没办法，总得回去。肃顺护送皇帝灵柩先回京，其实走得很慢，这么重的棺材不可能走得快，而两宫太后与小皇帝从间道回京，载垣、端华附从。

大学士贾桢、周祖培，户部尚书沈兆霖，刑部尚书赵光一起上疏，说我们清朝从无太后垂帘听政之事，但权不可下移，皇权不能让大臣掌握，不然时间一久会有不臣之心，先帝派八大臣赞襄政务，我们琢磨着，赞襄就是帮助、辅导的意思，不是主持的意思。他们认为赞襄政务并不是代行皇权，赞襄政务就相当于昔日的军机大臣，向来军机大臣都是面奉旨意，皇帝同意后才能拟旨，不合皇帝意思的朱笔改之，所谓"太阿之柄不可假人"就是这个意思。但是小皇帝不懂批改，怎么办呢？过去汉之邓皇后、晋之褚皇后、辽之萧皇后都有过垂帘听政，宋之高太后更有女中尧舜的美誉，现在也可以学这一套，下发的旨意还需要有先帝给慈安、慈禧两宫太后的"御赏""同道堂"印章[1]，这样才有合法性，等皇帝成年了再亲政就行了，所以他们坚决恳请太后垂帘听政。

钦差大臣、侍郎胜保也奏请简选近支亲王辅政，以防权奸之专擅。什么意思？八大臣都是宗室远支、汉人，这些人不能信任，一定要有血缘很近的亲王辅政才可以，这不就是恭亲王奕䜣吗，只能是他。其他的亲王要么不是道光的儿子，要么年龄太小，完全不行。

两宫太后到京，大臣们郊迎，太后就诉说三奸的罪状，周祖培说何不重治其罪？太后说他们赞襄政务，怎么治罪呢？周说这还不简单，你把他们的职务解除了，再抓不就行了。他说得没错，这实际上都是一个程序上的小问题，关键是你手中是否拥有兵权。于是解除八人赞襄政务大臣之职，以奕䜣为议政王，另派大学士桂良、户部尚书沈兆霖、户部左侍郎文祥、户部右侍郎宝鋆、鸿胪寺少卿曹毓瑛为军机大臣，都是奕䜣的亲信，新的执政班子已经形成了。

第二天，奕䜣和周祖培、文祥等人进入军机处，载垣还不知道已被解职，很惊讶，说你们这些外臣怎么进军机处了？没有军机大臣、大臣上行走这样的官衔是不得入军机处的，亲王

---

[1] "同道堂"印章是咸丰给同治的，但因同治年幼，慈禧又是其生母，"同道堂"印章就由慈禧代为掌管了。

也不行，这是机密要地。奕䜣说我有诏书，果然没一会儿，诏书到，命奕䜣入值军机处，载垣等人被革职交宗人府拘禁。载垣大呼，"我辈未入，诏从何来？"是啊，皇帝的诏书都应该由我们赞襄政务大臣草拟，我们都还没开始工作，哪儿来的诏书呢？但是没用，几个侍卫上来，把载垣等人直接抓起来了。掌握了军权，又掌握了名义上的合法的皇权，比如皇太后的旨意，就可以了。肃顺呢？他当时护送咸丰的灵柩才走到密云。奕谭奉命捉拿，把门踢开，发现肃顺正抱着两个妻妾躺在炕上。隔壁就是咸丰皇帝的棺材，单凭大不敬这一项就可以将肃顺凌迟处死。追究八大臣罪行的时候，肃顺排第一位，端华次之。说他们以赞襄政务大臣自居，其实是趁着咸丰弥留之际，自己篡改遗诏。这个谁都说不清楚了，我不太相信他们敢擅自这样改，实际上就是一朝天子一朝臣。这是清朝的一个惯例。顺治留了四大臣给康熙辅政，结果鳌拜被擒，遏必隆被处罚；康熙就不用说了，隆科多最后被雍正囚禁死在囚所；雍正留下的鄂尔泰、张廷玉还算不错，但鄂尔泰死后被乾隆狂骂，从贤良祠撤出，张廷玉生前屡遭乾隆训斥羞辱；和珅作为乾隆的宠臣，在嘉庆亲政后立即被杀；嘉庆留下的几位大学士也被道光皇帝全部撤职，理由是他们竟然把乾隆的出生地点给写错了；穆彰阿是道光留给咸丰的，后面也是永不叙用。

清朝对宗室是优待的，宗室犯再大的罪，一般都自尽算了，不会砍头，更不会凌迟处死，太难看了。只有肃顺被砍了头。因为慈禧太后恨死他了，这是清朝历史上非常罕见的一个处罚，如此严厉残酷，这就是政变。实际上是两宫太后联合恭亲王奕䜣把咸丰皇帝的遗命全部推翻了。

肃顺被押到菜市口砍头的时候，场面非常惨烈。北京内城居住的都是旗人，这些人恨死了削减自己俸禄的肃顺，断人财路如杀人父母，所以大家都用瓦砾砖块砸肃顺，弄得他面目全非。肃顺这个人非常倔强、刚烈，临刑前还破口大骂，说你们这些人置先帝遗诏于不顾，居然要杀我，而且不肯下跪，最后被刽子手用大铁锤砸断小腿骨才得以跪下受刑。这是清朝出现的宗室在菜市口被砍头的第一例，也是最后一例，以后也有宗室被杀，但基本都是赐自尽。

肃顺个性特别张扬、狂傲，其权力其实只来自于一个人——咸丰皇帝。咸丰一死，肃顺就没有权力了。清朝皇权独大，一个人再有才干，地位再高，威望再高，也没有用，肃顺没有吸取和珅的教训。当然，他不像和珅那么贪，而且才干确实很厉害，左宗棠、曾国藩都是他保举下来的，对清朝的中兴是立了大功的，但是没想到这个果实被他最痛恨的奕䜣、两宫太后给吃了，自己反倒成了"同光中兴"的祭品。

奕䜣：几起几落的最后一位皇子

道光皇帝共有九个儿子，其中第一、二、三子早夭；皇四子奕詝是皇后所生，相当于是嫡长子；皇五子奕誴过继给了敦恪亲王绵恺；皇六子奕䜣是皇贵妃所生。由于皇后早死，奕詝与奕䜣都是由皇贵妃抚养长大的。

道光晚年的时候，就在这两个儿子之间犹豫，究竟立谁为太子？清朝的皇位继承并不天然是嫡长子，选贤也很重要。奕䜣虽然不是嫡子，但各方面都显示了过人的才华，个性也比较强悍，所以道光对于皇太子的人选很是犹豫不决。一次，道光带着皇子们去南苑狩猎，奕䜣不仅文采很好，武功也很强，狩猎所获最多。奕詝这方面肯定是比不过奕䜣的，他的老师杜受田就出主意，让他不要放箭。道光就觉得很奇怪了，问奕詝怎么回事。奕詝就按照杜受田教的，说现在还是春天，鸟兽正在繁殖，我不忍伤生以干天和，如果把鸟兽的母亲给射死了，小鸟小兽不就饿死了吗。道光一听大喜。还有，道光晚年病重，两个皇子都来探望。奕䜣的老师卓秉恬说，如果皇帝垂询，你要知无不言、言无不尽，展现自己的才华，而杜受田则对奕詝说，在条陈时政方面你肯定不如你弟弟，但有一点,皇帝担心自己将不久于人世,你见到他就伏地流涕,以显示自己特别孝顺。奕詝逐渐得到道光的青睐。杜受田作为奕詝的老师,利用了道光晚年的心态——没有用的人在衰老的时候就希望找一个老实庸碌的继承人,因为他觉得才华横溢的继承人对他来说会形成一个鲜明的对比,而且他也喜欢特别孝顺的人。杜受田去世后,咸丰皇帝破格以最高等级的"文正"作为他的谥号,还赠"太师"称号。清朝总共就八个"文正",和其他几位相比,杜受田在功业德行上完全是名不副实。

道光皇帝立了奕詝为皇太子以后,觉得对奕䜣有所歉疚,为了补偿,在他的遗诏中朱笔写道:皇四子奕詝为皇太子,皇六子奕䜣为亲王。这份遗诏现在保存在中国第一历史档案馆,应该是清朝唯一一份保留下来的秘密立储诏。道光真是个昏了头的人,在这份遗诏里犯下了很大的错误,本来立平庸的奕詝为太子就犯了一个大错,既然已经决定立奕詝,为什么又要同时写立奕䜣为亲王呢?这是又一个大错。他相当于把自己在继承人问题上的犹豫不决完全暴露出来,也埋下了未来兄弟失和的隐患。奕䜣一看,肯定不开心,先皇之所以把自己立为亲王写进遗诏,肯定是对自己的补偿嘛,是不是这个皇位本来应该是自己的,否则补偿自己干什么呢,对不对。奕詝看到也不高兴,这样写是什么意思,立自己为皇太子就算了,为什么要把弟弟写进去,这不是告诉天下人,自己的弟弟原来也是在先皇考虑之中的吗。道光的遗诏让兄弟之间的矛盾公开化，这非常糟糕。即使你想要确保奕訢的亲王之位，也应该学康熙，临终的时候直接跟奕詝或亲信大臣讲就够了，完全不用写进遗诏。奕訢不会感恩于新皇帝，因为这个亲王是先皇给自己的，是用于补偿的，咸丰虽然遵守遗诏封弟弟为亲王，但心里肯定有疙瘩，这不是自己乐意的，是先皇逼我这么做的。所以你看道光皇帝蠢人办蠢事，一件事得罪了这么多人，还埋下了兄弟失和的种子。

咸丰继位之初，一度重用奕訢，把银定桥和珅的宅子赐给他做王府，而且任命他为领班军机大臣，执掌朝政大权。嘉庆曾经让自己的弟弟当领班军机大臣，但这不符合清朝的常规做法，咸丰这样做的原因是当时内外交困，上阵父子兵，打虎亲兄弟，需要奕訢来帮助他稳定大局。奕訢也不负众望，领导清军击败了太平军的北伐，稳住了局面。但仅过了五年，在奕訢生母且抚养咸丰的康慈皇太妃逝世后，咸丰立即将奕訢的所有职务罢免，让他回书房重新读书，理由竟然是他在操办母亲的丧礼时"丧仪疏略"。真实的情况是什么样的？奕訢想让咸丰加封母亲为太后，虽然不是生母，毕竟有抚养皇帝的功劳，咸丰不太愿意，但又没有明确拒绝，就支支吾吾，点了点头。奕訢一看领导点头了，立马回军机处拟旨追封母亲为太后。咸丰特别生气，但又不能收回成命，不然就显得皇帝很小气，于是就将一股子气撒在奕訢身上，故意弄了一个十分滑稽的罪名。自此，兄弟二人的感情公开破裂。

　　第二次鸦片战争，英法联军攻下天津，快要打到北京时，咸丰皇帝说要御驾亲征，但转身跑避暑山庄去了，还让天下的勤王兵马直奔热河，不要去通州，反正也打不过英法联军，显得非常猥琐。道光选择他作继承人，就是大眼瞪小眼，王八对绿豆，没用的皇帝老子就喜欢没用的皇帝儿子。咸丰这个人性格有点懦弱，才能一般，身体又不好。当清朝皇帝身体不好绝对不行，尤其在咸丰这个位置上，内战四起，英法联军又打到家门口，快到京师了，这是从来没出现过的非常危急的情况。但咸丰显然是自暴自弃了，去避暑山庄还带着戏班子，寻欢作乐，身体很快也垮了，三十多岁就死了，临终前只能传位给唯一的儿子。继承人没有选择余地是最糟糕的一件事，因为你只能传给他，哪怕是个败家子也没有办法。果然，同治皇帝是整个清朝最烂的一个皇帝，亲政的一两年就没干过一件像样的事。

　　咸丰去了避暑山庄，把奕䜣留在北京，与英法联军周旋。这等于是把奕䜣置于危地，因为当时谁也不知道英法联军的真正目的是什么。最后奕䜣硬着头皮和英法谈判，签订了《北京条约》。对清朝而言，奕䜣其实算是有大功的，按说应该被列入辅政大臣，而且还应该是第一位的，但咸丰居然把他给排除在外，让宗室远亲载垣、端华、肃顺为首的八大臣赞襄政务，奕䜣怎么会服气呢？而且咸丰的遗诏安排得也很不合理，让八大臣赞襄政务，什么叫赞襄？是辅佐皇帝呢，还是代行皇权？如果是辅佐的话，跟军机大臣有什么区别？如果是代行皇权的话，跟小皇帝还有他身后的两宫太后势必会产生权力上的激烈冲突。两宫太后和奕䜣联手，发动祺祥政变，将咸丰的安排全部给推翻掉了。咸丰皇帝最怕的就是他六弟执掌政权，恰恰这个最担心的事就出现了。咸丰十一年（公元1861年），两宫太后垂帘听政，以小皇帝的名义封奕䜣为议政王，食亲王双俸。这里又出现了一个问题，议政王和领班军机大臣有什么区别呢？好像也没什么区别，皇权还是以两宫太后为代表，掌握在两宫太后手里，所以后面还是会产生矛盾。

当时风雨飘摇，满汉大臣之间还闹意见。宝鋆是奕䜣的好友，他曾经对奕䜣说，我们满洲仅是一个州，虽有人才，怎么能和汉人的十八省比呢，所以一定要重用汉人。因此奕䜣虽然和肃顺是政敌，但他在执政后，还是延续了肃顺的方针，重用曾国藩、左宗棠、李鸿章这些汉大臣。他的理由很简单，先把满汉之间的矛盾放在一边，把心腹之患给消灭掉。到了同治三年（公元1864年），湘军攻下南京，太平军终于被镇压了，两宫太后马上以皇帝名义发布上谕："恭亲王自授议政王，于今三载。东南兵事方殷，用人行政，征兵筹饷，深资赞画，弼亮忠勤。加封贝勒，以授其子辅国公载澂，并封载浚辅国公、载滢不入八分辅国公。"[1]

奕䜣对洋人的态度起初和肃顺类似，十分强硬，在天津大沽口要坚决抵抗，但是后来他留在北京议和的时候，发现清军根本不是英法联军的对手，特别是发现英法并不想消灭清政府后，开始走向"现实主义"。因为英法直接统治中国是不可能的事，管理成本太高，得不偿失，他们希望有一个能负责的代理政府和他们谈判，他们弄点好处就可以了。因此，议和以后，奕䜣就提出现在要办洋务，不能再用以前的理藩院的形式来处理对外事务。理藩院是管理蒙古、西藏、新疆、四川等地少数民族事务及俄罗斯事务的机构，藩就是藩属的意思，不是平等的地位。因而，清朝成立了一个新的衙门叫总理各国事务衙门，这就是中国历史上第一个外交部门。奕䜣也很欣赏西洋的事物，喝着葡萄酒，抽着雪茄烟，做派很洋化，所以被时人叫作"鬼子六"。还有传言，说他在跟英法联军谈判的时候，借助洋人的势力，想篡夺咸丰的皇位。当时有很多这种微词，包括他的五哥奕誴都说，老六要造反。这就是因为他太洋化。奕䜣很聪明，他知道清朝需要干什么，一定要引进洋人的技术，甚至他还请洋人到海关做总税务司。

但是奕䜣确实也是心高气傲，他怎么能瞧得起慈禧、慈

---

[1]《清史稿》卷二二一。

安？在和她们讨论问题的时候，他经常与个性同样很强的慈禧发生激烈冲突。慈禧曾经说，你是什么事都和我对抗，你是什么人呢？奕䜣非常坦然，回答说我是宣宗第六子。慈禧也很强硬，说我革了你。奕䜣反击，你革得掉我的亲王，但革不掉我的皇子身份，非常自傲。慈禧竟无言以对。编修蔡寿祺从安德海口中意外获知了慈禧与奕䜣之间的矛盾，引发了媚女主、求富贵之心，于是上疏严劾奕䜣贪墨、骄盈、揽权、徇私四大罪状。慈禧太后抓住这个机会（当然慈安太后也同意），于同治四年（公元1865年）三月，罢了他议政王以及一切的差事。这是奕䜣第二次倒霉，第一次是被他哥哥咸丰给撤职。但是他没有想到，以前和他有矛盾的醇亲王奕譞，和通政使王拯、御史孙翼谋、内阁学士殷兆镛、左副都御史潘祖荫、内阁侍读学士王维珍等大臣，纷纷阻拦太后，说人家立了这么大的功，你们这样做是不对的。尤其是广诚，他是满洲人，说话特别直接，他说"庙堂之上，先启猜嫌，根本之闲，未能和协，骇中外之观听，增宵旰之忧劳"。没办法，两宫太后只好打圆场，让奕䜣还在内廷行走，管理总理衙门，但是把议政王去掉了。

讲到同治、光绪年间的最高政治，一般都忽略了一个人，就是慈安太后。实际上慈安太后是排在慈禧太后前面的，因为她是咸丰皇帝的皇后，慈禧仅仅是个贵妃，母以子贵，成为排名第二的太后。同光中兴的初期之所以比较顺利，和慈安、慈禧、奕䜣三个人之间达成的微妙平衡是有关系的。慈安太后死后，这种权力平衡才被打破。

洋务运动的领袖当然是奕䜣，具体的一些作为，包括设立总理衙门、引进西方的技术、开办工厂等。地方上是曾国藩、李鸿章一起配合，后期有张之洞。洋务运动分为两个阶段，从同治元年（公元1862年）到光绪十年（公元1884年）是由奕䜣主导，之后由醇亲王奕譞主导。这个转折点发生在光绪十年，即甲申年，叫"甲申易枢"。在甲申年之后，慈禧太后才真正达成个人独裁，说一不二。因为在此之前慈安太后的地位比她高，还保持着两宫太后与奕䜣三人的权力平衡。两宫太后之间也是有矛盾的，同治八年（公元1869年）慈安就与奕䜣联手，命令山东巡抚丁宝桢杀掉了慈禧的亲信太监安德海，理由是他"取中旨往苏杭催办织造，循运河南下，所至张龙凤旗帜，挈杂伎无赖多人，索有司供应"，给了慈禧一个难堪。所以三人之间是有矛盾有制衡的。而且最关键的是慈禧太后文化水平很低，同治四年她亲手写的罢免奕䜣的手诏里错字连篇，语句不通，逻辑能力包括文笔一塌糊涂。虽然她本人很精明，但毕竟出身于一个中级官员家庭，没有接受过系统的政务训练，和奕䜣是完全不能相提并论的。清朝和历代有一点不同，自康熙以后不立太子，每一位皇子从六岁开始就要接受系统的教育，按照未来继承人要求来培养。不像过去的朝代，只有太子被重点培养，其他的皇子就封个藩王，混吃等死。也就是说，奕䜣在当皇子的时候，一直是按照未来皇帝的标准来培养的，所以对于军国大事各种政务，他非常熟悉，上手很快。最高权力实际是掌握在奕䜣手中，两宫太后更多的时候只是背书而已。

奕䜣在军机处重用文祥、宝鋆这些人，勤勤恳恳，能力又很强，所以同光中兴一开始很顺利，很重要的原因就在于此。而且奕䜣本人因为接受过严格的未来皇帝的训练，非常讲究谦恭，他见大臣都很客气，远不是后来载涛、载泽这些藩王之后所能比的。当时奕䜣对中央财政控制很严，不让宫中花钱太多，和慈禧太后之间经常发生矛盾，比如慈禧撺掇同治重建圆明园、试图仿效康熙和乾隆巡幸五台山，都被奕䜣劝阻。

同治去世时，当时的军机大臣、近支亲贵半夜三更都过来了，奕䜣却说自己应该回避。为什么？同治无子，按照皇位的传承制度，应该是奕䜣的儿子继位，因为同治是皇四子奕詝的儿子，皇五子过继给别人了，往下排就应该到他了，而且他母亲地位又高，被追封为太后。但是慈禧出于私心，立了自己妹妹的亲生儿子载湉，也就是光绪当皇帝，因为光绪只有三四岁，她可以继续垂帘听政，而奕䜣的儿子已经成年，一继位就要亲政，对她掌权不利。

文祥去世以后，慈禧安排同治的老师李鸿藻入值军机处。李鸿藻是清流出身，理学家，非常保守。这叫什么呢？掺沙子。就是往军机处的班底里面掺沙子，塞进慈禧自己的人，这样的话自己就好操控于上。

奕䜣和慈禧的关系是越来越紧张了，最关键的是，光绪七年（公元1881年）慈安太后去世，三人之间的权力平衡被打破，只剩下慈禧和奕䜣两个人对撞。最终慈禧借着光绪十年中法战争的机会对奕䜣发动政治打击。

中法战争清军一路溃败，当时有一个宗室叫盛昱，以张佩纶推荐唐炯、徐延旭为由，上奏弹劾军机大臣，其中说道："恭亲王、宝鋆久值枢廷，更事不少，非无知人之明，与景廉、翁同龢之才识凡下者不同，乃亦俯仰徘徊，坐观成败，其咎实与李鸿藻同科。"奏折上去后按说当天或隔一两天就得发下来，但这次被扣了五天，为什么呢？慈禧动了心思了，想借着这个机会将奕䜣干掉。于是慈禧趁着奕䜣去清东陵扫墓的机会召见醇亲王奕譞，当时他因为儿子当了皇帝而避嫌闲居家中。奕譞当然也有政治抱负，总觉得他六哥奕䜣执政特别软弱，动不动就和谈，而且他训练神机营自觉还有点武功，觉得自己带兵打仗还可以。因此，对奕䜣心存不满，你执政了十几年，搞洋务，还是被人家打败，不如换我来，所以他和慈禧达成默契，发动"甲申易枢"，将军机处整个连锅端。因为他实际上是太上皇，不能走到前台来，就让礼亲王世铎做代理人，军机处重大事情都要同他商量。

奕譞是慈禧的妹夫，为人比较庸碌，没什么大的本事，又十分害怕慈禧的权势，一直被当作傀儡。后来连弹劾军机大臣的盛昱都觉得不行，怎么换成了更糟糕的人呢？奕谖的儿子去国外，他居然问儿子，国外也会下雪吗？为什么要用奕谖呢？因为越没用的人，慈禧太后越好架空。奕谖还成为北洋海军名义上的最高统帅，结果慈禧挪用海军经费去修缮颐和园。奕䜣如果还在军机处，是绝对不会发生这样的事的。十年以后，碰上甲午战争，清军一路惨败，黄海大战五艘军舰被打沉，标志着洋务运动彻底破产。北洋水师全军覆没后，慈禧又想起了奕䜣，你退休在家已经十年，应该出来为国效力。奕䜣当然不乐意了，不想出来，但是大家最后还是强逼着他出来，入值军机处，实际上他年纪已经很大了，脱离一线也很久了，也没有了当年的那种英锐果敢，已经是回天乏术。所以说洋务运动最后的失败，实际和奕谖、慈禧直接走上前台是非常有关系的。

就算奕䜣直接执政的话，他又能怎么样呢？可能稍微好一点。我做过一个简单的假设，如果道光皇帝当年把皇位传给了奕䜣会怎么样呢？

最直接的，他若活得够长，起码可以少举办两个葬礼，一个是咸丰的，一个是同治的。皇帝去世不仅要举行葬礼，还得建陵墓，要花费上百万两银子。北洋海军最先进的主力舰定远号和镇远号，从德国买来每艘才一百七十万两。还有，可以简办两个婚礼。同治、光绪两个皇帝的婚礼，花费了一千六百万两白银，几乎相当于十艘定远舰。如果北洋海军有十艘定远舰这样的主力铁甲舰，黄海大战即使不能翻盘，也不至于输得那么惨。而且慈禧太后也永远不可能走上前台。从知识结构来看，慈禧基本就是个半文盲，虽然精明，但眼光眼界就摆在那儿，而且她不姓爱新觉罗，天下不是她们家的，虽然掌握了实际政权，但能力和责任心是远远不如奕䜣的。进入十九世纪下半叶，整个世界都是丛林法则，德、日等国之所以能够成功，都是因为出现了政治强人，德国有威廉一世与俾斯麦，日本有明治天皇与伊藤博文，而清朝却弄出个半文盲的老太太，怎么和别的国家竞争呢？最高统治者的作用当然不能夸大，但确实是个很重要的因素，尤其是在清朝这种专制独裁的体制下，最高统治者的能力、格局造成的影响非常大。

奕䜣活的时间确实蛮长的，他于光绪二十四年（公元1898年）去世。病重的时候，光绪和慈禧三次到家中探望，还是比较尊重的。奕䜣去世后的谥号是"忠"，是宗室当中最高等级的谥号，而且配享太庙，规格特别高。甲申年之后，奕䜣连大的庆典活动都不被允许出席，因为慈禧不想见到他，特别讨厌他，但为什么突然态度转变了呢？据说奕䜣临死前，光绪与慈禧去看他，当时光绪想要变法，奕䜣坚决阻拦，说你不能用这帮激进的小人，他们想要获得最高权力，所以撺掇皇帝变法，变法以后得罪了所有人，你皇位都有可能不保。奕䜣还是希望走洋务运动的套路，步子要慢一点，一步步踏实来，这可能对了慈禧太后的想法，两个人在这件事情上意见相同。而且奕䜣临终前告诫光绪不可重用翁同龢,说他就是个小人,非常保守。这一点可能也让慈禧非常感动,觉得奕䜣是以"国家"为重,实际就是以慈禧太后的利益为重,讨厌帝党分子,讨厌变法的激进分子,对康有为、梁启超这些人都瞧不上,觉得这些人一定会害了清朝。

曾左李胡郭：不大的朋友圈

曾国藩、左宗棠、李鸿章、胡林翼、郭嵩焘，这几位号称是"同光中兴"的名臣。

曾国藩，嘉庆十六年（公元1811年）出生于湖南长沙府湘乡。他家境很一般，父亲曾麟书年近五十才考中秀才，因为年龄很大了，所以在仕途上没有任何出路。曾国藩经过几次会试，终于在第三次，道光十八年（公元1838年）考中三甲进士，但是排名很靠后，第四十二名，赐同进士出身。后在权臣穆彰阿的帮助下，被选为翰林院庶吉士。等到咸丰皇帝继位的时候，曾国藩已经成为侍郎，二品大员，这个升迁速度创造了湖南籍官员的一个纪录，是最快的。他自己也感叹，自己碰上了一个好恩人穆彰阿。

道光三十年十二月（公元1851年1月），太平天国起义爆发，当时咸丰皇帝已经继位快一年了，因为道光是在年初的时候去世的。曾国藩连上两折，直接指责咸丰本人的问题，令皇帝十分恼火，把奏疏扔到地上，但没怎么处理曾国藩，算是有些虚心纳谏的气度。咸丰元年（公元1851年），曾国藩生母去世，丁忧回籍。这是中国古代一个很重要的制度，祖父母、父母去世，官员需要回家守孝三年。如果在你的仕途中，这四个人接连去世，不在同一年的话，你可能得回家守孝十二年，这对一个人的仕途是很严重的打击，在这么长的空窗期内，其他人就有机会起来，会后来者居上。这也算是中国古代官场的一个制衡机制，或者叫约束机制。由于八旗、绿营在镇压太平军的过程中都不堪大用，咸丰皇帝没有办法，只能下诏让地方兴办团练，希望用地方武装来抵抗太平军。曾国藩接到诏书后本不想去，因为自己有孝在身，但是他的好朋友郭嵩焘力劝他出山，说这个关键时候你要建功立业，这个机会你抓不住就错过了。于是曾国藩才去长沙与湖南巡抚张亮基商量办团练事宜，湘军就这样产生了。所以郭嵩焘对曾国藩后来的建功立业起到了重要的作用。

胡林翼比曾国藩小了不到一岁。他的出身与曾国藩大不一样，其父胡达源是一甲第三名，探花，当过翰林院侍讲。胡家资产颇丰，胡林翼少年时也风流无赖，但他天资聪颖，"笃嗜《史记》、《汉书》、《左氏传》、司马《通鉴》暨中外舆图地志，山川厄塞、兵政机要，探讨尤力"[1]。如果生活在今天，会是一个很好的历史地理学者。胡林翼的发迹与道光年间的名臣陶澍有关。陶澍也是湖南人，道光年间任两江总督，改革盐课，与江苏巡抚林则徐的关系非常好，相互赏识。有一次，陶澍回老家

---

[1] 梅英杰：《胡林翼年谱》，载《湘军人物年谱》（一），岳麓书社1987年版。

省亲，看到了才七岁的胡林翼，就觉得这个小子很不错，说我有个女儿和你一般大，以后嫁给你，就定下娃娃亲了。道光十年（公元1830年）胡林翼与陶澍之女成婚后，前往南京陶府。南京向来是个花花世界，胡林翼婚后流连于秦淮河畔，出入花街柳巷。一次被陶澍的幕僚看到，偷偷报告给陶澍，说你家女婿怎么回事，天天在逛窑子，陶澍却说："润芝之才，他日勤劳将十倍于我，后此将无暇行乐，此时姑纵之。"意思是以我这个女婿的才能，日后为国操劳，工作繁忙的程度将十倍于我，趁着年轻的时候让他放纵一下，以后就没有机会了。他的老丈人如此心胸宽广，而且看得非常长远。

道光十六年（公元1836年），胡林翼考中进士，进入翰林院任庶吉士，后又成为编修。但是他的仕途没有曾国藩那么顺利，有翰林院那么好的平台，他居然在道光二十六年（公元1846年）被派到贵州这么偏僻的地方，历任安顺、镇远、黎平知府及贵东道道台。不过这也历练了他。当时贵州、湖南一带经常有苗民起义，在弹压的过程中，因为手里没有军队，他就办起了团练，算是以后镇压太平军的一个预演、热身。由此，他积累了大量的经验，包括用兵、筹饷等。他还写了一部《胡氏兵法》，据说后来蔡锷就十分欣赏这本书，认为写得非常好。咸丰四年（公元1854年），胡林翼以贵州贵东道道台的身份，率领自己练的兵出贵州前往湖南、湖北镇压太平军，与曾国藩开始携手，成为最佳拍档。

左宗棠是湖南长沙府湘阴县人，跟曾国藩、胡林翼的家乡相隔都不远。他比胡林翼小几个月，比曾国藩小一岁。道光十二年（公元1832年）参加乡试，因"搜遗"中第，但此后六年三赴会试，全部落榜，此后终其一生都只有举人的功名。大家要知道，从湖南跑去北京参加会试，这个成本是很高的，他的家境本来就一般，怎么办呢？只好跑到醴陵渌江书院去当代课老师。但是没想到道光十七年（公元1837年）陶澍回湖南省亲，见到他写的一副对联"春殿语从容，廿载家山印心石在；大江流日夜，八州子弟翘首公归"，大加激赏，觉得这个人是个奇才，就让他去南京做自己的幕僚，而且还结成了儿女亲家。陶澍眼光特别厉害，胡林翼和左宗棠一个成为女婿一个成为亲家。在陶澍府上，左宗棠结识了胡林翼，关系特别密切，还被林则徐所知，因为林则徐老听他的老上级陶澍夸奖左宗棠，说他这个未来的儿女亲家是多么地才华横溢。道光三十年（公元1850年），林则徐被派往广西镇压农民起义，途经湖南，左宗棠拿着胡林翼的介绍信来拜见。当时林则徐坐在小船上，左宗棠登船的时候不小心落水，衣裳尽湿，但他非常机灵，对林则徐说，"闻古者待士以三熏三沐之礼，今三沐，已拜领之矣，若三熏，则犹未也"，意思是我掉湘江里算是洗过一次澡了，但还没有熏香。林则徐笑了，说你赶紧换衣服，免得着凉。二人在舟中谈了一夜，讲到新疆的事情的时候，林则徐拍了拍左宗棠的肩膀，说我没有完成的功业就看你了，并且把收集的新疆的很多资料给了左宗棠，左宗棠以后收复新疆，这个情结就埋于此。临别之际，林则徐赠给左宗棠一副对联，"此地有崇山峻岭茂林修竹，是能读三坟五典八索九邱"，上款书"季高（左宗棠，字季高）仁兄先生大人法正"，下款署"愚弟林某某"。左宗棠大为感动，晚年的时候还把这副对联悬挂在自己的书斋。可见这些厉害人物的朋友圈其实很小，都是相互介绍。其实人与人之间的认识并不是靠一个简历递上去就行了，一定要有非常信任的人相互引介，这种关系相对来说才是最稳定的。

太平军兴起后，湖南巡抚张亮基征召左宗棠为幕僚，但他不太想去，这时胡林翼就拼命劝说，你赶紧过去，现在是大丈夫建功立业的时候，他这才出山。太平军打长沙没有成功，左宗棠因功由知县升为直隶州同知。张亮基转任山东巡抚后，左宗棠又归隐了，直到骆秉章出任湖南巡抚，再次延聘他为幕僚。骆秉章对左宗棠十分尊重，认为自己的才能不及左宗棠，因此大小事情都让手下问季高先生的意见。后来左宗棠被人弹劾，最后被肃顺所救，但是中间运作的是翰林院编修郭嵩焘。

郭嵩焘，字筠仙，湖南湘阴人。他比胡林翼、左宗棠小六岁，道光二十七年（公元1847年）考中进士，选为翰林院庶吉士。他也是丁忧回乡的时候碰上太平军围攻长沙，力劝曾国藩出来办团练，最后因为军功授为翰林院编修，又入值南书房，救了左宗棠。

李鸿章是安徽合肥人，年龄比较小，生于道光三年（公元1823年），和曾国藩属于两代人。他的父亲李文安是道光十八年（公元1838年）的进士，与曾国藩是同年，而且还是好朋友。李鸿章年轻的时候就跟着曾国藩读书，曾国藩是他正儿八经的老师。道光二十七年，年仅二十四岁的李鸿章考中进士，选为翰林院庶吉士。翰林院庶吉士特别重要，是仕途最好的一块奠基石，只要当了翰林院庶吉士，以后担任侍郎、尚书就会一帆风顺，甚至入阁拜相都有可能。咸丰二年（公元1852年），李鸿章丁忧回籍办团练，结果被太平军击败，只得带着母亲跑去镇江避难。后来听闻曾国藩在江西作战，就投奔过去当幕僚。起初曾国藩还不太乐意，说李鸿章志大才高，是艨艟巨舰，我这浅水湾怕是容不下，还是回京供职吧。李鸿章的一个同年叫陈鼐，也在曾国藩幕府，就说，"少荃多经磨折，大非往年意气可比，老师盍姑试之"。这样李鸿章才进入曾国藩幕府，一待就是几年。曾国藩每天喜欢早起，召集幕僚一起吃饭，谈谈话，但李鸿章喜欢睡懒觉。有一次，他推托说自己头疼，不想去，没想到曾国藩不断派人来敲门催促，没办法，他只好硬着头皮过去。吃饭的时候，从头至尾，曾国藩没有说一句话。吃完饭以后，曾国藩正色道："少荃，既入我幕，我有言相告，此处所尚惟一诚字而已。"意思是我知道你在撒谎，骗我说头疼，实际就是睡懒觉，但是你既然当我的幕僚，我就要实言相告，我这里就一个原则，诚实。李鸿章听后为之悚然，直到他晚年的时候还经常说，老师当年对我的这个教训让我记忆特别深刻，为人就要讲一个诚字。

因为太平军的原因，曾、左、李、胡、郭这五个人全部汇集在咸丰、同治年间的历史舞台上，并做出了一番大事情。其实他们这几个人就是所谓同光中兴在地方上的骨干大臣，在中央则是恭亲王奕䜣、宝鋆、文祥这些人。当然，郭嵩焘、李鸿章还目睹了同光中兴从开始到结束的全过程，因为他们两个人活的时间很长。

咸丰四年，太平军占领了长江中下游。在长沙的曾国藩发布《讨粤檄文》，率师出征。他毕竟是翰林出身，本身又是理学家，这篇檄文占据了当时封建统治意识形态的制高点。他指责太平军"荼毒生灵"，"举中国数千年礼义人伦、诗书典则，一旦扫地荡尽。此岂独我大清之变，乃开辟以来名教之奇变，我孔子、孟子所痛哭于九泉"。因为太平天国的意识形态是拜上帝教，这是洪秀全根据《劝世良言》这样的基督教小册子改造而来的。基督教认为上帝就一个儿子耶稣基督，洪秀全则说自己是上帝的第二个儿子，耶稣的弟弟。洪秀全由于几次考秀才都名落孙山，恨透了八股取士这一套，对儒家四书五经也极其厌恶。从汉武帝独尊儒术开始，儒家在几千年里都是中国的主流意识形态，你现在要将这些扫荡殆尽，不仅读书人，甚至那些不识字的人也不能接受，所以曾国藩号召"凡读书识字者，又乌可袖手安坐，不思一为之计也"。读书识字的人，受过孔孟教诲的人，大家一定要把太平军镇压下去，不能袖手旁观。曾国藩这篇文章确实抓住了封建统治阶级的心。

但是曾国藩首战在靖港水战中就被打败了。当时曾国藩性格很刚烈，就要投水自尽，幸亏被部下救起，否则就没戏了。经过休整，曾国藩重整旗鼓，攻占了岳州、武昌。咸丰皇帝大喜过望。在一片糜烂的局面中收复了两个重要的城市，尤其是武昌，这让他十分高兴，因此准备任命曾国藩署理湖北巡抚。当时曾国藩只是个在籍的前侍郎，没有官职，如果不能成为督抚掌握地方实权的话，后勤都难以保障，因为当时不像乾隆、嘉庆时期，出兵征伐都是从户部国库里面出银子。由于太平军的兴起，国家财政已经无法正常运作，只能用厘金的方式解决军饷，更何况团练还不是正式编制的军队。但是没想到，大学士祁寯藻突然说了一句话，"曾国藩以侍郎在籍，犹匹夫耳，匹夫居闾里，一呼，蹶起从之者万余人，恐非国家福也"，让咸丰心里一惊，收回成命，只给了曾国藩一个兵部侍郎的空头衔。祁寯藻就是典型的自己不做实事但是也看不得别人做实事，为了讨上级领导的欢心，还弄出一个诛心之论，说曾国藩有可能会谋反。曾国藩很生气。咸丰和曾国藩的关系有点微妙，他不像道光那样欣赏曾国藩。当然，曾国藩在他刚继位的时候写过奏折顶撞他，可能也有这个因素，咸丰表面上宽容，但心里很猜忌。好在咸丰下令让胡林翼署理湖北巡抚，因为当时胡林翼率军出贵州与曾国藩联合作战，双方配合得很好，胡林翼对曾国藩很宽容，曾国藩又特别欣赏胡林翼，两个人同舟共济。胡林翼掌握了湖北的财权以后，就把湖北的给养源源不断地供给前线的湘军。

咸丰七年（公元1857年），曾国藩与咸丰皇帝又发生了矛盾。当时正值曾国藩父亲去世，皇帝给他三个月时间治丧，正常应该是三年，但军情紧急，只能酌情缩短。曾国藩心里很生气，他觉得皇帝对自己过于猜忌，于是坚持要守孝三年，回家去不干了，双方闹得很僵。此时，胡林翼率湘军围攻九江，破了湖口，一路很顺利，主要靠的就是杨载福、彭玉麟这些曾国藩的旧部。胡林翼趁机给咸丰皇帝上奏章，劝说一定要把曾国藩请回来。所以说咸丰心胸确实有些狭窄，在朝猜忌奕䜣，在外猜忌曾国藩。

咸丰十年（公元1860年），曾国藩、胡林翼两军配合，围困太平天国首都天京的上游重镇安庆。安庆当时是安徽的省会，驻扎着太平军最精锐的部队，主要是陈玉成率领的两广子弟兵，从金田起义一路北上打过来的老部队。拿下安庆，不仅太平军精锐尽失，而且还可以顺江而下直捣天京（今江苏南京），所以安庆是必争之地，安庆之战也成为重要的转折点。两军主力在这里进行大会战，持续了一年多，其间互有胜负，湘军好几次也差点全军覆没，但最终湘军将太平军击败。在这期间发生了一件事，胡林翼在前线指挥作战，志得意满，策马登龙山，说从这里看安庆犹如釜底，太平军虽强但平定他们指日可待。突然，他看到江面上有两艘轮船逆流而上，快如奔马，顿时脸色大变，刚才的意气风发消失不见，勒马回营，中途呕血，差点从马上摔下来。胡林翼本来身体就不好，回来以后病情越发严重，几个月后又听到咸丰皇帝在避暑山庄驾崩的消息，痛哭吐血，死于军中。为什么会这样呢？因为太平军被消灭对他而言是胸有成竹，迟早的事情，但没想到洋人的轮船如此先进，逆水行舟速度还这么快，就很担心一波未平一波又起，太平军被镇压之后，洋人的问题不好解决。后来担任过军机大臣兼户部尚书的阎敬铭当时在胡林翼幕府当幕僚，每次和胡林翼谈到洋务时，胡林翼都摇手闭目，神色非常不开心，说这些事情不是我们能明白的。可以看出，胡林翼想得很远，确实为国忧心。

曾国藩对胡林翼评价很高，他说以湖北贫瘠的地区养兵六万，每月要花费四十多万两，但是湖北的老百姓和商人没有变得贫穷，吏治也特别好，这都是因为胡林翼既能打仗，又会办后勤，还熟悉政务，所以在给皇帝的奏章中说胡林翼"坚持之力，调和诸将之功，综核之才，皆臣所不逮"。而且胡林翼人缘特别好，和所有的湘军将领关系都特别好，曾国藩自认做不到这一点，对他的早逝深感惋惜。胡林翼虽然早殁，但推功让能、调和诸将的能力，对平定太平天国起到了不可替代的重要作用。咸丰六年（公元1856年），胡林翼升为湖北巡抚，极力笼络时任湖广总督的满洲权贵官文。其母收官文之妾为义女，又处处让利给官文，故胡林翼所言，官文无不言听计从，为平定太平天国奠定了良好基础。《清史稿》记载："林翼威望日起，官文自知不及，思假以为重，林翼益推诚相结纳，于是吏治、财政、军事悉听林翼主持，官文画诺而已。不数年，足食足兵，东南大局，隐然以湖北为之枢。"胡林翼能够很好地笼络住满人亲贵，又与曾国藩、左宗棠交好，让这两个势同水火的地方大员能够团结对敌，所以是一个不可或缺的人。

同治二年（公元1863年），曾国荃率领湘军打到了孝陵卫、雨花台，次年七月攻破太平天国首都天京。同时，李鸿章、左宗棠都被曾国藩推荐，破格提拔为江苏巡抚和浙江巡抚，各成为一方大员。这都是过去难以想象的，几年前曾国藩自己想当一个署理湖北巡抚都不得，现在已经成为节制长江下游五省军务的钦差大臣了。一方面是因为朝中执政的奕䜣非常重视曾国藩，另一方面也确实是没辙，满人中没有什么像样的人才。

咸丰皇帝临死前许诺过，谁能克复金陵就封谁为郡王。但我们知道，清朝没有任何一个皇族以外的大臣在生前被封为郡王的，福康安也是死后追封。现在曾国藩攻下金陵了，怎么办？要按照先帝的遗命执行吗？但咸丰遗诏任命的八大臣几个月后就被推翻了，他的遗诏不值钱，很快就变成了历史文件了。另外，朝廷也不愿意如此封赏，即便给了，曾国藩也未必敢要。于是，将郡王的封赏一拆为四，曾国藩封为一等毅勇侯，世袭罔替，曾国荃封为一等威毅伯，提督李臣典封一等子，提督萧孚泗封一等男。

在镇压太平军的过程中，曾国藩深切地感受到，必须要借用洋枪洋炮才能战胜太平军，靠刀枪剑戟根本不行，而且太平军也在上海购买洋人的武器，所以这场战争基本上是十九世纪上半叶欧洲战争的水平。洋务运动也在此时开始，在奕䜣的提议下，咸丰同意设立总理衙门，曾国藩创办安庆内军械所，派遣幼童赴美留学。

曾国藩常说，"办大事者，以多选替手为第一义。满意之选不可得，姑节取其次，以待徐徐教育可也"。意思是，办大事业一定要有自己的接班人，即便不能百分百满意，只要有几方面的特长就可以了，然后再好好地教导他。他的替手、最得意门生就是李鸿章。李鸿章很受曾国藩、胡林翼的赏识。胡林翼在见了李鸿章一面后，就对曾国藩说："少荃如许骨法，必大阔。"曾国藩自己也对李鸿章说："观阁下精悍之色，露于眉宇，作字则筋胜于肉，似非长处玉堂鸣佩优游者。"李鸿章在曾国藩的幕府里还闹过意见，一气之下跑到江西去了。过了一年多，曾国藩收复了安庆，李鸿章静极思动，就写信祝贺。曾国藩当然也知道他的意思，就说你在江西也没事干，还是回到我军中效力吧，并且向皇帝保荐，让他出任江苏巡抚，所以李鸿章的发迹靠的就是曾国藩。

但是，攻下天京以后，曾国藩和左宗棠的关系却闹僵了。

事情的起因是，曾国藩在攻下天京后跟皇帝奏报，说洪秀全自杀了，小天王也都死了（其实洪秀全是病死，小天王是逃出去了），左宗棠知道以后就揭发了他，由此两人闹得不可开交。当然现在还有一种说法，说是他们两人知道朝廷很忌惮汉人将帅，因此故意交恶，传递这样的意思——我们矛盾很深，不可能团结起来反对朝廷。这个说法有没有道理呢？我觉得可以直接否定掉，因为在曾国藩去世多年以后，左宗棠提起他都还破口大骂。左宗棠自视甚高，缺少宽容，他自诩为"今亮"，就是当今的诸葛亮。他瞧不起曾国藩，觉得曾国藩比较拙，不是特别聪明，不像他自己，才华横溢。他总是要向大家显示他才是天下第一人。

曾国藩：外惭清议，内疚神明，结局悲伤

镇压太平天国运动以后，曾国藩是清朝认定的第一功臣，被封为一等毅勇侯，世袭罔替，达到了他人生事业的最高峰。为了消解清廷的猜忌，他干了一件非常出乎人意料的事——将自己亲自招募的湘军几乎全部解散，只保留了鲍超的那支队伍。其实鲍超不是湖南人，他是四川奉节人。连曾国荃率领的打下天京的最精锐的湘军都解散了。这主要是出于两方面的考虑。一方面，朝廷对他颇有猜忌，担心他的私人武装会形成军阀，甚至制造动乱。当时就谣言四起，说曾国藩有可能在南京称王，造成五代十国那种局面。另一方面，他认为湘军打仗的目的就是为了升官发财，打下南京以后抢了那么多财物，纷纷要回湖南老家置地盖房子，因此这些人也没有斗志了，已是暮气沉沉，加上本来就没有什么理想和追求，索性全部解散。解散湘军之后，曾国藩就没有自己的嫡系部队了，清廷派他去淮北镇压捻军的时候，实际已经指挥不动李鸿章的淮军了。而且捻军与太平军不同，捻军是流动作战，没有根据地，不像太平军占据武昌、九江、南京、杭州、苏州等城市，他还可以集合大军进行包围，现在曾国藩的战术只能是步步设防，顺着运

河、黄河、淮河布防，结果屡次被捻军突破，最后还是让李鸿章来接手。因此，镇压捻军这个事，曾国藩算是失败了，事业开始走下坡路。

实际上曾国藩与咸丰皇帝的关系也颇为微妙。英法联军入侵北京的时候，皇帝逃往热河避暑山庄，让曾国藩带领精兵勇将前来勤王，归胜保指挥，不可延宕。曾国藩就很犹豫，当时正是安庆会战的关键时刻，前线指挥作战的是他弟弟曾国荃。得知皇帝旨意后，曾国荃就写信给曾国藩，说你不要去，因为咸丰的弟弟恭亲王奕䜣的才干远胜于皇帝，如果情况有变，不是挺好的吗，正好让奕䜣替代咸丰，国家会变得更好。曾国藩接信以后非常生气，赶紧秘密地回信，斥责曾国荃满纸骄矜之气，且多悖谬之语，难道想造反不成?！在信中他还写了对奕䜣的评价，他说"恭亲王之贤，吾亦屡见之而熟闻之，然其举止轻浮，聪明太露，多谋多改"，就是说恭亲王奕䜣太聪明，想的事情特别多，一会儿想这样，一会儿想那样，他是不太看好奕䜣的。他还说应诏勤王是臣子必尽的本分，但实际上他也并不是太想去援助，也有点坐等的意思，就罗列了各种理由，怎么调兵，怎么能不影响安庆前线等。结果，北京的合议已经谈成了，勤王的事情也就不了了之。

同治六年（公元1867年），曾国藩时任两江总督。有一次，他与心腹赵烈文（雍正年间名臣赵申乔的后人）聊天。曾国藩说，听北京来人讲，京城的治安非常糟糕，乞丐成群结队，连抢劫的事情都有，恐怕会有异变，该怎么办呢？赵烈文比他更悲观，认为天下势必大乱，清朝最多只能撑五十年。曾国藩一听这话，面露忧色，如果只剩五十年，那我们现在折腾半天，又是洋务，又是镇压太平军、捻军，都是为了什么？他不愿意承认这个局面，说难道我们要南迁吗？其实他也是昏了头，满洲皇帝就算跑也应该是回关外老家，而不是迁到南京。赵烈文摇头，不是这样，恐怕会彻底亡国，未必能仿效东晋、南宋那样偏安一隅。曾国藩反驳，认为本朝君德正，或不至此。赵烈文又说了，国初创业的时候杀戮太重，得天下也是趁着明朝与农民军打得难解难分的时候巧取而来，他认为清朝气数将尽。曾国藩毕竟是清朝忠臣，道光对他十分器重，他就哀叹，盼着自己赶紧死掉，不愿意看到清朝灭亡那一天。然后他们还谈到了恭亲王奕䜣。赵烈文不太看好奕䜣，说自己在上海见过恭亲王的照片，就是个轻俊少年，感觉有点轻浮，气势不足以镇压百僚。曾国藩表示同意，说奕䜣看起来不是很厚重，但很聪明。赵烈文说不过是些小聪明而已。总之，两人都不看好奕䜣。到了第二年，同治七年（公元1868年），曾国藩奉命回京觐见同治和两宫太后。当时他已经有十几年没有回过北京了。在京的时候，他也见了恭亲王、文祥、宝鋆这些人，当时就认为朝政实际就掌握在这三个人手中，其权力远超小皇帝和两宫太后，观察很敏锐。

曾国藩自视特别高，表面上对人特别谦和，其实真正能让他瞧上眼的没有几个，甚至对他的得意门生李鸿章都不太满意。他认为李鸿章举止有点轻浮，不像他本人坐在那里一动不动，有种理学名臣的士大夫风范。他觉得宝鋆也不行，文祥虽很正派，但是眼光狭隘，格局不够宏大。对两宫太后他也瞧不上，他说自己这么重要的大臣去觐见，两宫太后只是关心裁撤湘军、练军这样的琐碎小事，至于如何治理国家问都不问一句，可谓"才第平常，见面无一要语"。

咸丰十年（公元1860年），法国天主教传教士在天津望海楼设立教堂，强占民地，激起公愤。同治九年（公元1870年）四五月间，天津突然发生多起儿童失踪的案件，民众怀疑与教堂设立的育婴堂有关。六月十八日，天津当地民间组织水火会抓住了一个叫武兰珍的人贩子，将其扭送官府，口供中又牵连到教民王三及望海楼天主堂。于是民情激愤，士绅集会，书院停课，反洋教情绪高涨。天津知府张光藻不敢做主，带着几百人去见天津道台周家勋。周不敢处理，又带着这些人去见天津三口通商大臣崇厚。崇厚大骂刁民胡闹，认为传教士不可能拐卖儿童。崇厚约见了法国领事丰大业，要求双方当面对质。二十一日清晨，崇厚、周家勋、张光藻、知县刘杰带着数百人前去教堂找洋人对质，"遍传堂中之人，该犯并不认识，无从指证"。谢福音神父与三口通商大臣崇厚协商育婴堂善后处理办法。教堂外聚集了上万人示威。丰大业跑到崇厚那里要求派兵镇压。丰大业对崇厚说话很不客气，指令他马上派出洋枪队前往教堂弹压。崇厚认为对方在自己的属下面前太傲慢，不肯派兵。丰大业气急，拔出手枪向崇厚连射两枪，击中崇厚身边的花瓶，飞起的碎片划伤崇厚的脖子。崇厚等吓得一哄而散。丰大业带着秘书西蒙亲自前往教堂，在教堂边的浮桥上遇见前来疏散民众的天津知县刘杰。丰大业指责刘杰办事不力，刘杰说自己已经尽力了，双方发生口角，丰大业拔出手枪向刘杰射击，重伤了刘杰的家丁高升。围观的民众大怒，打死了丰大业和西蒙，杀向教堂，扯烂法国国旗，焚毁了望海楼天主堂、仁慈堂、法国领事馆，以及英美传教士开办的四座教堂、一座西班牙教堂、一座俄国教堂。共打死十三名法国人、三名俄国人、两名比利时人、一名意大利人和一名爱尔兰人。六月二十四日，法国第三舰队军舰开到天津，英国第五舰队，美、德、意等六国军舰亦结集天津一带，法国、英国、美国、比利时、俄国、普鲁士、西班牙等七国公使以法国为首向总理衙门强烈抗议，并发出最后通牒，要求惩办肇事者，赔偿损失。这就是天津教案。

时任直隶总督曾国藩被派去处理天津教案。他认为整个事情"因奸民迷拐人口，牵涉教堂，并有挖眼剖心，作为药材等语，遂致积疑生忿，激成大变"；说类似这种谣传不仅天津有，过去在湖南、江西，近年来在江苏扬州、湖北天门，包括直隶的大名、广平都有，说教堂拐骗丁口、挖眼剖心、诱奸妇女，等等，这都是"愚民无知，遽启边衅，曲在津民"，"杀人偿命，天经地义"，希望能以此安抚洋人而消弭祸端。法国人要求重修教堂、埋葬死者、惩罚凶手，这些都没有问题，但法国人还要求处死地方官，否则就要攻城。清政府慌了，抓了八十多人，曾国藩报告说应该正法的七八人，应该治罪的二十多人。但是朝廷认为这样处理太轻了，法国人还会攻城，要加重惩处，最后处死十八人，流放了二十五人；天津知府张光藻、知县刘杰被革职充军发配到黑龙江；赔偿外国人的损失四十六万两白银，并由崇厚出使法国道歉。清政府为了平息法国人的怨气，并没有听从曾国藩的建议。曾国藩对朝廷的处理感到失望，筹措了两万两白银给几个官员作赎刑的费用。而法国因随后发生了普法战争，无暇顾及，接受了这个条件，放弃了杀官员的要求。

清政府一开始是派曾国藩处理天津教案，后来觉得他太软弱，又派他的学生李鸿章负责。李鸿章晚年有个回忆，写得非常生动。他说：

> 别人都晓得我前半部的功名事业是老师提挈的，似乎讲到洋务，老师还不如我内行。不知我办一辈子外交，没有闹出乱子，都是我老师一言指示之力。从前我老师从北洋调到南洋，我来接替北洋，当然要先去拜谒请教的。老师见面之后，不待开口，就先向我问道："少荃，你现在到了此地，是外交第一冲要的关键。我今国势消弱，外人方协以谋我，小有错误，即贻害大局。你与洋人交涉，打

算作何主意呢？"我道："门生只是为此，特来求教。"老师道："你既来此，当然必有主意，且先说与我听。"我道："门生也没有打什么主意。我想，与洋人交涉，不管什么，我只同他打痞子腔（痞子腔盖皖中土语，即油腔滑调之意）。"老师乃以五指捋须，良久不语，徐徐启口曰："呵，痞子腔，我不懂得如何打法，你试打与我听听？"我想不对，这话老师一定不以为然，急忙改口曰："门生信口胡说，错了，还求老师指教。"他又捋须不已，久久始以目视我曰："依我看来，还是用一个诚字，诚能动物，我想洋人亦同此人情。圣人言'忠信可行于蛮貊'，这断不会有错的。我现在既没有实在力量，尽你如何虚强造作，他是看得明明白白，都是不中用的。不如老老实实，推诚相见，与他平情说理；虽不能占到便宜，也或不至过于吃亏。无论如何，我的信用身份，总是站得住的。脚踏实地，蹉跌亦不至过远，想来比痞子腔总靠得住一点。"我碰了这个钉子，受了这一番教训，脸上着实下不去。然细心回想，我老师的话实在有理，是颠扑不破的。我心中豁然有了把握，急忙应声曰："是，是，门生准尊奉老师训示办理。"后来办理交涉，无论英俄德法，我只捧着这个锦囊，用一个诚字同他相对，果然没有差错，且有很大收效的时候。[1]

---

[1] 吴永：《庚子西狩丛谈》，岳麓书社1985年版。

但是，清廷内部和整个民间的舆论对交涉结果非常不满，大骂曾国藩是卖国贼，尤其是北京的湖南同乡，认为曾国藩是"湖南之耻"，直呼为"曾国贼"，连湖南同乡会馆里曾国藩的官爵匾额都给击毁了。几年前还是"湖南之光"，几千年来出的第一大圣人，现在变成"湖南之耻"，成卖国贼了。曾国藩自己也感到很内疚，"外惭清议，内疚神明"，名声扫地，带着软骨头、卖国贼的骂名离开了人世。与他关系一直很僵的左宗棠写了一个挽联："谋国之忠，知人之明，自愧不如元辅；同心若金，攻错若石，相期无负平生。"

左宗棠：制造晚清晦暗底色中的高光时刻

在曾国藩以卖国贼的骂名郁郁寡欢去世以后，与他关系闹得特别僵的左宗棠正走上人生的事业巅峰，也是同光中兴的高光时刻：收复新疆。

同治十年（公元1871年）的中国正处于内忧外患之中，陕甘回民起义切断了新疆与内地的联系，而且陕甘、新疆的军队很多内调去镇压太平军和捻军。趁着这个机会，浩罕汗国派遣阿古柏打着大小和卓后代的旗号入侵新疆，俄国也趁机侵占了伊犁。不久，浩罕汗国被俄国占领，阿古柏便在新疆成立了哲德沙尔政权，自立为汗。当时的形势确实非常糟糕，太平天国前后十几年，长江中下游这些腹心之地由于战乱元气大伤。英法联军又打下了北京，差点亡国。外兴安岭、新疆的大片领土又被俄国侵占。一波未平一波又起，同治十一年（公元1872年），日本侵吞了中国的藩属国琉球，后又入侵台湾。确实是全面的危机，到底该怎么办呢？当时直隶总督李鸿章主张加强海防，应对未来日本的入侵，因为日本离中国太近，而且明治维新以后日本对外侵略的野心昭然若揭，但是陕甘总督左宗棠认为要加强边疆防御，防止俄国入侵西北，这就有了所谓海防与塞防之争。左宗棠主张,东则海防,西则塞防,两者要并重,因为如果新疆不固,那么蒙古也会不安,然后就牵连到陕甘、山西,京师也会受到威胁。李鸿章则认为,北京离海岸近,离新疆很远,沿海更重要,而且国家财政拮据,新疆又那么遥远,后勤给养花费太多,打起仗来胜算很小,土地的价值也不大,加上强敌环伺,很难守住,所以应该将新疆缓一缓,重点布局海防。塞防派又认为,西方列强从海上并未对中国造成直接威胁,但俄国对领土特别贪婪,咬住一块就不会放,而且目前的海防经费已经足够,不需要将塞防经费转移给海防。最关键的是,新疆自古就是中国领土,怎么能放弃呢?特别是乌鲁木齐、阿克苏这些战略要地要首先收复。最后总理衙门总结了两派的意见,于光绪元年(公元1875年)发布上谕,将北洋海防之事宜交由李鸿章办理,南洋海防交予沈葆桢办理,又将西北及防范俄人事务交由左宗棠处理,分成三个战略方向。

当时清朝的国家财政确实很成问题,左宗棠不愧是"今亮",他采取了一个"缓进急战"的策略。"缓进",就是用一年半的时间筹措军饷,积草囤粮,整顿军队,减少冗员,增强了军队的战斗力。即使是自己的主力湘军,他也剔除空额,汰弱留强。他还规定,凡是不愿出关西征的,一律给资,遣送回籍,不加勉强。留下来自愿出关的部队,是一支士气高涨的精兵。"急战",就是考虑国库空虚,为了紧缩军费开支,大军一且出发，必须速战速决，力争在一年半左右获取全胜，尽早收兵。

左宗棠还请军机大臣文祥向皇帝和太后陈述利害关系，因为他要借款。这遭到了很多人的批评、反对，包括他的好朋友沈葆桢。同治皇帝可能这辈子就干了这么一件像样的事，算是他当皇帝的最高光时刻。他的朱批写得非常像样："宗棠乃社稷大臣，此次西征以国事而自任，只要边地安宁，朝廷何惜千万金，可从国库拨款五百万，并敕令允其自借外国债五百万。"左宗棠还在前进基地兰州设立了制造局，仿制洋枪洋炮，改良清军的劈山炮和无壳抬枪。新疆收复后，上海泰来洋行的德国技师福克曾在哈密与左宗棠会面，观看了部队的演练，感慨地说道："清军若与俄国交战于伊犁，必获全胜。"左宗棠又事先命西征军前锋部队统帅张曜，驻军哈密，兴修水利，屯田积谷。仅光绪二年（公元1876年）的收获便可以解决该部半年军粮所需。这个方法很聪明，从后方运粮草去新疆是很不方便的，让先头部队种粮食，有了收成，大部队再跟进，然后再派小股部队去前面种粮食，如此交替，就解决了粮草问题。为运输军粮，左宗棠建立了三条路线：一是从甘肃河西采购军粮，出嘉峪关，过玉门，运至新疆的哈密；二是由包头、归化（今内蒙古呼和浩特市旧城）经蒙古草原运至新疆巴里坤或古城（今新疆维吾尔自治区奇台县）；三是从宁夏经蒙古草原运至巴里坤。

光绪元年，左宗棠被任命为钦差大臣，督办新疆军务，经胡雪岩介绍，向外国商人贷借一千二百万两白银，引起《申报》非难。次年三月，左宗棠移师肃州，采取缓进速战的战略，以刘锦棠部快速攻入新疆，至十一月已取北疆。在左宗棠进军新疆期间，《申报》多次刊发谣言，在头版发布《西陲噩耗》说："传左爵相统领大军西征回部，近已败退，爵相亦阵亡。"左宗棠对《申报》的报道十分气愤。

清军收复乌鲁木齐后，对于是否继续收复南疆，争议再起。大学士文祥此前支持进军新疆，但在乌鲁木齐被收复后则认为"乌垣既克之后，宜赶紧收束，乘得胜之威，将南八城及北路之地应酌量分封……慎勿因好大喜功，铺张过甚，致堕全功"。海防派鲍源深亦称"自乌鲁木齐、玛纳斯二城克复，天威已足远震，似规取南路之举尚可缓进徐图"。翁同龢则称进军南疆是徒劳之举，"空中原而营石田"。郭嵩焘称"得一镇守乌鲁木齐之大臣，信义威望足以相服，可保百年无事"，亦主张放弃南疆。但是，左宗棠不为所动，他自视甚高，曾国藩虽然内心也很倨傲，但起码表面上还特别谦恭有礼，左宗棠则表里如一，以诸葛亮自居，还经常公开大骂曾国藩。这时候确实需要这样的人，虽千万人吾往矣，继续进军。光绪三年（公元1877年）三月，董福祥、刘锦棠部自乌鲁木齐跨越天山，攻打达坂城阿古柏残部，徐占彪部西进占据奇克腾木的敌垒，不久即攻克达坂城、托克逊、吐鲁番等南疆外围三城。阿古柏于五月死于库尔勒，死因众说纷纭。

左宗棠收复新疆，可以说是同光中兴的最高光时刻，也是最巅峰的成就。从中英签订《南京条约》以来，清政府不断战败，割地赔款，收复新疆是唯一的一场全胜，而且几乎全部收复了失地。只有伊犁还被俄国人强占，曾国藩的儿子曾纪泽去圣彼得堡与俄方谈判，签订了中俄《伊犁条约》，沙俄归还了伊犁，当然清政府赔了好多钱，作为俄国托管伊犁的所谓"功劳"。在左宗棠的坚决要求下，清政府在光绪十年（公元1884年）颁发上谕，任命刘锦棠为甘肃新疆巡抚，这标志着新疆正式建省，实行与内地十八省一样的行政制度，由巡抚统管全疆各项军政事务。由于中亚的故土已经丢失，伊犁不再是西域新疆的中心，新疆政治中心由伊犁移至迪化，也就是现在的乌鲁木齐。

左宗棠收复新疆时最得力的部下就是刘锦棠。刘锦棠与他叔叔刘松山都是曾国藩的属下，镇压陕甘回民起义时刘松山战死，刘锦棠接管了这支部队。左宗棠与曾国藩两个人闹得不可开交，曾国藩怎么还将自己的部下派给左宗棠呢？在这一点上，曾国藩确实是老成谋国，以国家大事为重，不仅把自己最得力的部下派给左宗棠，而且还在两江总督任上为左宗棠供应后勤，一点都不克扣，也不为难。所以两人虽然个人关系非常不好，但是都以国家大事为重。曾国藩做得更好，他的度量是要超过左宗棠的。

左宗棠收复新疆是同光中兴的最大功绩，也是晚清晦暗的底色中非常耀眼的一道光。左宗棠死后的谥号叫"文襄",这是个特例。不是大学士,没有进翰林院,照例是不能以"文"为谥号的,但朝廷赐了左宗棠进士出身。

曾国藩和左宗棠是同光中兴的两大名臣,从后世的角度来看,左宗棠的功绩要超过曾国藩。曾国藩在为人处世方面,比左宗棠要好。

李鸿章：大清国的裱糊匠

李鸿章是近代备受争议的人物，生前就饱受争议，死后更是如此，对他的评价褒贬不一。

李鸿章是曾国藩的学生，他的发迹就是因为进入了曾国藩的幕府。曾国藩非常赏识他，认为他是一个未来的接班人，就把他派出去，搭乘洋船从安庆将淮军直接运到上海，然后由上海向西一直打到常州，恢复了苏南这个重要的财赋之地，后来又镇压了捻军，所以他是军功出身。

作为战场上的统帅，李鸿章非常注重洋枪洋炮的作用，他本人也曾将华尔、戈登的洋枪队作为雇佣军。他和戈登最后闹得很不愉快。李鸿章非常机灵善变，没什么原则，不像他老师曾国藩比较守拙。

李鸿章跟洋人接触很多，又身在上海这个十里洋场，所以他看到了世界的巨大变化。他说："欧洲诸国，百十年来，由印度而南洋，由南洋而中国，闯入边界腹地，凡前史所未载，亘古所未通，无不款关而求互市……此三千余年一大变局也。"他非常敏锐，认为这是三千多年来中国历史上最大的变局。而且他认为："西人专恃其枪炮轮船之精利，故能横行于中土，中国向用之器械，不敌彼等，是以受制于西人。"[1]

曾国藩去世以后，李鸿章成为汉大臣的首席。以前汉大臣总是居于满大臣之下，比如，张廷玉、鄂尔泰都是保和殿大学士，鄂尔泰虽然资历浅，但是朝会的时候一定得排在张廷玉的前面；曾国藩是武英殿大学士，朝会的时候排在文华殿大学士官文这个饭桶的后面。李鸿章成为文华殿大学士的时候，宝鋆是武英殿大学士，但朝会的时候李鸿章的名次却在宝鋆之上，这是清朝历史上的第一次。而且他还被赏赐了三眼花翎，这是清朝贵族宗室才会有的待遇，地位特别高，连曾国藩都没有。

光绪十一年（公元1885年），李鸿章与日本首相伊藤博文在天津签订了《中日天津条约》，双方约定，将来朝鲜如果有事，中日两国或一国要派兵，要相互知会，等事情平定了就要撤回，不能留防，这给十年后的甲午战争埋下了伏笔。

李鸿章特别讲究实际，他不是空谈理论的一个人，虽然他也是进士、翰林出身，但他比曾国藩要少一些道学气，他不太讲究这些原则和理论的东西，也看不出他在学问上有什么特别的造诣。他一直认为西方列强之所以能够横行中国，就是因为

---

[1] 李鸿章《复议制造轮船未可裁撤折》。

船坚炮利，所以他特别痛恨那些空喊口号的所谓清流。他认为那些翰林出身的文官，从来没经营过地方事务，更没率军在前线打过仗，也没和洋人有过任何接触，就喜欢喊口号，占据道德制高点，无视敌我实力悬殊的事实。李鸿章认为首先一定要把自己的军队给配置好，建立一个强大的军队，然后以战则胜，以守则固，以和则久。就是说如果打仗则能打胜，如果防守则能非常坚固，和谈则能保持长久和平。但是李鸿章对这个世界的认识还是浅了一点，比他的好朋友郭嵩焘要浅了很多。郭嵩焘认为中国如果真的要富强，本源之计是遵循西方的制度进行改革，包括政治改革、教育体制改革，人的思想也要改革，这才是治国之本。如果只是引进了西方的技术，建立什么江南制造局，引进德国克虏伯大炮，没有用，一定要改革制度，开办西学，培养一大批人才，这才是真正的富强之道。所以郭嵩焘的认识比恭亲王奕䜣、文祥、宝鋆这些中央的洋务派，还有曾国藩、李鸿章这些地方的洋务派，都要深刻，毕竟他是中国第一任驻外公使，在欧洲真正地生活过，对西方文明有过近距离的接触。

在发展军备方面，李鸿章注重的是东南沿海的防务，建立海军。他和左宗棠意见相左，认为中国在鸦片战争之后主要的威胁都来自海上，跟过去西北边患为主的情况大不一样，现在万里海疆变成前沿阵地了，而且明治维新后日本成为中国的劲敌，现在清朝的财政又一塌糊涂，无法同时兼顾塞防和海防，怎么办呢？他认为应该将重点放在东南海防，东南是朝廷的根本。加上京师靠近渤海湾，一旦海上有失，敌军会长驱直入，就像第二次鸦片战争中的英法联军一样，这是最危险的。但是清朝不可能放弃新疆，最后还是支持了左宗棠西征收复失地，同时也发展海防。

尤其是光绪十年（公元1884年）中法战争后，甲申易枢，恭亲王奕䜣下台，他弟弟醇亲王奕譞成为执政者。奕譞缺乏奕䜣那样的才干和威望，唯慈禧太后马首是瞻。实际上，洋务运动以这一年为界，前面是奕䜣在主持，后面是慈禧太后亲自领导，奕譞只是在底下跑腿干活。由于奕譞是光绪皇帝的生父，相当于"太上皇"，不好进入军机处，于是就担任了总理海军事务衙门的一把手，李鸿章是他的副手。光绪十四年（公元1888年），北洋海军正式成军，拥有两艘铁甲舰、七艘巡洋舰、六艘炮舰、六艘鱼雷艇，还有练习舰、运输舰，在编二十五艘，此外还在旅顺、大连、威海等处海军基地修筑了数十处新式炮台，安装了一百多门进口大炮，其中旅顺还拥有规模宏大的海军船坞总埠。到了光绪十五年（公元1889年），中国海军的进口和国产舰只规模已变成亚洲第一，居世界第九位。照例，朝廷每年应该拨给北洋海军二百万两白银的军费，但实际上每年都在减少，最后变成每年只有五六十万两。而十九世纪末正赶上造舰技术日新月异的年代，北洋海军购买的舰船不出几年便逐渐落伍，从航速、火力等方面开始落后于世界海军的主流水平，而日本购买的舰船越来越先进，让李鸿章产生了很大的危机感。

另外，北洋海军的提督（海军的最高长官），是出身淮军的丁汝昌，而他手底下的军官多是福州船政学堂毕业的福建人，双方矛盾很大，因为丁汝昌缺乏指挥海军的经验，完全是凭着李鸿章心腹的身份上去的。在总教官英国人琅威理被撤职以后，北洋海军整个的操练都废弛了，大家都不住在舰船上，而是把家眷接来，过起了小日子，甚至去香港、上海赌博，嫖娼。

李鸿章本人也看到了这些问题，战前他就说："东洋蕞尔小邦而能岁增铁舰，闻所制造专与华局比较，我铁舰行十五海里，彼则行十六海里。定、镇大炮口径三十零半生特（厘米），彼松岛等四舰则配三十四生特大炮并放快炮，处处俱胜我一筹。现在英订购之头等铁甲船，又是何项新式。盖以全国之力专注于海军，故能如此，其国未可量也！"[1] 当时日本把北洋海军当成头号大敌，把国家财政总收入的百分之六十用来发展海陆军。当时日本政府年度财政收入仅八千万日元。1893年起，日本明治天皇决定每年从自己宫廷经费中拨出三十万日元，再从官员薪水里取十分之一，补充造船费用，举国若狂，一定要和中国一较高下，一定要消灭北洋海军。但是清政府还在大事

---

[1] 苑书义：《李鸿章传》，人民出版社2004年版。

铺张筹办慈禧太后的大寿,没有相应的危机感,二百多万两的购舰巨款还存在银行。

危机果然来了,光绪二十年(公元1894年),朝鲜爆发东学党起义,向中国告急。直隶提督叶志超率军驰援朝鲜,并按照《中日天津条约》的约定,知会日本。日本随后也派兵到朝鲜,数量还远超清军,双方开始剑拔弩张,形势变得紧张起来。

甲午战争中的大东沟海战,是世界战争史上首次铁甲舰的对决。北洋海军在护送清军登陆返航途中遭遇日本联合舰队攻击,战斗持续了五个多小时,最后五艘军舰被击沉,日舰虽然被击伤,但没有一艘沉没。这说明北洋海军从技术装备到兵员素质全面落后于日本海军。海战后,丁汝昌退守威海卫军港,力战不胜,最后吞鸦片自杀。至此,北洋海军全军覆没。

甲午战争中北洋海军还是打得非常壮烈的,至少大东沟海战是如此,但陆战却是一溃再溃,从朝鲜一路溃逃到山海关,号称精锐的淮军根本就不堪一击。最后换了刘坤一的湘军上去,也是惨败。万一日军攻破山海关,京师如何守得住?清廷无奈之下只能求和,先是派张荫桓、邵友濂去谈判,但日本不接待,说他们档次太低了,叫李鸿章出来。李鸿章那时候已经被拔去三眼花翎,撤职了,这个时候只好再把三眼花翎戴回去,同日本谈判。到了马关,一别十年,李鸿章又同伊藤博文见面了。李鸿章抱怨说清廷各省各部各自为政，相互掣肘，没有一个强有力的人物主政。伊藤博文就说了，虽然各省各部不听话，但是总理衙门总是一个人说了算。李鸿章点头说是恭亲王说了算。李鸿章又说中国打了败仗，声誉大大受损。伊藤博文安慰他，说中国地大物博，有的是财富。李鸿章说，我国虽然物产丰富，但是开发不了。伊藤博文说你们领土是日本的十倍大（实际远不止十倍），人口是日本的四倍，创造财富很容易。这就有点反客为主的味道，好像有点教训李鸿章的意思。当年在天津，李鸿章志得意满，曾以长辈的口气教训伊藤博文。李鸿章心里还不服气，说我们中国请你来当我们的首相好了，你能把我们中国治理好吗？伊藤博文倒是很爽快，说我要请示天皇，我个人倒是挺乐意去的。果然，三年以后他真来中国了，光绪皇帝邀请他充当戊戌变法的总顾问，还想让他当总理大臣。

在谈判过程中，李鸿章经常发电文给国内，商议谈判的细节与底线，但这个密码被日本破译了，进而知道了中国的底线，尤其是赔款的金额。所以伊藤博文在两亿两的数字上寸步不让，果然最后清廷接受了这个数额。不仅如此，还割让了辽东半岛、台湾岛和澎湖列岛。不过，在俄、德、法三国干涉之下，辽东半岛后来以三千万两的价格给赎回了。李鸿章把日本的最后通牒发回京师，朝野震惊。

《中日马关条约》的签订，标志着洋务运动的彻底破产，也标志着东亚朝贡体系的彻底崩溃。朝鲜、琉球、越南这些藩属国被日本、法国侵占，国内要求进行体制改革的呼声也一浪高过一浪。大家都认清了，再怎么引进西方的生产技术，雇佣洋人作为技术顾问，都解决不了问题，必须要进行政治体制的改革，遂引发了三年后的戊戌变法。

李鸿章本人在这时也跌到了人生的谷底，担任了二十多年的直隶总督、北洋大臣的职务被罢免，淮军和北洋海军在甲午战争中也丧失殆尽，他的老本赔光了。

三年后，清朝来了个右满舵，进行戊戌变法，非常激进，但仅持续了一百零三天便彻底失败，随后清朝又开始左满舵，回归所谓传统，导致更大的悲剧——庚子国变。

甲午战争失败以后，李鸿章失去了自己的基本盘，被免去直隶总督、北洋大臣的职务，但是他并未因此沉寂。他签订的《中日马关条约》是非常耻辱的，危害度远远超过两次鸦片战争后签订的《南京条约》和《北京条约》，但是对于清朝来说他是个功臣，居然和议成了，因为当时日军扬言要攻打北京，已经靠近山海关了，整个清廷非常恐惧，感觉几乎就要亡国了。以前被英法打败，大家认为还情有可原，是输给了先进的欧洲。日本明治维新比清朝洋务运动起步还要晚，国家小，人口少，以前的国力也弱，清廷现在惨败，没有任何理由给自己找托词了，无话可说了，所以受到的打击极大。甲午战争宣告洋务运动彻底失败，加速了清朝的灭亡。

甲午战争之后，光绪二十二年（公元1896年）李鸿章被任命为钦差头等出使大臣，周游各国。反正他在国内已经没有职务了，索性让他去进行所谓的擅长的外交。他去过美国，到过欧洲各大国，又去了俄国，而且受到热烈的欢迎。他见多识广，比他老师曾国藩要强。他还接受过《纽约时报》的采访，抨击当时美国的排华法案。他去俄国圣彼得堡，参加沙皇尼古拉二世的加冕典礼，表面上的目的是如此，但实际上是去拉拢俄国共同对付日本，签订了《中俄密约》，玩起了"以夷制夷"那一套。然而，我们回顾历史，这一套有成功的，但更多的时候是玩砸了的，扶持一派对付另一派，这一派上位后反而构成更大的威胁。李鸿章也没能逃脱这个窠臼。根据俄方的一些档案资料，包括财政部的秘密档案，李鸿章在签订密约的时候还收受了贿赂，叫"李鸿章基金"，高达三百万卢布，按照当时卢布对美元二比一的汇率，是一笔巨款。俄国史学家罗曼诺夫根据俄国财政部秘档写过一部关于《中俄密约》及中东铁路建造经过的著作，中译本名为《帝俄侵略满洲史》，1937年由商务印书馆出版。书中提及，当中俄密约签订之翌日，沙俄财政大臣维特伯爵曾向李鸿章致送一份"俄华银行议定书"。里面说如果要签订《中俄密约》的话，就拨出三百万卢布，用于事业进行之方便，同时该款不能移作他用。怎么分配呢？如果李鸿章是书面文件证明其同意关于租借合同的主要条件，就拨付一百万卢布给他；如果合同最后签字了，俄国希望修建一条从赤塔直接穿过中国东北到达海参崴（即符拉迪沃斯托克）的中东铁路，事成之后，再给一百万；等到铁路全部完工的时候拨付最后的一百万。分批拨付，号称满洲调查费，实际这个钱总共只用了五次，支付了一百七十万卢布。这是李鸿章一生中一个很大的污点。

在和李鸿章朝夕相处的时候，维特对他怎么评价呢？他说，在我的国务生涯中见过不少国务活动家，有些人是要名垂青史的，李鸿章就是比较卓越的一位非常杰出的国务活动家。他虽然是个中国人，没受过一点欧洲教育，但受过博大精深的中国式的传统教育，拥有健全的头脑，善于清晰思考，所以在中国历史上，在治理国家方面，起到了十分重要的作用。他认为当时实际治理中国的是李鸿章。这就是误判了。就像我们现在看到很多所谓的中国通或者汉学家，喜欢从字面上理解中国的事务，从表面上的一些活动中觉得这个人特别重要，这件事特别重要，其实对于熟悉里边真实情况的中国人而言，会感到他们的结论很好笑，这就是所谓国情的隔膜，毕竟他们不懂中国文化，也没有在中国生活过。中国人往往在说话的时候，字面上看都是肯定的意思，但实际上他表达的是一个不置可否或者否定的意思，外国人很难理解到位。当然反过来也是如此，中国的一些研究外国的专家，如果没在那些国家长期生活过，也很容易流于表面文章。

按照《中俄密约》的规定，如果日本侵占俄国远东或者中国、朝鲜领土，中俄两国应以全部海陆军互相援助，相当于军事同盟的关系；缔约国一方未征得另一方同意，不得与敌方签订和约；战争时期中国所有口岸均对俄国军舰开放，但中方没有对等的条款，而且为了便于俄国运输军队，容许俄国通过黑龙江、吉林修筑一条铁路直达海参崴，由华俄道胜银行承办，这就是中东铁路。无论战时还是平时，俄国均可通过这条铁路运输军队和物资。《中俄密约》的有效期为十五年，期满可以商议是否续约。李鸿章自以为得意，终于以夷制夷了，其实仅从字面上看这个条约，中国并没得到什么好处。

条约签订后的第二年，爆发了曹州教案，德国趁机出兵占领了胶州湾和胶澳，就是现在的青岛，隔年又迫使清廷签订了《胶澳租借条约》，德国取得胶州湾九十九年的租期。俄国打着抗德的旗号，将军舰驶入旅顺，迫使清政府与之签订《旅大租地条约》《旅大租地续约》，将军港旅顺、商港大连湾租借给沙俄二十五年，同时沙俄取得东清铁路南满线的修筑经营权。李鸿章万万没想到，其实这是德国与俄国的双簧，两国早就秘密协定好，德国先动手占青岛这一块，然后俄国借机强占旅大这一块，完全被人耍得团团转。随后英国也来了，说怎么能偏袒德国和俄国呢？我要抗击俄国，要租借威海卫。于是就掀起了十九世纪末瓜分中国的狂潮。

回国后，李鸿章住在北京贤良寺。那时候曾国藩的一个孙女婿叫吴永，和他在一块儿陪着他将近一年。两个人经常谈话，李鸿章说自己少年科第，壮年戎马，中年封疆，晚年洋务，一路扶摇，谁知道甲午战争让他一生事业扫地无遗，晚节不保。他还对吴永吐槽，说办了一辈子的事，练兵，办海军，都是纸糊的老虎。他也很实诚，说自己没有一件事是能放手办理的，不过是勉强涂饰，虚有其表，不揭破犹可敷衍一时。这就像一间破屋子，由裱糊匠东补西贴，居然成一净室，虽明知为纸片糊裱，然究竟看不见里面是何等材料，即有小小风雨，打成几个窟窿，随时补葺，亦可支吾对付。如果有日本这样的强敌一定要扯破屋子，在没有预备修葺材料、不知何种改造方式的情况下，自然真相破露，不可收拾，但是裱糊匠又怎么能负这个责任呢？

其实，他抱怨的是慈禧太后和光绪皇帝。他自然当不了家，所以当时外国人很傻，觉得李鸿章整天露面，签订条约（他一辈子签订了好几十个条约），又是直隶总督又是北洋大臣，手握淮军和北洋海军，还是排名第一的文华殿大学士，肯定是一号人物。但是清朝真正执政的不是他，他一天军机处都没进过，最后拍板的是慈禧太后，他哪是什么一号、二号人物，连前三四名都排不进去，说到底，李鸿章就是一个地方实力派。

袁世凯是他一手提拔的，也很坏。有一天他跑来贤良寺，劝说李鸿章退休回家，等到哪一天朝廷需要的时候，再请回来，那多风光。李鸿章特别精明，岂能听不出袁世凯的弦外之音。他大骂道，你这个人打的什么主意？是不是翁同龢派你来的？他不就是看中了我大学士的位子吗？清朝中期以后大学士只有四名，不退休或者不去世的话，后面的协办大学士就升不上来。李鸿章就认为，是不是翁同龢急了，盯上自己的位置，自己一退他就补上了。李鸿章让袁世凯回去告诉翁同龢，自己只要活一天，就坚决干到死，不会给他让路。这一点确实达成了，等到光绪二十四年（公元1898年）翁同龢被撵回家，还是协办大学士，到死也没当上大学士。

到了光绪二十六年（公元1900年），清朝准备同十一国宣战，当时李鸿章是两广总督。那时发诏书已经使用电报了，他收到这个电报以后，觉得这不是胡扯嘛，同十一个国家宣战，怎么可能打得过？于是让铁路大臣盛宣怀下令各地电信局将清廷召集义和团民及宣战的诏书扣押，只给各地督抚观看，并且电告各地督抚，不要服从此命令。张謇、赵凤昌等人劝告两江总督刘坤一、湖广总督张之洞、两广总督李鸿章，倡议抗命，李鸿章复电朝廷"此乱命也，粤不奉诏"[1]，此一电报也鼓励了东南各省督抚违抗"支持义和团"的命令，以为"乱民不可用，邪术不可信，兵衅不可开"，"无论北方情形如何，请列国勿进兵长江流域与各省内地；各国人民生命财产，凡在辖区之

1《庚子国变记》。

内者，决依条约保护"。[1]时局日益糜烂，湖广总督张之洞随后提出"李鸿章大总统"方案：一旦北京不保，我们就建立共和国，推举李鸿章出任中国"总统"以主持大局。甚至李鸿章幕僚刘学询还去信给孙中山，说"傅相因北方拳乱，欲以粤省独立，思得足下为助，请速来粤协同进行"[2]。被东南众大臣抵制的慈禧太后，事后不但不敢处罚他们，甚至还表扬他们"度势量力，不欲轻构外衅，诚老成谋国之道"。这是李鸿章晚年最华彩的一章。

李鸿章的好友郭嵩焘曾说过："吾尝谓中国之于夷人，可以明目张胆与之划定章程，而中国一味怕。夷人断不可欺，而中国一味诈。中国尽多事，夷人尽强。一切以理自处，杜其横逆之萌，而不可稍撄其怒，而中国一味蛮。彼有情可以揣度，有理可以制服，而中国一味蠢。莫乃无可如何！"[3]其实，李鸿章所有的思想没有超过曾国藩，基本思想还是认为中国的制度文物是世界最好的，没有问题，只是枪炮不行，舰船不行，只要把这个技术学到，就能抵御外辱。李鸿章和曾国藩一直就遵循了这个原则，这就是洋务派的基本思维。

八国联军打下了北京，又要签订和约了，慈禧太后、光绪

---

[1] 郭继武：《东南互保与晚清政局》。
[2] 陈锡祺：《孙中山年谱长编》，中华书局1991年版。
[3] 《郭嵩焘日记》（一），湖南人民出版社1981年版。

皇帝远在西安，派庆亲王奕劻及李鸿章为全权特使与各国和谈。光绪二十六年（公元1900年）十月，李鸿章复任直隶总督兼北洋大臣，在北京与八个国家展开谈判。俄国志在另立条约取得中国的东北，但英、美则以商业为重，希望保持在华的贸易利益，对俄国的扩张存有戒心，故反对各国的领土要求。李鸿章懂得一些国际法，提出义和团为"叛逆"，皇室之前的宣战诏令是被挟持之下发出，不承认中国与十一国交战，事件是外国派兵来华"助剿叛乱"所引起。故此各国无割地的理据，而中国则只有赔偿军费的义务。最后列强也认同了这个原则，光绪二十七年（公元1901年）九月，清政府被迫签署《辛丑条约》，需要向各国给予总计四点五亿两白银的战争赔款，分三十九年偿还，史称"庚子赔款"，从关税及盐税中扣付。

李鸿章当时已经七十多岁，条约签订以后没多久就去世了，此前他写了一个奏折，总结了几十年来中外交涉的历史："臣等伏查近数十年内，每有一次构衅，必多一次吃亏。上年事变之来尤为仓促，创深痛巨，薄海惊心。今议和已成，大局稍定，仍希朝廷坚持定见，外修和好，内图富强，或可渐有转机。"[1]

李鸿章是清末最能干的大臣，也拥有鲜明的时代特征。

---

[1]《李鸿章全集·奏稿》，时代文艺出版社1998年版。

他贪污腐败也很厉害,在北京、天津、上海、合肥拥有大量不动产。他还接受俄国的贿赂,自以为得计,其实被俄国人耍得团团转。临死前俄国公使还逼迫他要履行承诺,最后李鸿章吐血而亡也与此有关。总之,李鸿章是一个非常复杂的悲剧人物。

载漪和他的儿子：候补皇帝与开缺太子

"候补皇帝"就是差点当了皇帝，开缺是清朝一个官方术语，表示从某个职位上被开除，"开缺太子"就是太子当着当着最后被开掉了。这些非常奇怪的现象都发生在端郡王载漪和他的儿子身上。

载漪的父亲是道光皇帝的第五个儿子惇亲王奕誴。奕誴很早就把载漪过继给了瑞敏郡王奕志。按理说，载漪应该是瑞郡王，没想到皇帝的御旨写错了，把瑞写成了端，一旦发布就不能更改。这是非常荒谬的一个事情，但偏偏就发生了，他只好由瑞郡王变成端郡王。而且他的名字非常不好看，三点水和奇字中间放了一个反犬旁，非常糟糕，他一辈子也非常痛恨，怎么起了一个这么难看的名字。据说是因为咸丰皇帝特别讨厌他，故意给他起这个名字。所以这一家实际上属于道光这一支中非常不受重视的一群人。奕誴本人也没有担任过什么重要的职位，只是在宗人府任职，从来没有入过军机处参与国家政事，不像他的弟弟奕訢。没想到的是，戊戌政变之后他突然有了个咸鱼翻身的机会。这主要是和慈禧太后有关。

戊戌政变之后,光绪和慈禧势同水火。慈禧打算废掉光绪,但是清朝还没有发生过废皇帝的事,没人敢这么想,也没人敢这么做,一直都是皇权独大的。慈禧就以光绪的名义下诏,说自己身体不好,要全国各地的名医来看病,然后又说不能生儿子,没有生育能力。光绪的身体确实很有问题,据说他一听到京戏里的锣鼓声,就好像听到打雷一样瑟瑟发抖,身体素质很差,活了三四十岁也一直没有孩子,这就让大家不得不怀疑其生育能力了。因此,慈禧就以光绪的名义收了载漪十五岁的儿子溥俊为义子,称大阿哥,史称己亥立储。但是没有想到,这件事遭到了同情光绪的各国公使以及地方督抚的联合反对。各国公使反对废除光绪,是觉得光绪相对比较开明,还懂一些外交,方便交流。地方督抚也表示反对,尤其是两江总督刘坤一。他在给慈禧亲信荣禄的电报中说,君臣之义已定,中外之口难防。意思是我和光绪的君臣关系早就确定了,不能说废就废,国内外也会议论这个事情,无法平息舆情。他还说"坤一为国谋者以此,为公谋者亦以此"。意思就是你们这些一心要废掉光绪的人,也要为自己考虑考虑,一旦废掉皇帝引发天下大乱,你们也要当替罪羊的。镇压太平天国以后,地方势力已成,就很难再像以前(尤其是康雍乾时期)那样,皇帝对地方督抚可以任意处置,说罢免就罢免,说充军就充军,现在基本做不到了。

慈禧太后非常生气,因为慈禧比光绪年龄大很多,正常来说她肯定是死在光绪前头的。这就牵涉到传统政治当中的一个关键问题了，即父子继承。一般来说，即便儿子对父亲有再大的意见，在继承皇位后也不可能将父亲打倒在地，再踏上一万只脚，毕竟有血缘、伦常的约束。但是慈禧和光绪不存在这样的关系，慈禧不是光绪生母，只是他的姨母，而且对他又那么坏。一旦死掉或者被光绪发动政变，她的地位、名誉就很成问题了，慈禧对此很担心。当然，光绪也很明白这一点。最后光绪还是被慈禧毒死，比慈禧早一天驾崩。面对各国公使和地方督抚的反对，慈禧不敢对手握兵权、财权的地方实力派有所微词，却恨死了洋人，认为这是干涉内政。恰好这时候出现了义和团运动，给了慈禧利用义和团对付洋人的机会。义和团的首领称"大师兄"，迷信通过祈祷可以让各种神仙降身，号称刀枪不入。起初打着反清的旗号，被镇压后又打出扶清灭洋的口号，因此，官府不敢镇压，其声势越来越大，很快就遍布山东全境。没想到，袁世凯就任山东巡抚后，他根本不相信刀枪不入那一套，对义和团坚决镇压。而直隶总督裕禄、直隶按察使廷雍非常迷信义和团，觉得"大师兄"了不得，将义和团引入了直隶。

除了慈禧，载漪对光绪也非常痛恨，因为光绪不退位，他儿子就只能一直候补，无法转正。由于各国公使支持光绪，他也迁怒于洋人。庄亲王载勋、大学士刚毅等人阿附载漪，也在慈禧面前进言，可以用义和团去反洋人。所以这实际是清朝最高层关于最高权力的内斗，想将光绪扳倒，但又要找个冠冕堂皇的理由，反洋人、爱国这总是没有错的，于是就将义和团引进了北京，称为"义民"。当时清廷内部围绕是否支持义和团分成两派，慈禧也有些吃不准，就派刑部尚书、总理衙门大臣、军机大臣、顺天府尹赵舒翘及都察院左副都御史何乃莹前往涿州考察义和团。力主废黜光绪帝、主张招抚义和团杀灭洋人的大学士刚毅唯恐赵舒翘的汇报结果不利于义和团，也紧随其后赶往涿州。其实赵舒翘经过考察已经明显看出义和团所谓"神功"全是假的，但刚毅却力言神功"可恃"。赵舒翘阿附刚毅，不敢提出异议。慈禧听了三人的汇报，也就半信半疑，命令载漪总领义和团事务。

光绪二十六年（公元1900年）五月十四日，慈禧居然任命载漪出任总理各国事务衙门大臣，这令各国公使非常担心。第二天，日本驻华使馆书记杉山彬去永定门外迎接担任使馆卫队的日本兵，被刚调入京的董福祥甘军所杀。事后载漪还称赞董福祥是了不起的好汉。这就破坏了基本的国际规则了，即使两国交战，也是不能杀害外交官的。当时北京城内聚集了数万义和团团民，载漪、载勋将"大师兄"请到自己的府邸设坛祭拜，后来就直接入团了。五月二十日，义和团焚烧教堂，前门一带如东西荷包巷、珠宝市、大栅栏、廊房头条二条、煤市街等处教堂，悉付一炬。火势延烧正阳门城楼，红光烛天，各处教堂及教士居宅，同时举火。慈禧当时处于左右摇摆之中，不知道怎么办，既想利用义和团打击洋人，但是听闻火烧闹市后又担心团民胡来。第一次御前会议后，慈禧曾发出勒令解散拳民的上谕。不料到了五月二十一日，她收到洋人出兵并要求归政于光绪的虚假情报，十分震怒，态度出现一百八十度转变，命刚毅、载漪、载勋等人统领义和团，向洋人开战。

五月二十三日，第四次御前会议，慈禧命令清军攻打东交民巷，平日坐在一旁不吭声的光绪皇帝实在忍不住了，就抓住侍郎许景澄的手说，战端一开，我一个人死了无所谓，天下生灵怎么办呢？两人拉着手痛哭，慈禧大喊许景澄无礼，怎么能拉着皇帝的手哭呢。慈禧还命令许景澄通知各国使馆，在二十四小时内出京，派军队护送。当天晚上各国公使联名致函总理衙门，说让我们出去可以，但是路上的安全完全没有保障，城内外全是义和团团民，出去不是自寻死路吗？要求延缓，并且要求总理衙门次日上午九点前给予答复。但是第二天又出事了，这天上午八点，德国公使克林德带着翻译前往总理衙门亲自交涉，没有卫兵，只有两名马夫。他走到东单牌楼北大街西总布胡同西口时，被正在巡逻的神机营霆字枪队章京恩海击毙。各国公使更加恐慌，开始在东交民巷一带设置防御工事，从天津调兵五百多人前来防守。五月二十五日，慈禧以光绪皇帝的名义发布了宣战诏书，向十一国同时宣战。当时清军和义和团重点进攻的地方，一个是西什库教堂，一个是东交民巷。没想到这两个洋人和教民的据点在重重围攻下两个月都没打下来。为了表示血战到底的决心，清廷在七月初三和七月十七日分别处死了许景澄、袁昶、徐用仪、立山、联元五个反对开战的大臣。但是有什么用呢？七月二十日，八国联军从通州打到北京城下，董福祥的甘军在广渠门作战失利，北京城门户洞开，连皇城都受到攻击，联军已经弄梯子翻越皇城城墙了。慈禧一听，洋人都打到紫禁城了，于七月二十一日带着光绪仓皇出京，一路狂奔，往西安逃跑。城内清军和义和团几乎是土崩瓦解，北京城被八国联军占领。与此同时，俄军南北两路派十余万人侵占东北。李鸿章幻想联俄抗日，以夷制夷，结果导致胶州湾、旅顺、大连等沿海港口被列强瓜分。现在俄国人又趁机入侵东北，所谓《中俄密约》给中国带来的几乎是灭顶之灾。

《辛丑条约》签订以后，慈禧和光绪从西安返回北京。途中，溥俊被废除"大阿哥"名号，"候补皇帝"变成了"开缺太子"，以后在民国年间穷困潦倒，寄人篱下而死。溥俊稀里糊涂的，心智也有些不健全，慈禧立他为"大阿哥"，完全是出于一己之私，毕竟她不是爱新觉罗皇族，对这个家族、对这个政权没有什么特别深厚的感情，而且她从小也没有接受严格的皇子教育，缺乏治理国家的才干，从责任、感情、能力等方面衡量，都不是一个合格的统治者。

清朝最高层的权力斗争招致了整个国家的悲剧，最后赔了四亿五千万两白银。清政府利用义和团的愚昧和盲目排外来对付洋人，却导致自身丧失威信，所以李鸿章、刘坤一、张之洞这些地方大员才敢发动"东南互保"。他们觉得中央这个朝廷完全不行了，甚至张之洞还说一旦慈禧、光绪在逃难的时候身故，就成立共和国，拥护李鸿章当总统。

奕劻：难以扳倒的庆亲王

庆亲王奕劻是清末皇族中继奕䜣、奕谭之后实际执掌政权的第三人。

奕劻的曾祖父是乾隆皇帝，他本人是庆僖亲王永璘之后，道光三十年（公元1850年）袭辅国将军，连贝子都不是。他在慈禧发迹之前与之相识，给过慈禧一些帮助。慈禧很念旧，因为从小家庭败落，谁帮助过她，她就一直记着。奕劻在咸丰二年（公元1852年）封为贝子，后来又晋为贝勒。同治十一年（公元1872年）加郡王衔。毫无疑问，这都是慈禧太后提拔的结果。按照清朝降等袭封的惯例，疏属的皇族降为贝子以后，几乎是没有任何可能被封为郡王的，因为你既不是当今皇帝的叔叔，也不是他的儿子。光绪十一年（公元1885年），奕劻和奕谭一起办理海军军务，逐渐进入权力的核心层。出人意料的是，光绪二十年（公元1894年），慈禧六十大寿的时候，奕劻居然被晋封为亲王，要知道在清朝被封为亲王是很难的，皇子都不一定有这个机会。慈禧不是皇族，也没有接受过治国的教育和训练，当时她已经大权独揽很多年了，喜欢由着自己的性子来。庚子事变的时候，奕劻跟着跑到太原，最后又作为全权代表和李鸿章一道去和谈，排名还在李鸿章之上，也算是立有大功。总理各国事务衙门改为外务部后，他又主管外务部事务。

虽然大家都说奕劻上位是靠着与慈禧的私人关系，但他这个人头脑还是很清楚的，招抚义和团的时候他就反对，毕竟他在民间厮混过很久，知道那些根本没有用，所以他坚决反对利用义和团对付洋人。庚子事变后，大学士昆冈要求给徐桐抚恤和加谥号。徐桐也是大学士，和载漪一道主张和各国开战，八国联军破城的时候，在家中自杀身亡，倒是有些理学家的气节。奕劻听说要给徐桐平反，勃然大怒，说这个人早就应该死了，可惜死得太晚了。他们之间有什么矛盾呢？庚子年清廷处死的反战五大臣中有个兵部侍郎叫徐用仪，这个人很有才干，非常擅长同洋人进行外交谈判，很受奕劻的欣赏。奕劻和荣禄一起想要营救他，可是徐桐坚决主张处死，监斩的还是他的儿子。没有经过任何审判，没有走任何法律程序，就把兵部侍郎给杀掉了，所以奕劻恨死了徐桐。总体而言，奕劻头脑还算清楚，不至于像载漪那些人一样稀里糊涂。

唐文治先生当年在奕劻手下工作过，他在《记和硕庆亲王事》中回忆，奕劻为人特别和蔼。唐文治是高度近视，在奕劻面前报告事宜，常常为看不清相关文书中的内容而苦恼，奕劻就每次将文书高举，用手指明相关之处，让其看清楚后再回话，很礼贤下士，对年轻晚辈非常客气。所以奕劻能够发迹，也不完全是靠着与慈禧的私人关系。晚晴的皇族在奕䜣和奕谭死后，数来数去，也就奕劻还算是有些头脑，总好过载漪这种人掌权吧。载漪才掌权了几个月，就闹出庚子国变，差点让清朝彻底完蛋。

当然，奕劻也有很明显的缺点，喜欢受贿。唐文治先生就讲，朝中的清流，那些言官，总觉得奕劻生活太奢侈，贪污受贿肯定特别多，但弹劾的时候总是没有实据。说实话，这种实据御史们怎么拿得到呢？奕劻把钱藏在汇丰银行，这是英国人办的，你要求人家出具奕劻的存款情况，人家不会理会，更何况奕劻还是当时第一号权贵，银行也不敢拿出来。所以唐文治先生觉得，完全不贪污是不可能的，但是假如你要说奕劻贪污了一万万两，比和珅还多，这怎么可能呢？民国年间著名的外交官施肇基先生也在奕劻的外务部工作过，他自己就曾经给奕劻送过钱。当时他被任命为外务部右丞，一个司局级干部，要送两千两百两银子，连门房都要塞三十二两银子。本来他不愿意送，后来担任民国总理的唐绍仪就对他说，庆亲王的开支太大，他自己入内廷也被索要银两，他不受贿，哪来的钱往宫里送？可见，当时已经形成一个贪腐的链条，虽然亲王也手握大权，但他面见太后、皇帝的时候，也得给宫里的人送礼。他的俸禄也是有限的，只能找手底下的人索贿。他也没辙，整个风气就是如此。

光绪三十年（公元1904年），御史蒋式瑆上疏弹劾奕劻，说上年十一月奕劻将一百二十万两黄金的私产存入汇丰银行，而且他们家的起居饮食、车马服饰都异常奢华，这些钱从哪儿来的，肯定是贪污受贿，要求彻查。但最后查半天也没有实据，这个事情也就过去了。为什么呢？慈禧太后也知道当时的官场风气就是如此，而且她和奕劻又有私交，所以很多人弹劾奕劻，但他就是屹立不倒，成为清末官场的不倒翁。

光绪三十二年（公元1906年），奕劻向慈禧太后提出，将两广总督岑春煊调任云贵总督。大家知道两广总督从清初开始就是个大肥缺，过去管着十三行，现在将其调到云贵，虽然官职没变，但形同贬官。庚子国变的时候，慈禧带着光绪一路西逃，没有人护卫，也缺吃少喝，很是狼狈，跟丧家犬一样，最后半路上碰到了带兵勤王的甘肃布政使，正是岑春煊。他就一路护送慈禧一行到西安，晚上在寺庙宿营的时候还亲自拿着刀站在庙门口，忠心耿耿。当然这也是一种作秀了。因此，慈禧特别念岑春煊的好，对他很是感激。但是奕劻与岑春煊关系很差，因为岑春煊喜欢弹劾别人，在两广总督任上弹劾了四十多人，其中不乏靠着奕劻的门路当上官的，所以奕劻很生气，想把他调到云贵，然后推荐袁世凯的亲家周馥接任。岑春煊不敢抗旨，但又很生气，就借口就医，赖在上海不走了。

在经历了庚子国变之后，清廷也意识到不进行改革的话就无法再维持统治，于是开始施行新政。其中有一个方案是奕劻和袁世凯提出来的，学习日本，实行责任内阁制。总理大臣肯定是奕劻，副总理大臣自然是袁世凯，两人的如意算盘就是这样的。但是，这个方案遭到军机大臣瞿鸿禨的极力抵制。瞿鸿禨也是慈禧特别信任的人，当时跟着慈禧一起逃往西安，整个军机处实际上就他一人，草拟各种文件，相当于张廷玉的角色。一旦这个方案通过，奕劻变成总理大臣，那瞿鸿禨就彻底成为他的下属了，而且瞿鸿禨和袁世凯也有矛盾。袁世凯以前考过秀才，没有考上，正是被时任河南学政的瞿鸿禨给开掉的。所以我们经常看到很多政治斗争都有一个伏笔，很可能在十几年前就埋下了，但是斗争的双方又不能公开不和，总是要找一个大帽子来作为理由。这个大帽子是什么呢？总理大臣的权力太大，把皇上都架空了。责任内阁的方案夭折，袁世凯很生气，于是提出辞职，除了直隶总督和北洋大臣没舍得辞以外，其他的官职全部都辞了。

瞿鸿禨一看赶紧让人携带密信给岑春煊，说你赶快到北京来，面见太后。凭着私人交情，岑春煊被慈禧连续召见了四次，两个人是老朋友了，见面有谈不完的话。岑春煊就弹劾奕劻贪污，慈禧问他有无凭证？岑春煊就说了，行贿受贿这种事向来都是极其秘密的，怎么会留下字据或凭证呢？慈禧想为奕劻开脱，说他太老实了，是上了别人的当了。岑春煊则说，执掌政权的人何等重要，怎么能以上当为由而不被追究呢？如此一来朝纲怎么能得到整饬呢？最终，慈禧还是舍不得将奕劻给撤职，但也收回了岑春煊去云贵的任命，改命岑春煊为邮传部尚书。岑春煊刚接受任命，就弹劾袁世凯的亲信邮传部侍郎朱宝奎。朱宝奎去职不到三天，瞿鸿禨同乡御史赵启霖便上奏弹劾奕劻父子受贿卖官的劣行，此前《京报》已经披露奕劻父子的劣行，而主笔汪康年正是瞿鸿禨的学生。这明显就是大家商议好的，由报纸发动舆论，然后再找言官弹劾。

这次弹劾导致袁世凯的亲信段芝贵丢掉了黑龙江巡抚的官职。段芝贵这个人很会来事，在奕劻七十大寿的时候送了十万两白银，还重金赎出天津头牌交际花杨翠喜送给奕劻的儿子载振。因此，当东北建省需要任命三个巡抚的时候，奕劻父子居然将段芝贵送上黑龙江巡抚的官位。任命下来后，大家都很惊讶，都没有听过这个段芝贵是谁。这个事情被曝光以后，段芝贵只能下台了。

到目前为止，似乎是奕劻和袁世凯在节节败退，但是他们也开始反击了。怎么反击的呢？他们从军机处档案中找到当年瞿鸿禨保荐康有为、梁启超的三份奏折，以及岑春煊保荐翁同龢学生张謇的奏折。慈禧是最痛恨康、梁、翁三人的，这一下就让她心里有些嘀咕了。恰好广西革命党人起事，袁世凯就推荐岑春煊前去镇压。岑春煊想要故技重施，赖在上海不走，但不久就传来一个噩耗，瞿鸿禨被罢官。

为什么呢？瞿鸿禨犯了一个非常大的忌讳。事情是这样的，慈禧同他单独谈话的时候曾经讲过，奕劻确实名声不好，好多人都弹劾他，但是他马上要过七十大寿了，就给他留点面子，等大寿过完再让他离开军机处，不让他掌权了。瞿鸿機一听大喜过望，回家就告诉了夫人，并嘱咐千万不能泄露。但是所谓秘密一旦告诉了一个人就不再是秘密了，他肯定忍不住会告诉更多人。最后这个消息被汪康年得悉，他作为报纸的主编最喜欢这种惊天大料了，马上登报。奕劻一看报纸，上面居然说自己要下台了，赶紧问袁世凯怎么办。袁世凯很聪明，马上告诉英国公使朱尔典，说等你夫人见到慈禧太后的时候，就这样说，庆亲王在军机处办事挺得力的，怎么您要把他给撤职了呢？慈禧很惊讶，朱尔典夫人就把报纸拿出来，说上面已经登载了这个消息。慈禧一想，这事肯定是瞿鸿機泄密了，除了他没有别人知道这个事情。光绪三十三年（公元1907年），内阁公开上谕，说军机大臣瞿鸿機暗通报馆，授意言官，阴结外援，分布党羽。这在雍正、乾隆年间是要砍头的，但慈禧说让他开缺回籍吧，以示薄惩。毕竟到清末了，想要杀人也不如当年刀快了。

瞿鸿機被罢官之后，岑春煊正准备从上海动身前往广西赴任，突然又来了一纸电文，说你不是申请开缺吗，现在就准你开缺回籍，等于是将岑春煊也给罢官免职了。这里面又是袁世凯的功劳。袁世凯有个亲家叫端方，是两江总督，他非常擅长摄影，将岑春煊和梁启超两个人的相片拼在一起，弄成了一个合影。慈禧一看，十分伤心，我那么信任你，你居然同梁启超混在一起，于是让岑春煊提前退休。

如此一来，奕劻和袁世凯的两个死敌全部被罢免。虽然袁世凯以后还遭到了载沣等皇族亲贵的坚决阻击，但只要奕劻在一天，袁世凯就有机会东山再起。宣统三年（公元1911年），奕劻成为内阁总理大臣。不久武昌爆发新军起义，奕劻摆不平，处理不了，只好让袁世凯重新出山，继任内阁总理大臣。

奕劻虽然是爱新觉罗皇族，但他同袁世凯结成了非常深的利益同盟关系，可能他也看清了现实，觉得清朝保也保不住，还不如把自己的钱放到汇丰银行更保险一点。

袁世凯：清朝的总理，民国的总统

袁世凯是李鸿章之后最有实力、影响力最大的大臣。他是个什么样的人呢？张之洞的一个幕僚曾经这样比较，岑春煊不学无术，袁世凯不学有术，张之洞则是有学有术。张之洞听后笑道，袁世凯不但有术，而且多术。什么意思？袁世凯的本事特别大，社会经验很丰富，只是学问不太好。但是我们要记住一点，所有的历史叙述大体都是文人编写的，文人编写的历史书籍基本都是文人本位，认为所谓的学术就是写在纸面上的知识，谁的这种知识渊博，谁的学问就特别大。其实纸上得来终觉浅，古人早就说过了，真正的学问是扎根现实生活的。

作为一个历史学家，如果对现实社会生活的了解只是普通人的水准，那怎么能够分析几百年甚至上千年前的历史呢？基本不可能做到。对社会的复杂面貌以及其中的关联进行分析，首先需要有对现实的洞察力，然后才会有对历史的洞察力。当然，了解和学习历史以后又有助于你对现实的洞察。

袁世凯"不学有术"，并不是说他没有学问，更多的是指他没有纸面上的那种学问。作为官宦子弟，他几次参加科举考试都没有考上。他平日"嗜酒好骑马，日饮数斗，驰骋郊原"，

"喜为人鸣不平，慷慨好施予，以善为乐"，是个非常豪爽的人，给人一种先秦时期侠士的感觉。光绪五年（公元1879年），袁世凯乡试再次落第，他将所学书籍付之一炬，并表示"大丈夫当效命疆场，安内攘外，乌能龌龊久困笔砚间，自误光阴"。这个行为有点模仿他的老乡班超投笔从戎。第二年，他投靠出身淮军的吴长庆，并跟着庆军到了朝鲜。在朝鲜，年仅二十三岁的袁世凯平定了叛乱，受到李鸿章的赏识，并且以通商大臣的身份驻扎朝鲜十二年，为朝鲜国王看重。他很有预见性，认为朝鲜迟早会出大患。他上书给李鸿章，对朝鲜问题的处理提出上下两策。上策是："乘朝鲜内敝，而日本尚不敢鲸吞朝鲜，列强亦尚未深入，我政府应立即彻底收拾朝鲜，建为一个行省。"下策是："门户开放，免得与日本或帝俄正面冲突，索性约同英美德法俄日意各国，共同保护朝鲜。"

甲午战争爆发后，袁世凯回国，因为在朝鲜展露出了军事才能，被李鸿章举荐去负责督练新军，这就是著名的"小站练兵"。他以当时世界上非常强大的德国陆军为榜样，制定了一整套陆军的招募、组织编制、军官任用、培养、训练、教育及粮饷制度，这是中国第一支现代化的陆军。以前的湘军、淮军虽然也使用洋枪洋炮，但整个组织和训练都还是中国传统的那一套。袁世凯事必躬亲，重视官兵福利，亲自监督发饷，避免贪污舞弊，深获官兵拥戴。这支"袁家军"便是以后的北洋军的开始，袁世凯的实力也来源于此。

甲午战败，《马关条约》签订，朝野上下都意识到，洋务运动彻底破产了，那种只购买兵器船舰或者引进生产线，试图只从物质、技术层面来解决清朝的问题是无法成功的，必须要进行政治体制改革。因此，康有为创立强学会后，袁世凯、徐世昌、张之洞等人都列名参加，甚至李鸿章都想加入。甲午战争以后，袁世凯即和康有为结交。光绪二十一年（公元1895年），在康有为发动公车上书以后，在督办军务处当差的袁世凯也曾向光绪帝上书，条陈变法事宜。当年夏天，康有为第四次上书皇帝，由于康有为只是工部主事，没有上奏的权利，而都察院和工部又拒绝代为上奏，袁世凯便以督办军务处的名义帮其转呈，两人的关系还是挺好的。后来袁世凯赴小站筹建新军，康有为等为袁设酒饯行，康有为对袁世凯的印象也极好，认为"袁倾向我，甚至谓吾为悲天悯人之心，经天纬地之才"。袁世凯从三品按察使升为二品候补侍郎即是徐世昌向维新派活动的结果。袁世凯不可避免地卷入了戊戌政局。

关于袁世凯在戊戌变法中的角色，现在流行的说法是袁世凯向荣禄告密导致了政变发生，包括他本人的《戊戌日记》、政敌梁启超《戊戌政变记》也这样讲。但这种说法有明显破绽。如果是袁世凯的告密导致政变，八月初六慈禧发动政变时，上谕中应该会指名逮捕谭嗣同。但上谕中只命令捉拿康有为、康广仁兄弟，并没有谭嗣同。而且给康有为定的罪名是"结党营私，莠言乱政"，罪名较轻。而"围园劫后"属大逆不道，罪不可赦，上谕中却没有提及。八月初五上午袁世凯觐见光绪皇帝后，即乘火车赶回天津，袁世凯的《戊戌日记》记载"抵津，日已落"。若当夜向荣禄告密，荣禄很难连夜赶到北京向太后禀报。慈禧太后实行训政是在初六上午，可见慈禧太后发动政变并不是由袁世凯告密引起，政变时也不知道维新派有"围园劫后"的计划。

由此可见，梁启超《戊戌政变记》、袁世凯本人的《戊戌日记》可能都对此事进行了编造。其目的是什么呢？袁世凯主要是为了证明自己对慈禧的忠诚，反贼劝我造反，我立马就给供了出来；梁启超则是为了证明袁世凯这个人太坏，我们戊戌变法就是因为他的告密而夭折的，谭嗣同也是因为他而被杀。

当时传说光绪皇帝给了杨锐等四个军机章京一份密诏。这个密诏的原件已经不见了，其文字现在有三个版本，也不知道哪个是真的，其中第二和第三个版本比较相似。密诏上面说，现在维新活动越来越艰难，需要废黜那些守旧大臣，但是太后对我不满意，不同意我的做法，假如我坚持将旧法尽变，将守旧大臣悉数废黜，恐怕皇帝的位子都不保，因此你们和林旭、谭嗣同赶紧商量一个妥帖的办法，既要废除旧法，废黜旧臣，但又不能违背老太后的意思。这一版本密诏中根本就没有要袁世凯兵发颐和园把慈禧抓起来的内容。这种最核心最机密的事情，一般难有文字记录的，即使光绪有政变的想法，他很可能不会留下文字，可能是偷偷授意杨锐去找袁世凯发兵将太后抓起来或杀掉。

八月初三，维新派的几位核心人物聚在一起，见到里面"朕位且不能保"的话，捧诏痛哭，商议救光绪的办法。康有为认为，袁世凯这个人可用，他曾经告诉自己，很感谢自己对他的引荐拔擢，"赴汤蹈火，亦所不辞"。于是才有了谭嗣同夜访法华寺，与住在那里的袁世凯面谈的事。袁世凯怎么说呢？他认为这个事情根本做不到，虽然自己的军队很精锐，但从小站奔袭两三百里外的颐和园，还要突破聂士成、董福祥两军的阻拦，成功的把握实在太小。袁世凯提出，不如等到农历九月初皇帝、太后来天津阅兵的时候，让光绪皇帝避入自己军中，由皇帝下旨将荣禄给抓起来，这个可能性还大一些。

其实，这种政变完全是纸上谈兵。袁世凯觐见光绪皇帝后便回到了天津，但他没有立即向荣禄揭发。到第二天的时候，他才主动去见荣禄，因为他发觉事情有点不对，慈禧太后已经从颐和园回到紫禁城了，他知道这事坏了，做不成了，肯定泄露了。荣禄有个心腹叫陈夔龙，当过直隶总督，和袁世凯是政敌，特别讨厌袁世凯。据他的回忆录记载，袁世凯见到荣禄，跪着说，有一件事，自己不敢办也不忍办，只能请死。荣禄是个老江湖，当时他已经知道北京政变的消息了，就说你有什么事啊？袁世凯拿出一张纸，或许就是光绪密诏，递给荣禄，观察他的脸色。荣禄看完以后，正色说道："我是皇帝的臣子，皇帝要杀要剐都无所谓，雨露雷霆都是皇帝的恩泽，我绝无怨言。不过，承旨有军机处，行刑有菜市口，我若有罪，自当入京请罪，现在仅凭这么一张纸，我怎么可能遵循呢？"荣禄这句话讲得非常有道理。清代的圣旨要经过军机处，通过廷寄，后来通过电报，发出来。你现在就是一张纸头，说是光绪亲笔，上面盖了玉玺，就要自己按照旨意执行，这怎么可能？万一是皇帝身边人伪造的，假传圣旨，怎么办？完全不符合正常的公文程序。袁世凯一听这话，失声大哭，长跪不起。荣禄说没关系，明天再谈。然后荣禄坐火车去北京，见到庆亲王奕劻，把这个事情给揭发了。可见，袁世凯是在北京政变发生之后才向荣禄招供自首的，只不过这两件事情基本是在同一天发生的。因此，并不是袁世凯告密才导致慈禧太后从颐和园提前回来，发动政变囚禁光绪皇帝，然后下令逮捕康有为。假如果真如此，圣旨里肯定有一条是抓捕首恶谭嗣同，而实际上谭嗣同是在政变之后好几天才被捕入狱。在袁世凯自首后，荣禄去北京汇报，然后慈禧才知道，原来不仅是要发动政变，还要把她给抓起来杀掉。也就是说，袁世凯的自首将政变波及的范围扩大了。八月十四日，也就是戊戌六君子被杀后的第二天，慈禧太后以光绪皇帝的名义发布上谕，宣布维新派的罪状，里面才有"纠约乱党，谋围颐和园，劫制皇太后及朕躬之事"的字句，说明她之前根本不知道有这回事。

袁世凯虽非主动告密，但他将围园密谋和盘托出，总算将功补过，加上荣禄很欣赏他的才干，所以他平安地度过了戊戌政变这一关，否则将人头不保，也就没有后面成为清末第一权臣的事了。

后来，袁世凯的身份是清朝的总理，然后又是民国的总统，可见这个人政治能力和手段特别强。袁世凯少年成名，二十多岁就在朝鲜平定了叛乱，独当一面，受到李鸿章的赏识。在李鸿章去世后，他逐渐成为最重要的汉大臣，也是清末新政的领袖，他的一些举措甚至远超维新派的主张。

八国联军攻入北京的时候，他本人训练的军队并没有参战，当聂士成和董福祥的军队几乎全军覆没后，只有他的"袁家军"保存完整，也最有战斗力，因此他成为最强大的实力派。当上直隶总督后，他从八国联军手中收回了天津，而且与日军驻天津司令秋山好古成为好友。两个人性格非常相似，饮酒骑马，以豪杰自诩。秋山好古认为袁世凯是中国最杰出、能力最强的人物，如果袁世凯日后成为中国的领袖，中国将成为日本的劲敌。当时，作为直隶总督、北洋大臣，他实际上成为清朝管理对外事务的最高领袖。此外，他还身兼参预政务大臣、练兵大臣、督办商务大臣、电政大臣、铁路大臣等职，号称一人身兼八大臣。李鸿章等老一代洋务派退出历史舞台后，整个清朝能倚仗的就只有袁世凯了。当然同一时期还有一个盛宣怀，但同袁世凯相比，其实力和影响差太远。

当时，按照《辛丑条约》的规定，中国不得在天津驻军，但袁世凯这个人非常聪明，他训练了三千名警察进入天津，维护了中国在天津的主权。而且他还积极推动地方自治，光绪三十三年（公元1907年），天津举行了全国首次地方市政选举。京张铁路作为中国自筹资金、自行设计、独立修筑的第一条官办铁路，也是袁世凯督修的。他委任詹天佑为总工程师兼会办路务，奏准所用钢轨、枕木、机器、车辆等材料免纳厘税，光绪三十一年（公元1905年）开工，四年后通车，大长了国人的志气。

袁世凯还力主废除科举，这在当时是个惊天动地的大事。清朝继承明朝的科举制度，特别注重科举考试，甚至因为科场舞弊杀过许多主考官。光绪二十九年（公元1903年），袁世凯与张之洞联名上书，指出"致治必赖于人才，人才必出于学校"，甚至说"科举一日不废，即学校一日不能大兴"。为什么要与张之洞联合上书呢？因为袁世凯本人没有功名，他不是进士，更不是翰林，如果他一个人提出废除科举，容易被人攻击说他是出于私心。张之洞不一样，他是探花郎，他提出这个建议就没问题。他们当时建议将各项考试取中名额按年递减，分两三科减尽。以往举贡生员按不同情况，令其分别入新式学堂、速成师范学习，或另给其他出路。光绪三十一年七月，袁世凯领衔与赵尔巽、张之洞、周馥、岑春煊、端方联名上折，指出目前"危迫情形"，"实同一日千金"，纵使"科举立停，学堂遍设，亦必数十年后，人才始盛"，因请立即停止科举，推广学校。谕令所有乡、会试和各省岁科考试一律停止。最终，清廷同意废除科举制，这就打破了中国一千二百多年来以科名选拔官僚的体制，从制度上为推广新式学校教育扫清了障碍。当然，改革都是双刃剑，由于太为急促，触动了太多人的既得利益，导致大批传统士子倒向了立宪派和革命派，也激起了守旧大臣的激烈反抗。当时，军机大臣王文韶为人特别通透圆滑，人称"琉璃球"，遇到事情从不坚持自己的主张，但对废除科举却是极力反对，"老夫一日在朝，必以死争之"。他完全接受不了废除科举，觉得这等于是将他一生都给否定了。反观张之洞，可以看出他非常了不起，虽然自己是翰林出身，但科举废就废了，无所谓，因为他已经看透了科举不能适应时代的要求。据学部光绪三十三年的统计，袁世凯治下的直隶一省办有专门学堂十二所，实业学堂二十所，优级师范学堂三所，初级师范学堂九十所，师范传习所五处，中学堂三十所，小学堂七千三百九十一所，女子学堂一百二十一所，蒙养院两所。

袁世凯另一项更加激进的新政是实行责任内阁制，制定宪法。早在光绪三十一年，他与两江总督周馥、湖广总督张之洞联衔上奏朝廷，请求以十二年为期，实行立宪政治，并简派亲贵大臣分赴各国考察政治。接着，两广总督岑春煊也电请实行宪政。袁世凯与岑春煊虽然互为政敌，势同水火，斗得特别厉害，但在废除科举、实行立宪这些大的改革方向上还是一致的。最后，清廷派出载泽等人出洋考察各国政治，看看各国是如何改革政治体制的。通过比较，清廷选择了向德国和日本学习君主立宪，因为德国与日本的君主权力最大，相对而言最能被清廷所接受。袁世凯的好友同时也是亲家端方奏称，责任内阁应设立总理大臣一人，以及国务大臣数人，国务大臣以各部行政长官来充任阁员，阁员代替君主对人民负责。袁世凯与奕劻这两个老战友配合得特别好，建议将行政中枢由军机处改为责任内阁，行政事务专属内阁各部大臣，内阁总理大臣、各部尚书，也均为内阁政务大臣，各部部长一起组成政府，要求内阁各大臣负连带责任。奕劻认为，虽然内阁总理大臣的权力很大，但拟设持公论的资政院、纠弹的都察院、监察经费的审计院，以及行政裁判院、集贤院等独立于内阁之外的机构，不受制于内阁，以专作监督阁臣及预防内阁专权之用，防止责任内阁权力太过膨胀，从而力图达到立宪国三权对峙的目的。

但是这一改革遭到了激烈的反对，御史赵炳麟就说，中国目前一时难以形成下议院，而失去议院监督的内阁容易变成两三个大臣专权，最后大家只知道这几个大臣，而不知道有天子，君主立宪也就变成大臣专政了。袁世凯与奕劻的政敌瞿鸿禨明确反对责任内阁制。军机大臣铁良也有不同意见，他认为"立宪非中央集权不可，实行中央集权非剥夺督抚兵权财权，收揽于中央政府则又不可"。慈禧太后最后决定采纳瞿鸿禨、铁良的意见，保留军机处，并颁布上谕称，军机处自雍正相承至今，没有什么弊端，不需要改为内阁，从而令袁世凯、奕劻等人的责任内阁方案流产。

以前清朝发布谕旨，都是皇帝交给自己的秘书班子军机处廷寄，然后遵旨执行，没有人可以制衡皇帝的权力，军机大臣不可能说我把皇帝的意见给否决了，这不可能。而按照袁世凯的方案，皇帝发布谕旨须经内阁副署，不经内阁副署谕旨不产生效力，也就是以责任内阁专制取代昔日的皇帝专制。具体而言，由总理大臣、副大臣代替皇帝行使职权。袁世凯的野心是在控制京津军警力量后进京与庆亲王奕劻共同组阁，拥庆亲王奕劻做国务总理大臣，自己做副总理大臣，控制朝政，防止年迈的慈禧一旦故去，光绪帝会对其出卖戊戌维新之举进行报复。所以这里面有他个人的打算。慈禧为了皇权独揽也反对这项改革。最后，袁世凯不仅没有当成副总理大臣，还在光绪三十二年（公元1906年）因中央官制改革而被迫辞去兼职，并将北洋军一、三、五、六各镇交陆军部，实际被满洲亲贵掌握。次年，袁世凯被调离北洋军，到北京任军机大臣兼外务部尚书，被架空了。

光绪、慈禧先后去世后，溥仪继位。他的父亲载沣是光绪皇帝的胞弟，成为监国的摄政王。他认为光绪皇帝被袁世凯谋害了，总想着报复袁世凯，但袁世凯对北洋新军有巨大的影响力，虽然被调离了，但底下那些军官都是其一手训练提拔起来的。这让载沣有些投鼠忌器，于是他借口袁世凯有脚疾，走路一瘸一拐，令其开缺回籍，以示体恤。

袁世凯就此遭遇人生重大挫折，但是没想到三年后，

1911年10月10日，新军第八镇兵变引发武昌起义，黎元洪成为中华民国军政府鄂军都督府都督。清廷对此束手无策，因为没有人能够指挥得动最精锐的北洋军。10月29日，张绍曾等将领发动"滦州兵谏"，向清廷施压，要求尽快立宪。兵谏次日，清廷宣布特赦政治犯，解除党禁。11月1日，又宣布解散"皇族内阁"。11月8日，资政院推举袁世凯为内阁总理大臣。11月16日，以汉大臣为主的袁世凯内阁名单公布，受到大家一致好评。同时，袁世凯在武昌前线与黎元洪、黄兴来往频繁。11月9日，黄兴以南方民军司令名义亲自致电袁世凯，将他与拿破仑、华盛顿作类比，表示如果袁世凯能把清廷推翻，南北各省都会听命于他。11月12日，黎元洪又向袁世凯表示，只要他"能来归"，"第一任之中华共和国大总统"就非他莫属。

到了1912年1月11日，北洋军全体将领通电清政府，军情紧急，请求王公大臣捐献私财，毁家纾难，共济时艰。1月12日，奕劻配合袁世凯提出皇帝退位和民国政府优待清室条件。1月16日，袁世凯亲自上奏隆裕太后，说自古无不亡之国，大清皇帝退位仍能保持尊号，享受岁费。当日上午退朝，袁世凯遭到中国同盟会炸弹暗杀，幸免于难，称病休息。1月26日，在袁世凯的授意下，段祺瑞等五十位北洋军将领发布《北洋五十将乞共和电》，"即此停战两月间，民军筹饷增兵，布满各境，我军皆无后援，力太单弱，加以兼顾数路，势益孤危"，

"恳请涣汗大号，明降谕旨，宣示中外，立定共和政体"，向隆裕太后逼宫。不久，段祺瑞又发表《乞共和第二电》，直接挑明"谨率全军将士入京，与王公剖陈利害"，武力恐吓隆裕太后，相当于军事政变了。1912年2月12日（宣统三年十二月二十五日），清政府颁布退位诏书，标志着大清帝国统治历史之终结，也同时标志着在中国实行了两千多年的帝制宣告结束。这个清帝退位诏书写得其实蛮好的，"总期人民安堵，海宇乂安，仍合满、汉、蒙、回、藏五族完全领土为一大中华民国"。清朝灭亡后，我们国家有幸避免了奥斯曼土耳其灭亡以后整个帝国分崩离析的状况，基本上保留了完整的领土。2月13日，袁世凯通电全国赞成共和，孙中山向南京临时参议院提出辞去临时大总统。2月15日，南京临时参议院正式选举袁世凯为中华民国临时大总统，袁世凯达到了人生的巅峰。但袁世凯临死前却弄出一个复辟帝制的闹剧。

孝庄太后的三个谜团

说到清朝的皇后，大家首先想到的可能是孝庄文皇后，也就是后来为大家所熟知的孝庄太后。孝庄是她的谥号，是死后才获得的一个封号，她生前是绝对不可能知道的，所以有些影视剧里她动不动自称孝庄，其实是不对的。清朝的太后们或者皇后们去世以后，谥号的第一个字一般都是"孝"。为什么叫孝庄文皇后？因为她的丈夫皇太极死后谥号的最后一个字是"文"，叫太宗文皇帝，所以她跟着丈夫叫孝庄文皇后，代表她是正妻。

孝庄出身蒙古科尔沁部，博尔济吉特氏，名布木布泰。她出生于明万历四十一年（公元1613年），卒于清康熙二十六年（公元1688年），寿命很长，历经了好几朝。她的父亲是科尔沁部的首领，也是成吉思汗弟弟合撒儿的后代，属于黄金家族。十三岁的时候，她嫁给了当时后金国四大贝勒之一的皇太极。崇德元年（公元1636年），皇太极改号大清，称帝，封其为永福宫庄妃。此前，她的姑姑和姐姐先后嫁给了皇太极。其中，她姐姐海兰珠是皇太极最宠爱的妃子。松锦大战的时候，皇太极在前线听闻宸妃海兰珠病重，连夜赶回沈阳，但没有见到最后一面，很伤心，哭得几次昏迷。他本人事后也检讨，说父汗死的时候都没有这么悲痛，没想到为了一个女人哭成这样，实在是不像话。但还是改不了，皇太极打猎途经宸妃墓地，触景生情，还是痛苦得不得了。所以皇太极用情最深的是宸妃，而不是她妹妹庄妃，要不是宸妃生的儿子早夭，孝庄的儿子福临也不可能成为继承人。孝庄改变自己的人生命运是在崇德三年（公元1638年）。那年她生了皇九子福临。福临后来居然成了皇帝，年号顺治，并且入关成为天下的主人。母以子贵，孝庄被尊为皇太后，后来等到她的孙子玄烨继位，又被尊为太皇太后。康熙皇帝自幼父母双亡，把所有对长辈的感情都寄托在了孝庄的身上，与孝庄感情非常深厚。当然，孝庄对自己的这个孙儿也非常爱护。孝庄寿命很长，一生经历了清军入关前后的许多重大事件，其中有三件关于她的事被后人津津乐道，成为谜团。第一件，她是否用美人计招降了洪承畴？第二件，她是否下嫁多尔衮？第三件，为什么她去世多年后都没有入土为安，也没有和丈夫皇太极合葬？

姚雪垠的长篇小说《李自成》写得非常好，对明朝君臣和朝堂斗争的刻画十分精彩，对皇太极一方的描写也特别好。这部小说可谓姚雪垠先生的巅峰之作，也是中国历史小说的巅峰之作。松锦之战中洪承畴被清军俘获，关在沈阳一个庙里。皇太极这个人心胸很开阔，他认为洪承畴在清军入关后会起到不可替代的重大作用（事实也的确如此），就决定派人招降。派了很多人，包括范文程等，但洪承畴坚决不投降，要绝食自杀，想要学文天祥。正在皇太极特别焦急的时候，孝庄说自己去见洪承畴，用美人计招降他。小说《李自成》里没有写得那么直白，很委婉，却很精彩。里面讲，洪承畴就怕敌人使美人计，因为他这个人非常好美色美食。为了不使自己中敌人的美人计，他拿定主意：倘再有女人进来，他便破口谩骂，叫她立刻滚出屋子。忽然，房门口脚步响动，他看见刚才那个身材稍矮而面孔特别白嫩的宫婢掀开门帘，带一个美丽的少妇进来，后边跟随着刚才那个身材稍高的苗条宫婢，捧着一把不大的暖壶。洪承畴本来准备辱骂的话竟没有出口，想闭起眼睛，置之不理，但是一股强烈的好奇心使他不能不注视着在面前发生的事情，使他要看看进来的少妇。这进来的少妇虽然也是宫婢打扮，却带着一种高贵神气，并不向他行屈膝礼，而是脚步轻盈地直接走到他的炕前，用不很纯熟的汉语说道，先生，请你喝水。一喝，竟然是人参汤。这样就让洪承畴重新燃起了对人生的欲望了，舍不得死了，美好的事物太多了，一旦死了，他就没法经历这些美好的东西了。姚雪垠先生写得有点曲折，没有点破。过了几天，洪承畴决定投降，去大殿见皇太极，他看到皇帝左边坐着的是皇后，右边的少妇是庄妃。他还感慨，清国果然是蛮夷之邦，如果是像我们大明那样的礼乐文明之邦，大臣怎么可能见到后妃呢？即使听政的话也要垂帘的。他还偷偷看了看庄妃，虽然装束不同，但面容神态确实是她，只是现在那眼神高傲多于妩媚、庄重多于温柔。他心想，皇太极竟然派他的宠妃去囚室柔声劝饮，真是千载罕有的恩遇。转念又想，这个事情定然十分隐秘，如果他泄露出去，必死无疑，又担心皇太极后悔此事要杀他，所以不敢抬头。

姚雪垠先生这一段描写非常精彩，尤其是对洪承畴非常微妙而又曲折的心态的描写，可谓是抓住了人性中最隐秘的东西。这个故事来自哪里呢？是清朝的一个野史小说，叫《蕉窗雨话》，书里面说皇太极听到庄妃主动要求用美人计招降洪承畴，还感觉于心不忍，但是为了社稷，就一切便宜行事吧。这个故事写得有鼻子有眼，但事实上是绝无可能的。当时的满洲人，他们的审美和现在完全不一样，对于汉人那种苗条妩媚的标准，他们不在意，他们喜欢壮硕的女子，关键是能生养，因为当时的婴儿死亡率太高。大家看看孝庄的画像就能明白，她并不符合洪承畴对美人的那种高标准，让他见到孝庄，可能不仅不会燃起贪生之念，说不定还会有赶紧了断的想法。所以这是非常好笑的一件事，完全是后来文人一厢情愿的猜测。

第二件事，孝庄下嫁多尔衮这个传闻是怎么来的呢？1947年1月28日，《中央日报》的一个副刊叫《文史周刊》，刊登了《清初皇父摄政王多尔衮起居注跋》，里面说，清末宣统年间内阁大库坍塌，有人在整理库藏的时候发现了顺治时太后下嫁皇父摄政王的诏书，还有《皇父摄政王多尔衮起居注》一册，黄绫装背，面钤弘文院印。这些材料如果是真的，那就铁证如山了。可惜根本不是，起居注是康熙年间才有的。但这个传闻早在明末的时候就已经有了，抗清义士张煌言曾作诗讥讽道："上寿觞为合卺樽，慈宁宫里烂盈门。春宫昨进新仪注，大礼恭逢太后婚。"太后居然要出嫁，这在中国历史上简直是头一遭。还有一个所谓的证据就是多尔衮被尊为"皇父摄政王"，皇父不就是皇帝的父亲吗？不就是说多尔衮是顺治的继父吗？只有太后下嫁于他，才能称为继父。其实并非如此。清史专家杨珍先生就指出，"称尊长为父"是女真人的习俗，清入关后，此习俗仍然存在，多尔衮被侄子顺治皇帝及满洲大臣等称为父王，满文应是父王（ama wang）而不是皇父（han ama），"皇父摄政王"实为翻译错误。我觉得，从起居注和皇父摄政王这两处着手还是稍微有些间接，否定孝庄下嫁多尔衮的更直接的证据是什么呢？朝鲜史料并没有相关的记录。如果太后真的公开下嫁多尔衮，并且有诏书公告天下的话，朝鲜作为属国一定会收到这个诏书。另外，清初的时候，朝鲜士人对清朝是极其鄙视和仇恨的，朝鲜史料里面有大量关于清朝的坏话，甚至诋毁和谩骂，对于太后下嫁这种有悖儒家伦理的荒唐事件，不可能不记录。

对于第三件事，大家会感到很奇怪，孝庄的棺椁是康熙二十七年（公元1688年）四月十九日停放到暂安奉殿的，直到雍正三年（公元1725年）十二月初十才正式葬入地宫，在暂安奉殿里停放了三十七年之久。古人讲究入土为安，怎么会出现这种反常的现象呢？清朝官方史料是这样解释的，孝庄临终前对康熙说，你爷爷皇太极下葬已经很久了，不可为我轻动地宫，何况我心念你们父子，就把我葬在靠近顺治皇帝陵墓的地方吧。雍正三年，雍正皇帝将暂安奉殿建为昭西陵。孝庄的昭西陵其实在名义上属于远在沈阳的皇太极昭陵的体系，不在清东陵的风水围墙内。这个墓其实后来被盗过，尸骨遍地，非常不幸，这也说明满洲人入关以后逐渐从过去的火葬改成了土葬。康熙皇帝为什么三十多年来不给孝庄下葬呢？单纯用孝庄不想回沈阳和皇太极合葬来解释，也有些说不通。可以葬在皇太极昭陵的外面啊，不一定要打开地宫。慈禧、慈安死后都是这样处理的，在皇帝的陵墓边上再建一个墓穴。为什么非得拖到雍正年间呢？这确实是一个很难解释的问题，因为从相关史料中，我们无法得知康熙的心思到底是怎样的。也许他和孝庄的关系太密切了，特别舍不得她，不忍她安葬在地下，这也是完全有可能的。因为孝庄去世几十年后，康熙经过慈宁宫附近还是会触景生情，放声痛哭，感情特别深厚。

孝庄对康熙最大的一次帮助是在三藩之乱的时候。当时八旗精锐全部南征，史学家谈迁就看到，皇宫前站着的都是小孩子，满洲的青壮年几乎都去南方作战了。恰好这时候林丹汗的后代察哈尔王布尔尼开始蠢蠢欲动。如果蒙古人进攻北京城，无兵可派，清朝就完了。康熙忧心忡忡，孝庄就推荐了图海，说他才略出众，可当其责。图海将八旗贵族家奴中的健勇者组织起来，有数万人，居然一举击溃了蒙古人，挽救了北京，死后也因功配享太庙。康熙回忆他和祖母的关系，说过一段著名的话，"忆自弱龄，早失怙恃，趋承祖母膝下三十余年，鞠养教诲，以致有成。设无祖母太皇太后，断不能有今日成立"[1]。意思是我如果没有这个祖母，绝对不可能成长为今天这个样子，我的所有成就都有祖母的功劳。可以说，孝庄是对清朝政治影响最大的一位后妃。

---

[1]《圣祖仁皇帝圣训》。

荣辱天地悬殊的两皇后

乾隆皇帝当了六十年皇帝，又当了几年太上皇，实际执政的时间长达六十三年之久，是中国历史上寿命最长、实际执政最久的皇帝，但他前后只有两位皇后：第一位是他的结发妻子富察氏，当皇子的时候就已经成婚，两个人的感情非常深厚；第二位是乌喇那拉氏，不仅被废（这在整个清朝历史上也是独一无二的），而且死后也极为凄凉。

富察氏的高祖旺吉努一支早在明末的时候就投靠了努尔哈赤，并受到重用，被封为牛录额真。以后随清军入关，子孙世袭权贵，门第特别显赫。富察氏的曾祖哈什屯在皇太极主政时以军功官至礼部副理事官，顺治年间又累官至内大臣，加太子太保。富察氏的祖父米思翰在康熙年间任议政大臣，当过七年户部尚书，掌管清廷的财政大权，曾经大力支持撤藩，深受康熙帝的器重。富察氏的父亲李荣保是米思翰第四子，官至察哈尔总管。她的伯父马齐更厉害，当了三朝的大学士，康熙临终前交代马齐，说让皇四子胤禛继位，但有个条件，他必须将皇位传给弘历。所以马齐深受康熙、雍正、乾隆的宠幸，"领袖班联，名望夙重，举朝未有若此之久者"。富察氏另一个伯父马武曾任都统、领侍卫内大臣，官居一品，位极人臣，被雍正帝称为"圣眷最渥之人"。礼亲王昭梿在《啸亭杂录》卷九《马太傅》中记载，明珠和索额图倒台后，马齐和马武两兄弟权重一时，当时有个谚语叫"二马吃尽天下草"。富察氏的弟弟是乾隆皇帝最宠幸的大学士傅恒，他的儿子福康安也备受宠幸，生封贝子死晋郡王。这基本都是承平时期不可能发生的事情，居然都在富察一家身上发生，可见这个家族的显赫程度。

雍正五年（公元1727年），雍正亲自为宝亲王弘历挑选了富察氏为正福晋。雍正特别欣赏这个儿媳妇，又有才华，长得又漂亮。乾隆和她的关系也非常好，乾隆继位后第二年，册封富察氏为皇后。富察皇后生活非常节俭，经常用通草绒花为装饰，不用珠宝之类的首饰，更重要的是，她和乾隆的生母、当朝太后关系很融洽。一般而言，婆媳之间总是有些排斥的关系的，能够把婆婆哄得团团转，那就是非常厉害了，这就有点像汉武帝的生母王皇后了，她也和窦太后关系很好。当时乾隆还有一个特别宠幸的皇贵妃高佳氏，她的弟弟、父亲都是贪官，差点被杀，她自己也很早就去世了，谥号"慧贤"。富察皇后就对乾隆说，我日后也想有个"贤"字作谥号。清朝皇后死后的谥号第一个字肯定是"孝"，所以她死后的谥号就是"孝贤"，后人也称她为孝贤皇后。

孝贤皇后一共生了两个儿子，永琏、永琮，还有两个女儿，一个早夭，另一个嫁给了色布腾巴尔珠尔，是个科尔沁亲王。乾隆最喜欢嫡子，特别想立为太子，没想到永琏、永琮先后夭亡。清朝的时候婴幼儿的死亡率特别高，包括皇子，只有不到一半的人能活到成年。我们现在思考古人行为处事的方式，一定要考虑这个前提条件，因为我们现代人没有这个感觉，活到七八十岁很正常，九十岁也不稀奇。

乾隆十三年（公元1748年），孝贤皇后突然去世。当时皇后随乾隆南巡到济南，还一起爬过泰山，后来孝贤皇后突然感觉身体不舒服，乾隆决定赶紧回北京。船走运河到德州，皇后就去世了。乾隆悲痛到什么地步呢？他竟然要求将皇后坐的船运进北京城。大家别看北京城城门好像很大，但这个船又高又宽，完全进不去，最后只能是在城墙两边用木架弄出一个缓坡，垫上菜叶，然后一千多人合力将船给推进去。当时有个人叫金文淳，是锦州守备，在皇后丧期剃了头，被乾隆知悉。乾隆勃然大怒，要立即将其斩杀。刑部尚书盛安劝谏，说这个人是个小官员，根本不知道国家的礼制，而且他事先请示过顶头上司奉天府尹，情有可原，应该宽恕。乾隆质问道，你是不是要为他说情啊？盛安回答，我根本不知道金某人是谁，不过是作为刑部尚书尽职尽责而已，皇帝如此枉法，天下哪里还有公平可言呢！最后乾隆下令，将盛安绑了，跟金文淳一起杀掉。乾隆转念一想，这样杀人名声不好，命令侍卫骑着马去刑场赦免了两人。盛安在刑场听到赦免的消息叩谢如常，围观的人都称赞他是真正的司寇。乾隆这个人转变得倒也挺快，很欣赏盛安的刚正不阿，便让其去上书房给皇子们当老师。当然了，这只是乾隆十三年的一个小插曲。孝贤皇后去世后乾隆整个人性情大变，一反常态，处死了很多大臣。过去，他总是模仿祖父康熙，为人比较宽厚，杀了一个二品的贪官都觉得十分内疚。但通过孝贤皇后去世这件事，他发现，自己中年丧妻，如此悲痛，大臣们居然不把他最痛苦的事情当一回事，违制剃发，连用典都出错。他似乎一下子认清了人性的险恶与凉薄，觉得不能再学祖父，而应该学习雍正的雷霆手段。其实他比雍正更狠。说实话，乾隆在这件事上有些苛刻了，毕竟死的是他的夫人，又不是大臣们的夫人，而且对孝贤皇后的悼念仪式远超以前的所有皇后，大家也有些受不了。总之，孝贤皇后的去世对乾隆的打击特别大，他等于是变成一个鳏夫了，此后他养成了独宿的习惯，不让任何妃子陪他过夜，济南也变成了伤心之地，第四次南巡路过山东还曾赋诗："四度济南不入城，恐防一入百悲生。春三月昔分偏剧，十七年过恨未平。"

乾隆十五年（公元1750年），乾隆又册立了一位皇后乌喇那拉氏，毕竟总要有一位后宫之主。乌喇那拉氏生有两个皇子，永璂、永璟，还有一个女儿。其实她当皇后的时间达到十五年，超过了孝贤皇后的十二年。但是，乾隆三十年（公元1765年）第四次南巡的时候，突然发生了一件大事，彻底改变了皇后的命运。闰二月十八日，乾隆皇帝一行来到杭州，在风景秀丽的"蕉石鸣琴"（现在属于西湖国宾馆）进早膳时皇帝还赏赐给皇后攒盘肉一品，两人关系还挺好，但到了当天进晚膳时，皇后便没有露面，陪着皇帝进膳的只有当时还是令贵妃的魏佳氏（嘉庆皇帝的生母）、庆妃陆氏以及容嫔和卓氏（即香妃），膳底档上"皇后"二字已被用纸糊上，换以"令贵妃"三字。出了什么事呢？说是皇后莫名其妙地把自己头发给剪了，这对满洲人来说是非常邪恶的一种行为。乾隆下令彻查，把皇后所有的东西都封贮，还派人查看皇后在圆明园的住处，看是不是有什么邪祟。他怀疑皇后平日就特别痛恨自己，所以要截发来诅咒。随后命令驸马福隆安将皇后送到北京去养病，不许见任何人。到第二年，皇后就去世了。另据《东华续录》记载的一道谕旨，"朕恭奉皇太后巡幸江浙，正承欢洽庆之时，皇后性忽改常，于皇太后前不能恪守孝道。比至杭州，则举动尤乖正理，迹类疯迷"。谕旨说皇后在太后面前不能恪守孝道，这是第一号的罪行。为什么清朝皇后的谥号都有个"孝"字？孝道是衡量皇后最重要的一个标准，你如果不孝的话，后果相当严重。

乾隆下令，乌喇那拉氏的丧礼用皇贵妃的标准，不准按皇后的标准来。按照清朝的规定，皇贵妃的棺椁要用梓木，漆饰三十五道，抬棺夫九十六人。但从内务府档案看，乌喇那拉氏所用棺椁为杉木制，抬棺夫只有六十四人，仅为嫔等级而已。按照清宫惯例，凡葬在妃园寝内的，无论地位有多低，都各自为券（陵寝地宫放置棺材的地方），而乌喇那拉氏却被葬入纯惠皇贵妃地宫的一侧，"单人房"变成了双人住。据内务府档案记载，整个丧事仅用银二百两七钱九分四厘，还不如一个低级朝廷官员的葬礼。甚至，皇后也没有被赐谥号。1981年，考古人员开启纯惠皇贵妃地宫时，发现纯惠皇贵妃内棺里有两个头颅骨和一堆遗骨，已无法分辨属于何人。

自此以后，乾隆未再册立皇后，令贵妃也是在死后由嘉庆皇帝追封为皇后的。而且乾隆对立后这件事也非常恼火，不准别人提及此事。乾隆四十三年（公元1778年），乾隆皇帝东巡，有个叫金从善的人给他上书，说你首先要立太子，其次要立皇后。乾隆一听，就有了非常痛苦的回忆。他说，乌喇那拉氏本来是我的侧福晋，孝贤皇后去世之后，循序晋为皇后，我对她很是宽容了，犯了错我还是优容如故，即便是违反了我们满人的风俗，剪掉了头发，我也没有废斥；她死后也只是减了仪文，位号并未削去，已经是仁至义尽，现在这个金从善竟然要我下罪己诏，我何罪之有啊？我现在都六十八岁了，还册立皇后干什么呢？竟然干涉我的私事，下令将金从善论罪处死。

乾隆的两位皇后在他心目中的地位是一天一地，富察氏是他最爱的人，感情最深厚的人，而乌喇那拉氏则是他最痛恨的人，过了十几年还因为她杀了一个上书的人。

垂帘太后：谁是同光中兴的最高领导

咸丰在当皇子的时候有个嫡福晋萨克达氏，道光二十七年（公元1847年）册封。但这个人运气非常不好，在道光二十九年（公元1849年）十二月的时候去世了，非常不幸，如果她再坚持一年，等咸丰登基为帝，她就是正儿八经的皇后了。她后来被追赠为孝德显皇后。

咸丰登基后的第一个皇后，也是唯一的皇后，是孝贞显皇后钮祜禄氏。她父亲穆扬阿地位不高，是广西的一个道台。在咸丰还是皇子的时候孝贞已经嫁给他做侧室，咸丰二年（公元1852年）封为贞嫔，后来又晋为贞贵妃，最后封为皇后，速度很快。她也就是后来的慈安太后。慈禧太后是谁呢？她姓叶赫那拉，非常巧，她的父亲惠徵也是个道台。咸丰元年（公元1851年）她被选为秀女入宫，号懿贵人。过了三年，封懿嫔。她的命运改变发生在咸丰六年（公元1856年），这年三月她给咸丰生了个皇子载淳，次年加封为懿贵妃。最关键的是，载淳是咸丰去世的时候唯一活着的儿子，等于是唯一的皇位继承人了。

咸丰十年（公元1860年），皇帝带着皇后和懿贵妃逃到热河，以躲避英法联军的兵锋。第二年咸丰皇帝去世，皇位传给了载淳。清朝当时面临严重的内忧外患，北京被英法联军攻占，长江中下游与太平军鏖战，风雨飘摇，很可能就要亡国。按说国难之际宜立长君，不应该让一个几岁的孩子继位，但咸丰皇帝特别自私，就要传给载淳，当然也是因为他没有成年的儿子。同治继位后，孝贞皇后毫无疑问变成了皇太后，懿贵妃也母凭子贵成为皇太后，为了区别这两宫太后，朝廷就给两人分别上了"慈安""慈禧"的徽号，所以后来我们就分别称她们为慈安太后、慈禧太后。虽然都是皇太后，慈禧还是小皇帝的生母，但两个人的地位是不一样的。慈安为尊，慈禧为副，当时朝政中排在最前面的一定是慈安。后来，两宫太后又联合恭亲王奕䜣发动了祺祥政变，彻底推翻了咸丰皇帝的遗命，辅政八大臣中的前三个，肃顺、载垣、端华都被杀了，其余被罢免，奕䜣成为议政王。这其实也是咸丰皇帝的私心所致，奕䜣留在北京收拾残局，同英法议和，虽然我们现在看起来那是很屈辱的不平等条约，但对于清政权而言，这是转危为安的最重要的一步。如果和约签不成，北京被英法联军占着，难道清廷要一直待在热河吗？所以对清廷而言，奕䜣其实是立下了安定社稷的大功劳的。这样一个人，居然既没继承皇位，也没出现在辅政大臣的名单中，确实有些不太公平，朝野上下都不服气。不久，两宫太后与奕䜣联手推翻了咸丰的布局，然后政治分赃，形成太后垂帘、亲王秉政的局面。

其实太后垂帘听政是有违清朝祖制的。前面也有过小皇帝，顺治皇帝和康熙皇帝都是很小的时候继位，但当时并没有什么太后垂帘听政，都是大臣辅政。慈安、慈禧也知道这是有违祖制的，她们也知道这是有问题的，所以回到北京以后，以同治皇帝的名义下了一个上谕："垂帘非所乐为，惟以时事多艰，王大臣等不能无所禀承，是以姑允所请。俟皇帝典学有成，即行归政。"[1]意思是垂帘不是我们的本意，只是现在形势危急，皇帝又太小，总得有个政治上的领头人吧，所以我们应王公大臣们的请求，勉强答应暂时听政，等到皇帝学有所成，能够亲政了，就将大政归还。这完全是一种惺惺作态，怎么会不愿意垂帘呢？否则他们冒着那么大的风险发动政变是为了什么？从颁布上谕之日起，议政王和军机大臣就一同入内开始处理政事。具体操作如下，"内外章奏，两太后览讫，王大臣拟旨，翌日进呈。阅定，两太后以文宗赐同道堂小玺钤识，仍以上旨颁示"[2]，也就是议政王与军机大臣议定以后拟旨，两宫太后在上面加盖咸丰皇帝给慈安和同治的印章，一个叫"御赏"，一个叫"同道堂"，等于是两个人代自己的儿子行使皇权。这就是垂帘听政的一个流程。

没想到同治十三年（公元1874年）十二月，同治皇帝年纪轻轻就死了，问题来了，他没有儿子。据说皇后怀孕了，但

---

[1]《清史稿》卷二一四。
[2] 同前注。

皇位承继不能等啊，更何况万一生下的是女儿怎么办？所以还得另选继承人。按照清朝父子相继的惯例，应该选择载淳的下一辈继承皇位，但无奈他没有儿子，其他溥字辈的也都没有成人，最终选中的是道光第七个皇子奕譞的儿子载湉，但他当时才三四岁。为什么会选他呢？首先，载湉的母亲是慈禧的亲妹妹，有这么个私心。其次，她们不愿意选一个年纪大的继承人，按理说可以让奕䜣的十六岁的长子载澂继位，但这样一来她们就无法再垂帘听政了。两宫太后都有私心，都不愿意放权。因此她们决定再立一个未成年的皇帝，这样就能继续垂帘听政。最后，即便不以年龄来论，从兄弟排序来说，也不应该跳过皇六子奕䜣直接到皇七子奕譞，选择载湉为继承人，这都缺乏道理可言，只能说是慈安和慈禧共同做出了有利于她们自己的决定。

同治年间，慈安与慈禧之间曾经发生过一件大事。慈禧太后最宠信的一个太监安德海，以皇帝大婚要采办龙袍为名，沿着运河南下，一路游玩，没想到被山东泰安县知县何毓福抓获，押往济南交山东巡抚丁宝桢审讯。实际上慈安与奕䜣也想整治一下慈禧身边的人，杀鸡儆猴，于是密谕丁宝桢，"速派委干员于所属地方将六品蓝翎安姓太监严密查拿，令随从人等指证确实，毋庸审讯即行就地正法，不准任其狡饰"。不走正常的流程，就地处决，以免慈禧阻止这件事。这道谕旨虽然是奕䜣发出，但若没有慈安的首肯，是发不出去的，谕旨必须加盖太后的印章。可见慈安与慈禧之间也有矛盾，而且慈安的地位要高于慈禧。慈安做出的决定，慈禧是无法改变的。最终，安德海在济南被斩首，暴尸三日，随行二十余人也一律处死，此时距安德海被抓才五天。

总之，同治死后，两宫太后又继续垂帘听政。光绪七年（公元1881年），慈安太后得病，不久去世，两宫并尊变成一宫独尊。光绪十五年（公元1889年），光绪皇帝大婚，娶的是慈禧太后亲弟弟的女儿，就是以后的隆裕太后。慈禧恨不得把自己一家人全都塞进皇室，亲妹妹嫁给醇亲王奕譞，亲弟弟的女儿又嫁给自己的亲外甥，想把叶赫那拉氏跟爱新觉罗皇族紧紧捆绑在一起，私心过重。但光绪与皇后的关系极其不好，这个皇后长得有点寒碜，还是个佝偻背。

不过，在同治、光绪年间，清朝的状况有了非常明显的改善。所谓的"同光中兴"也并非虚言。咸丰去世的时候，英法联军占领北京，太平天国势头正旺，而到了同治去世的时候，天下基本上已经恢复太平了。太平天国、捻军、回民起义先后被镇压，又收复了新疆，还推行了洋务运动，不论是中央的奕䜣、文祥、宝鋆，还是地方上的曾国藩、左宗棠、李鸿章，都是非常厉害的人物，可谓一时之选。当时清朝的国势蒸蒸日上，确实有种中兴的感觉，这倒不是吹牛。那么，"同光中兴"的真正领袖是谁呢？从名义上讲，是两宫太后，更确切地说，是慈安太后，并不是慈禧。有些人吹捧说，慈禧是个如何精明能干、有远略的政治家，其实根本不是，她就是个半文盲，权谋是有一些，但远谈不上有什么治国的才干。从实际来讲，开创整个中兴局面的是恭亲王奕䜣，但名义上的最高领袖是慈安太后。

"同光中兴"有个转折点就是甲申易枢。慈安死后三年，慈禧借着甲申年（公元1884年）中法战争暂时失利，将恭亲王奕䜣及军机处的全班人马罢免，让昏庸无能的礼亲王世铎当领班军机大臣，真正掌权的"太上军机"则是醇亲王奕譞。奕譞同样是个庸碌之辈，对慈禧言听计从。此后，慈禧开始一宫独尊的局面，毕竟她是太后，可以代行皇权。上面没有了慈安，奕䜣又被免职，终于变成了她一人独裁。换言之，甲申年之前清朝国势的扭转，她有份，但功劳主要属于慈安、奕䜣，而甲申年之后的所有功过，应该由慈禧一人负责。此时清朝的国势再次转衰，洋务运动的崩盘，就是从甲申易枢开始的。甲午战争的失败宣告了洋务运动的破产，当时是慈禧一人独裁；戊戌变法失败，光绪被囚，也是慈禧一人所为。后来又担心自己死后光绪会翻案，她就动起了立太子的心思。光绪自己没有儿子，慈禧就选了端郡王载漪的儿子溥俊为继承人，这个人就是个莽汉，能力水平一塌糊涂。为什么要选他呢？那时候皇族里溥字辈的大有人在，比如恭亲王奕䜣的孙子溥伟。这还是因为她私心太重，就想选一个没用的、听话的，以便于自己控制。册立大阿哥换掉光绪这件事因为洋人和地方督抚的反对而无果，但也让端郡王载漪恼怒之下引义和团进京，试图消灭洋人，导致庚子国变。虽说慈禧对十一国宣战也是上当受骗，但其之所以被骗，归根结底还是因为自己利欲熏心，权力欲太强！怎么会变成这个样子呢？一是因为她青少年时期受的教育就一塌糊涂；二是因为她也没什么家国情怀，毕竟这个政权是爱新觉罗家族的，又不是她叶赫那拉氏的。而且叶赫那拉氏与努尔哈赤当年还是世仇，时人就怀疑，她是不是在报复。甲申之后慈禧所做的一切，客观上都起到了摧毁这个政权的效果，所以这个猜测也有可能。

庚子国变后，清政权威信扫地，被迫开始施行新政。新政采取的举措是慈禧同意的，甚至比当年的戊戌变法还激进，比如科举就一下子被废除了。所以慈禧本人并不反对变法，也不反对新政，她反对的只是丢失自己的最高权柄，还有就是她担心自己死后被反攻倒算，被否定。因此，她的权力一定不能交到光绪或亲光绪的人手里，一定要交给自己最信赖的人。所以她在死前毒死了关在瀛台的光绪。启功先生曾经回忆，他祖先在宫里做事，说光绪临死的那天，慈禧也病重，就发现有个太监拿着酸奶给光绪喝，当晚就传出光绪的死讯。这个事情虽然没有什么直接证据，但现在通过对光绪头发、遗骨、衣物的鉴定，证实其确实是死于砒霜中毒。说到底，慈禧与光绪是假母子的关系，慈禧实际只是光绪的姨母。慈禧的心结在于，她不能让光绪死在自己之后，怕他翻盘，这是决不允许的。她最在乎的还是自己的个人利益。

光绪三十四年（公元1908年），光绪去世，又面临谁继承皇位的问题。慈禧没有选择恭亲王奕䜣已经成年的孙子溥伟，而是将皇位传给醇亲王这一支，让载沣的儿子溥仪继位，又是个才两三岁的小孩。从同治开始，清朝的皇帝都是未成年的孩子，等于是人为地造成了皇权的不稳定。慈禧此举的原因自然还是不放心自己的身后事，毕竟醇亲王一支与自己利益深度捆绑，不太可能否定自己的历史地位。假如是溥伟上台的话，未必买她的账。慈禧太后并不是什么精明强干、很有才能的一个人，其实她的政治才能非常一般，只是擅长权斗。退一步讲，如果权斗的目的是为了政权的根本利益，倒还可以勉强接受，但实际上她的所有作为都是基于自己的个人利益，最祸国殃民的就是引发了庚子国变，签订了丧权辱国的《辛丑条约》。

图书在版编目（CIP）数据

名臣：大清帝国的君臣博弈/侯杨方著.— 成都：天地出版社，2022.6
（侯杨方讲清史）
ISBN 978-7-5455-7051-9

Ⅰ.①名… Ⅱ.①侯… Ⅲ.①中国历史—研究—清代 Ⅳ.①K249.07

中国版本图书馆CIP数据核字（2022）第062623号

MINGCHEN: DAQING DIGUO DE JUNCHEN BOYI
名臣：大清帝国的君臣博弈

出 品 人	陈小雨　杨　政
作　　者	侯杨方
责任编辑	武　波
封面设计	东合社—安宁
责任印制	董建臣

出版发行	天地出版社
	（成都市锦江区三色路238号　邮政编码：610023）
	（北京市方庄芳群园3区3号　邮政编码：100078）
网　　址	http://www.tiandiph.com
电子邮箱	tianditg@163.com
经　　销	新华文轩出版传媒股份有限公司

印　　刷	北京文昌阁彩色印刷有限责任公司
版　　次	2022年6月第1版
印　　次	2022年6月第2次印刷
开　　本	880mm×1230mm　1/32
印　　张	11
字　　数	230千字
定　　价	58.00元
书　　号	ISBN 978-7-5455-7051-9

版权所有◆违者必究

咨询电话：（028）86361282（总编室）
购书热线：（010）67693207（营销中心）

如有印装错误，请与本社联系调换